CORÉEN
VOCABULAIRE

POUR L'AUTOFORMATION

FRANÇAIS
COREEN

Les mots les plus utiles
Pour enrichir votre vocabulaire et aiguiser
vos compétences linguistiques

9000 mots

Vocabulaire Français-Coréen pour l'autoformation. 9000 mots
Dictionnaire thématique
Par Andrey Taranov

Les dictionnaires T&P Books ont pour but de vous aider à apprendre, à mémoriser et à réviser votre vocabulaire en langue étrangère. Ce dictionnaire thématique couvre tous les grands domaines du quotidien: l'économie, les sciences, la culture, etc ...

Acquérir du vocabulaire avec les dictionnaires thématiques T&P Books vous offre les avantages suivants:

- Les données d'origine sont regroupées de manière cohérente, ce qui vous permet une mémorisation lexicale optimale
- La présentation conjointe de mots ayant la même racine vous permet de mémoriser des groupes sémantiques entiers (plutôt que des mots isolés)
- Les sous-groupes sémantiques vous permettent d'associer les mots entre eux de manière logique, ce qui facilite votre consolidation du vocabulaire
- Votre maîtrise de la langue peut être évaluée en fonction du nombre de mots acquis

Copyright © 2016 T&P Books Publishing

Tous droits réservés. Sans permission écrite préalable des éditeurs, toute reproduction ou exploitation partielle ou intégrale de cet ouvrage est interdite, sous quelque forme et par quelque procédé (électronique ou mécanique) que ce soit, y compris la photocopie, l'enregistrement ou le recours à un système de stockage et de récupération des données.

T&P Books Publishing
www.tpbooks.com

ISBN: 978-1-78616-531-2

Ce livre existe également en format électronique.
Pour plus d'informations, veuillez consulter notre site: www.tpbooks.com ou rendez-vous sur ceux des grandes librairies en ligne.

VOCABULAIRE CORÉEN POUR L'AUTOFORMATION
Dictionnaire thématique

Les dictionnaires T&P Books ont pour but de vous aider à apprendre, à mémoriser et à réviser votre vocabulaire en langue étrangère. Ce lexique présente, de façon thématique, plus de 9000 mots les plus fréquents de la langue.

- Ce livre comporte les mots les plus couramment utilisés
- Son usage est recommandé en complément de l'étude de toute autre méthode de langue
- Il répond à la fois aux besoins des débutants et à ceux des étudiants en langues étrangères de niveau avancé
- Il est idéal pour un usage quotidien, des séances de révision ponctuelles et des tests d'auto-évaluation
- Il vous permet de tester votre niveau de vocabulaire

Spécificités de ce dictionnaire thématique:

- Les mots sont présentés de manière sémantique, et non alphabétique
- Ils sont répartis en trois colonnes pour faciliter la révision et l'auto-évaluation
- Les groupes sémantiques sont divisés en sous-groupes pour favoriser l'apprentissage
- Ce lexique donne une transcription simple et pratique de chaque mot en langue étrangère

Ce dictionnaire comporte 256 thèmes, dont:

les notions fondamentales, les nombres, les couleurs, les mois et les saisons, les unités de mesure, les vêtements et les accessoires, les aliments et la nutrition, le restaurant, la famille et les liens de parenté, le caractère et la personnalité, les sentiments et les émotions, les maladies, la ville et la cité, le tourisme, le shopping, l'argent, la maison, le foyer, le bureau, la vie de bureau, l'import-export, le marketing, la recherche d'emploi, les sports, l'éducation, l'informatique, l'Internet, les outils, la nature, les différents pays du monde, les nationalités, et bien d'autres encore ...

TABLE DES MATIÈRES

Guide de prononciation	11
Abréviations	13

CONCEPTS DE BASE — 14
Concepts de base. Partie 1 — 14

1. Les pronoms — 14
2. Adresser des vœux. Se dire bonjour. Se dire au revoir — 14
3. Comment s'adresser à quelqu'un — 15
4. Les nombres cardinaux. Partie 1 — 15
5. Les nombres cardinaux. Partie 2 — 16
6. Les nombres ordinaux — 17
7. Nombres. Fractions — 17
8. Les nombres. Opérations mathématiques — 17
9. Les nombres. Divers — 17
10. Les verbes les plus importants. Partie 1 — 18
11. Les verbes les plus importants. Partie 2 — 19
12. Les verbes les plus importants. Partie 3 — 20
13. Les verbes les plus importants. Partie 4 — 21
14. Les couleurs — 21
15. Les questions — 22
16. Les prépositions — 23
17. Les mots-outils. Les adverbes. Partie 1 — 23
18. Les mots-outils. Les adverbes. Partie 2 — 25

Concepts de base. Partie 2 — 27

19. Les jours de la semaine — 27
20. Les heures. Le jour et la nuit — 27
21. Les mois. Les saisons — 28
22. La notion de temps. Divers — 30
23. Les contraires — 31
24. Les lignes et les formes — 32
25. Les unités de mesure — 33
26. Les récipients — 34
27. Les matériaux — 35
28. Les métaux — 36

L'HOMME — 37
L'homme. Le corps humain — 37

29. L'homme. Notions fondamentales — 37
30. L'anatomie humaine — 37

| 31. | La tête | 38 |
| 32. | Le corps humain | 39 |

Les vêtements & les accessoires 40

33.	Les vêtements d'extérieur	40
34.	Les vêtements	40
35.	Les sous-vêtements	41
36.	Les chapeaux	41
37.	Les chaussures	41
38.	Le textile. Les tissus	42
39.	Les accessoires personnels	42
40.	Les vêtements. Divers	43
41.	L'hygiène corporelle. Les cosmétiques	43
42.	Les bijoux. La bijouterie	44
43.	Les montres. Les horloges	45

Les aliments. L'alimentation 46

44.	Les aliments	46
45.	Les boissons	47
46.	Les légumes	48
47.	Les fruits. Les noix	49
48.	Le pain. Les confiseries	50
49.	Les plats cuisinés	50
50.	Les épices	51
51.	Les repas	52
52.	Le dressage de la table	53
53.	Le restaurant	53

La famille. Les parents. Les amis 54

54.	Les données personnelles. Les formulaires	54
55.	La famille. Les liens de parenté	54
56.	Les amis. Les collègues	55
57.	L'homme. La femme	56
58.	L'age	56
59.	Les enfants. Les adolescents	57
60.	Les couples mariés. La vie de famille	57

Le caractère. Les émotions 59

61.	Les sentiments. Les émotions	59
62.	Le caractère. La personnalité	60
63.	Le sommeil. Les rêves	61
64.	L'humour. Le rire. La joie	62
65.	Dialoguer et communiquer. Partie 1	62
66.	Dialoguer et communiquer. Partie 2	63
67.	Dialoguer et communiquer. Partie 3	65
68.	L'accord. Le refus	65
69.	La réussite. La chance. L'échec	66
70.	Les disputes. Les émotions négatives	66

La médecine 69

71. Les maladies 69
72. Les symptômes. Le traitement. Partie 1 70
73. Les symptômes. Le traitement. Partie 2 71
74. Les symptômes. Le traitement. Partie 3 72
75. Les médecins 73
76. Les médicaments. Les accessoires 73
77. Le tabac et ses produits dérivés 74

L'HABITAT HUMAIN 75
La ville 75

78. La ville. La vie urbaine 75
79. Les institutions urbaines 76
80. Les enseignes. Les panneaux 77
81. Les transports en commun 78
82. Le tourisme 79
83. Le shopping 80
84. L'argent 81
85. La poste. Les services postaux 82

Le logement. La maison. Le foyer 83

86. La maison. Le logis 83
87. La maison. L'entrée. L'ascenseur 84
88. La maison. L'électricité 84
89. La maison. La porte. La serrure 84
90. La maison de campagne 85
91. La villa et le manoir 85
92. Le château. Le palais 86
93. L'appartement 86
94. L'appartement. Le ménage 87
95. Les meubles. L'intérieur 87
96. La literie 88
97. La cuisine 88
98. La salle de bains 89
99. Les appareils électroménagers 90
100. Les travaux de réparation et de rénovation 90
101. La plomberie 91
102. L'incendie 91

LES ACTIVITÉS HUMAINS 93
Le travail. Les affaires. Partie 1 93

103. Le bureau. La vie de bureau 93
104. Les processus d'affaires. Partie 1 94
105. Les processus d'affaires. Partie 2 95
106. L'usine. La production 96
107. Le contrat. L'accord 97
108. L'importation. L'exportation 98

109.	La finance	98
110.	La commercialisation. Le marketing	99
111.	La publicité	99
112.	Les opérations bancaires	100
113.	Le téléphone. La conversation téléphonique	101
114.	Le téléphone portable	101
115.	La papeterie	102
116.	Les différents types de documents	102
117.	Les types d'activités économiques	103

Le travail. Les affaires. Partie 2 106

118.	Les foires et les salons	106
119.	Les médias de masse	107
120.	L'agriculture	108
121.	Le BTP et la construction	109
122.	La recherche scientifique et les chercheurs	110

Les professions. Les métiers 111

123.	La recherche d'emploi. Le licenciement	111
124.	Les hommes d'affaires	111
125.	Les métiers des services	112
126.	Les professions militaires et leurs grades	113
127.	Les fonctionnaires. Les prêtres	114
128.	Les professions agricoles	114
129.	Les professions artistiques	115
130.	Les différents métiers	115
131.	Les occupations. Le statut social	117

Le sport 118

132.	Les types de sports. Les sportifs	118
133.	Les types de sports. Divers	119
134.	La salle de sport	119
135.	Le hockey sur glace	120
136.	Le football	120
137.	Le ski alpin	122
138.	Le tennis. Le golf	122
139.	Les échecs	123
140.	La boxe	123
141.	Le sport. Divers	124

L'éducation 126

142.	L'éducation	126
143.	L'enseignement supérieur	127
144.	Les disciplines scientifiques	128
145.	Le système d'écriture et l'orthographe	128
146.	Les langues étrangères	129

147. Les personnages de contes de fées	130
148. Les signes du zodiaque	131

L'art — 132

149. Le théâtre	132
150. Le cinéma	133
151. La peinture	134
152. La littérature et la poésie	135
153. Le cirque	135
154. La musique	136

Les loisirs. Les voyages — 138

155. Les voyages. Les excursions	138
156. L'hôtel	138
157. Le livre. La lecture	139
158. La chasse. La pêche	141
159. Les jeux. Le billard	142
160. Les jeux de cartes	142
161. Le casino. La roulette	142
162. Les loisirs. Les jeux	143
163. La photographie	143
164. La plage. La baignade	144

LE MATÉRIEL TECHNIQUE. LES TRANSPORTS — 146
Le matériel technique — 146

165. L'informatique	146
166. L'Internet. Le courrier électronique	147
167. L'électricité	148
168. Les outils	148

Les transports — 151

169. L'avion	151
170. Le train	152
171. Le bateau	153
172. L'aéroport	154
173. Le vélo. La moto	155

La voiture — 156

174. Les différents types de voiture	156
175. La voiture. La carrosserie	156
176. La voiture. L'habitacle	157
177. La voiture. Le moteur	158
178. La voiture. La réparation	159
179. La voiture. La route	160
180. Les panneaux de signalisation	161

LES GENS. LES ÉVÉNEMENTS 162
Les grands événements de la vie 162

181. Les fêtes et les événements 162
182. L'enterrement. Le deuil 163
183. La guerre. Les soldats 163
184. La guerre. Partie 1 165
185. La guerre. Partie 2 166
186. Les armes 167
187. Les hommes préhistoriques 169
188. Le Moyen Âge 169
189. Les dirigeants. Les responsables. Les autorités 171
190. L'itinéraire. La direction. Le chemin 172
191. Les crimes. Les criminels. Partie 1 173
192. Les crimes. Les criminels. Partie 2 174
193. La police. La justice. Partie 1 175
194. La police. La justice. Partie 2 176

LA NATURE 178
La Terre. Partie 1 178

195. L'espace cosmique 178
196. La Terre 179
197. Les quatre parties du monde 180
198. Les océans et les mers 180
199. Les noms des mers et des océans 181
200. Les montagnes 182
201. Les noms des chaînes de montagne 183
202. Les fleuves 183
203. Les noms des fleuves 184
204. La forêt 184
205. Les ressources naturelles 185

La Terre. Partie 2 187

206. Le temps 187
207. Les intempéries. Les catastrophes naturelles 188
208. Les bruits. Les sons 188
209. L'hiver 189

La faune 191

210. Les mammifères. Les prédateurs 191
211. Les animaux sauvages 191
212. Les animaux domestiques 192
213. Le chien. Les races 193
214. Les cris des animaux 194
215. Les jeunes animaux 194
216. Les oiseaux 195
217. Les oiseaux. Le chant, les cris 196
218. Les poissons. Les animaux marins 196
219. Les amphibiens. Les reptiles 197

220.	Les insectes	198
221.	Les parties du corps des animaux	198
222.	Les mouvements des animaux	199
223.	Les habitats des animaux	199
224.	Les soins aux animaux	200
225.	Les animaux. Divers	201
226.	Les chevaux	201

La flore 203

227.	Les arbres	203
228.	Les arbustes	203
229.	Les champignons	204
230.	Les fruits. Les baies	204
231.	Les fleurs. Les plantes	205
232.	Les céréales	206
233.	Les légumes	207

LA GÉOGRAPHIE RÉGIONALE 208
Les pays du monde. Les nationalités 208

234.	L'Europe de l'Ouest	208
235.	L'Europe Centrale et l'Europe de l'Est	210
236.	Les pays de l'ex-U.R.S.S.	211
237.	L'Asie	212
238.	L'Amérique du Nord	214
239.	L'Amérique Centrale et l'Amérique du Sud	214
240.	L'Afrique	215
241.	L'Australie et Océanie	216
242.	Les grandes villes	216
243.	La politique. Le gouvernement. Partie 1	218
244.	La politique. Le gouvernement. Partie 2	219
245.	Les différents pays du monde. Divers	220
246.	Les groupes religieux. Les confessions	221
247.	Les principales religions. Le clergé	222
248.	La foi. Le Christianisme. L'Islam	222

DIVERS 225

249.	Quelques mots et formules utiles	225
250.	Les adjectifs. Partie 1	226
251.	Les adjectifs. Partie 2	228

LES 500 VERBES LES PLUS UTILISÉS 231

252.	Les verbes les plus courants (de A à C)	231
253.	Les verbes les plus courants (de D à E)	233
254.	Les verbes les plus courants (de F à N)	235
255.	Les verbes les plus courants (de O à R)	237
256.	Les verbes les plus courants (de S à V)	239

GUIDE DE PRONONCIATION

Lettre	Exemple en coréen	Alphabet phonétique T&P	Exemple en français

Consonnes

Lettre	Exemple en coréen	Alphabet phonétique T&P	Exemple en français
ㄱ [1]	개	[k]	bocal
ㄱ [2]	아기	[g]	gris
ㄲ	껌	[k]	[k] appuyé
ㄴ	눈	[n]	ananas
ㄷ [3]	달	[t]	tennis
ㄷ [4]	사다리	[d]	document
ㄸ	딸	[t]	[t] appuyé
ㄹ [5]	라디오	[r]	racine, rouge
ㄹ [6]	십팔	[l]	vélo
ㅁ	문	[m]	minéral
ㅂ [7]	봄	[p]	panama
ㅂ [8]	아버지	[b]	bureau
ㅃ	빵	[p]	[p] appuyé
ㅅ [9]	실	[s]	syndicat
ㅅ [10]	옷	[t]	tennis
ㅆ	쌀	[ja:]	diamant
ㅇ [11]	강	[ŋ]	anglais - single, russe - динго
ㅈ [12]	집	[tɕ]	Tchèque
ㅈ [13]	아주	[dʑ]	jean
ㅉ	짬	[tɕ]	[tch] appuyé
ㅊ	차	[tɕh]	[tsch] aspiré
ㅌ	택시	[th]	[t] aspiré
ㅋ	칼	[kh]	[k] aspiré
ㅍ	포도	[ph]	[p] aspiré
ㅎ	한국	[h]	[h] aspiré

Lettre	Exemple en coréen	Alphabet phonétique T&P	Exemple en français

Voyelles et combinaisons de voyelles

ㅏ	사	[a]	classe
ㅑ	향	[ja]	caviar
ㅓ	머리	[ʌ]	carotte
ㅕ	병	[jɑ]	familial
ㅗ	몸	[o]	normal
ㅛ	표	[jɔ]	pavillon
ㅜ	물	[u]	boulevard
ㅠ	슈퍼	[ju]	voyou
ㅡ	음악	[ɪ]	capital
ㅣ	길	[i], [iː]	faillite
ㅐ	뱀	[ɛ], [ɛː]	arène
ㅒ	얘기	[je]	conseiller
ㅔ	펜	[e]	équipe
ㅖ	계산	[je]	conseiller
ㅘ	왕	[wa]	réservoir
ㅙ	왜	[ʊə]	trouée
ㅚ	회의	[ø], [we]	peu, web
ㅝ	권	[uɔ]	duo
ㅞ	웬	[ʊə]	trouée
ㅟ	쥐	[wi]	kiwi
ㅢ	거의	[ɯi]	combinaison [ɪi]

Remarques

1. au début d'un mot
2. entre des sons voisés
3. au début d'un mot
4. entre des sons voisés
5. en début de syllabe
6. en fin de syllabe
7. au début d'un mot
8. entre des sons voisés
9. en début de syllabe
10. en fin de syllabe
11. en fin de syllabe
12. au début d'un mot
13. entre des sons voisés

ABRÉVIATIONS
employées dans ce livre

Abréviations en français

adj	-	adjective
adv	-	adverbe
anim.	-	animé
conj	-	conjonction
dénombr.	-	dénombrable
etc.	-	et cetera
f	-	nom féminin
f pl	-	féminin pluriel
fam.	-	familiar
fem.	-	féminin
form.	-	formal
inanim.	-	inanimé
indénombr.	-	indénombrable
m	-	nom masculin
m pl	-	masculin pluriel
m, f	-	masculin, féminin
masc.	-	masculin
math	-	mathematics
mil.	-	militaire
pl	-	pluriel
prep	-	préposition
pron	-	pronom
qch	-	quelque chose
qn	-	quelqu'un
sing.	-	singulier
v aux	-	verbe auxiliaire
v imp	-	verbe impersonnel
vi	-	verbe intransitif
vi, vt	-	verbe intransitif, transitif
vp	-	verbe pronominal
vt	-	verbe transitif

CONCEPTS DE BASE

Concepts de base. Partie 1

1. Les pronoms

je	나, 저	na
tu	너	neo
il	그, 그분	geu, geu-bun
elle	그녀	geu-nyeo
ça	그것	geu-geot
nous	우리	u-ri
vous	너희	neo-hui
vous (form., sing.)	당신	dang-sin
ils, elles	그들	geu-deul

2. Adresser des vœux. Se dire bonjour. Se dire au revoir

Bonjour! (fam.)	안녕!	an-nyeong!
Bonjour! (form.)	안녕하세요!	an-nyeong-ha-se-yo!
Bonjour! (le matin)	안녕하세요!	an-nyeong-ha-se-yo!
Bonjour! (après-midi)	안녕하세요!	an-nyeong-ha-se-yo!
Bonsoir!	안녕하세요!	an-nyeong-ha-se-yo!
dire bonjour	인사하다	in-sa-ha-da
Salut!	안녕!	an-nyeong!
salut (m)	인사	in-sa
saluer (vt)	인사하다	in-sa-ha-da
Comment ça va?	잘 지내세요?	jal ji-nae-se-yo?
Quoi de neuf?	어떻게 지내?	eo-tteo-ke ji-nae?
Au revoir!	안녕히 가세요!	an-nyeong-hi ga-se-yo!
À bientôt!	또 만나요!	tto man-na-yo!
Adieu! (fam.)	잘 있어!	jal ri-seo!
Adieu! (form.)	안녕히 계세요!	an-nyeong-hi gye-se-yo!
dire au revoir	작별인사를 하다	jak-byeo-rin-sa-reul ha-da
Salut! (À bientôt!)	안녕!	an-nyeong!
Merci!	감사합니다!	gam-sa-ham-ni-da!
Merci beaucoup!	대단히 감사합니다!	dae-dan-hi gam-sa-ham-ni-da!
Je vous en prie	천만이에요	cheon-man-i-e-yo
Il n'y a pas de quoi	천만의 말씀입니다	cheon-man-ui mal-sseum-im-ni-da
Pas de quoi	천만에	cheon-man-e

Excuse-moi!	실례!	sil-lye!
Excusez-moi!	실례합니다!	sil-lye-ham-ni-da!
excuser (vt)	용서하다	yong-seo-ha-da
s'excuser (vp)	사과하다	sa-gwa-ha-da
Mes excuses	사과드립니다	sa-gwa-deu-rim-ni-da
Pardonnez-moi!	죄송합니다!	joe-song-ham-ni-da!
pardonner (vt)	용서하다	yong-seo-ha-da
s'il vous plaît	부탁합니다	bu-tak-am-ni-da
N'oubliez pas!	잊지 마십시오!	it-ji ma-sip-si-o!
Bien sûr!	물론이에요!	mul-lon-i-e-yo!
Bien sûr que non!	물론 아니에요!	mul-lon a-ni-e-yo!
D'accord!	그래요!	geu-rae-yo!
Ça suffit!	그만!	geu-man!

3. Comment s'adresser à quelqu'un

monsieur	선생	seon-saeng
madame	여사님	yeo-sa-nim
madame (mademoiselle)	아가씨	a-ga-ssi
jeune homme	젊은 분	jeol-meun bun
petit garçon	꼬마	kko-ma
petite fille	꼬마	kko-ma

4. Les nombres cardinaux. Partie 1

zéro	영	yeong
un	일	il
deux	이	i
trois	삼	sam
quatre	사	sa
cinq	오	o
six	육	yuk
sept	칠	chil
huit	팔	pal
neuf	구	gu
dix	십	sip
onze	십일	si-bil
douze	십이	si-bi
treize	십삼	sip-sam
quatorze	십사	sip-sa
quinze	십오	si-bo
seize	십육	si-byuk
dix-sept	십칠	sip-chil
dix-huit	십팔	sip-pal
dix-neuf	십구	sip-gu
vingt	이십	i-sip
vingt et un	이십일	i-si-bil

vingt-deux	이십이	i-si-bi
vingt-trois	이십삼	i-sip-sam
trente	삼십	sam-sip
trente et un	삼십일	sam-si-bil
trente-deux	삼십이	sam-si-bi
trente-trois	삼십삼	sam-sip-sam
quarante	사십	sa-sip
quarante et un	사십일	sa-si-bil
quarante-deux	사십이	sa-si-bi
quarante-trois	사십삼	sa-sip-sam
cinquante	오십	o-sip
cinquante et un	오십일	o-si-bil
cinquante-deux	오십이	o-si-bi
cinquante-trois	오십삼	o-sip-sam
soixante	육십	yuk-sip
soixante et un	육십일	yuk-si-bil
soixante-deux	육십이	yuk-si-bi
soixante-trois	육십삼	yuk-sip-sam
soixante-dix	칠십	chil-sip
soixante et onze	칠십일	chil-si-bil
soixante-douze	칠십이	chil-si-bi
soixante-treize	칠십삼	chil-sip-sam
quatre-vingts	팔십	pal-sip
quatre-vingt et un	팔십일	pal-si-bil
quatre-vingt deux	팔십이	pal-si-bi
quatre-vingt trois	팔십삼	pal-sip-sam
quatre-vingt-dix	구십	gu-sip
quatre-vingt et onze	구십일	gu-si-bil
quatre-vingt-douze	구십이	gu-si-bi
quatre-vingt-treize	구십삼	gu-sip-sam

5. Les nombres cardinaux. Partie 2

cent	백	baek
deux cents	이백	i-baek
trois cents	삼백	sam-baek
quatre cents	사백	sa-baek
cinq cents	오백	o-baek
six cents	육백	yuk-baek
sept cents	칠백	chil-baek
huit cents	팔백	pal-baek
neuf cents	구백	gu-baek
mille	천	cheon
deux mille	이천	i-cheon
trois mille	삼천	sam-cheon

dix mille	만	man
cent mille	십만	sim-man
million (m)	백만	baeng-man
milliard (m)	십억	si-beok

6. Les nombres ordinaux

premier (adj)	첫 번째의	cheot beon-jjae-ui
deuxième (adj)	두 번째의	du beon-jjae-ui
troisième (adj)	세 번째의	se beon-jjae-ui
quatrième (adj)	네 번째의	ne beon-jjae-ui
cinquième (adj)	다섯 번째의	da-seot beon-jjae-ui
sixième (adj)	여섯 번째의	yeo-seot beon-jjae-ui
septième (adj)	일곱 번째의	il-gop beon-jjae-ui
huitième (adj)	여덟 번째의	yeo-deol beon-jjae-ui
neuvième (adj)	아홉 번째의	a-hop beon-jjae-ui
dixième (adj)	열 번째의	yeol beon-jjae-ui

7. Nombres. Fractions

fraction (f)	분수	bun-su
un demi	이분의 일	i-bun-ui il
un tiers	삼분의 일	sam-bun-ui il
un quart	사분의 일	sa-bun-ui il
un huitième	팔분의 일	pal-bun-ui il
un dixième	십분의 일	sip-bun-ui il
deux tiers	삼분의 이	sam-bun-ui i
trois quarts	사분의 삼	sa-bun-ui sam

8. Les nombres. Opérations mathématiques

soustraction (f)	빼기	ppae-gi
soustraire (vt)	빼다	ppae-da
division (f)	나누기	na-nu-gi
diviser (vt)	나누다	na-nu-da
addition (f)	더하기	deo-ha-gi
additionner (vt)	합하다	ha-pa-da
ajouter (vt)	더하다	deo-ha-da
multiplication (f)	곱하기	go-pa-gi
multiplier (vt)	곱하다	go-pa-da

9. Les nombres. Divers

chiffre (m)	숫자	sut-ja
nombre (m)	숫자	sut-ja

adjectif (m) numéral	수사	su-sa
moins (m)	마이너스	ma-i-neo-seu
plus (m)	플러스	peul-leo-seu
formule (f)	공식	gong-sik
calcul (m)	계산	gye-san
compter (vt)	세다	se-da
calculer (vt)	헤아리다	he-a-ri-da
comparer (vt)	비교하다	bi-gyo-ha-da
Combien? (indénombr.)	얼마?	eol-ma?
Combien? (dénombr.)	얼마나?	eo-di-ro?
somme (f)	총합	chong-hap
résultat (m)	결과	gyeol-gwa
reste (m)	나머지	na-meo-ji
quelques ...	몇	myeot
peu de ...	조금	jo-geum
reste (m)	나머지	na-meo-ji
un et demi	일과 이분의 일	il-gwa i-bun-ui il
douzaine (f)	다스	da-seu
en deux (adv)	반으로	ba-neu-ro
en parties égales	균등하게	gyun-deung-ha-ge
moitié (f)	절반	jeol-ban
fois (f)	번	beon

10. Les verbes les plus importants. Partie 1

aider (vt)	도와주다	do-wa-ju-da
aimer (qn)	사랑하다	sa-rang-ha-da
aller (à pied)	가다	ga-da
apercevoir (vt)	알아차리다	a-ra-cha-ri-da
appartenir à ...	... 에 속하다	... e sok-a-da
appeler (au secours)	부르다, 요청하다	bu-reu-da, yo-cheong-ha-da
attendre (vt)	기다리다	gi-da-ri-da
attraper (vt)	잡다	jap-da
avertir (vt)	경고하다	gyeong-go-ha-da
avoir (vt)	가지다	ga-ji-da
avoir confiance	신뢰하다	sil-loe-ha-da
avoir faim	배가 고프다	bae-ga go-peu-da
avoir peur	무서워하다	mu-seo-wo-ha-da
avoir soif	목마르다	mong-ma-reu-da
cacher (vt)	숨기다	sum-gi-da
casser (briser)	깨뜨리다	kkae-tteu-ri-da
cesser (vt)	그만두다	geu-man-du-da
changer (vt)	바꾸다	ba-kku-da
chasser (animaux)	사냥하다	sa-nyang-ha-da
chercher (vt)	... 를 찾다	... reul chat-da
choisir (vt)	선택하다	seon-taek-a-da

commander (~ le menu)	주문하다	ju-mun-ha-da
commencer (vt)	시작하다	si-jak-a-da
comparer (vt)	비교하다	bi-gyo-ha-da
comprendre (vt)	이해하다	i-hae-ha-da
compter (dénombrer)	세다	se-da
compter sur ...	... 에 의지하다	... e ui-ji-ha-da
confondre (vt)	혼동하다	hon-dong-ha-da
connaître (qn)	알다	al-da
conseiller (vt)	조언하다	jo-eon-ha-da
continuer (vt)	계속하다	gye-sok-a-da
contrôler (vt)	제어하다	je-eo-ha-da
courir (vi)	달리다	dal-li-da
coûter (vt)	값이 ... 이다	gap-si ... i-da
créer (vt)	창조하다	chang-jo-ha-da
creuser (vt)	파다	pa-da
crier (vi)	소리치다	so-ri-chi-da

11. Les verbes les plus importants. Partie 2

décorer (~ la maison)	장식하다	jang-sik-a-da
défendre (vt)	방어하다	bang-eo-ha-da
déjeuner (vi)	점심을 먹다	jeom-si-meul meok-da
demander (~ l'heure)	묻다	mut-da
demander (de faire qch)	부탁하다	bu-tak-a-da
descendre (vi)	내려오다	nae-ryeo-o-da
deviner (vt)	추측하다	chu-cheuk-a-da
dîner (vi)	저녁을 먹다	jeo-nyeo-geul meok-da
dire (vt)	말하다	mal-ha-da
diriger (~ une usine)	운영하다	u-nyeong-ha-da
discuter (vt)	의논하다	ui-non-ha-da
donner (vt)	주다	ju-da
donner un indice	힌트를 주다	hin-teu-reul ju-da
douter (vt)	의심하다	ui-sim-ha-da
écrire (vt)	쓰다	sseu-da
entendre (bruit, etc.)	듣다	deut-da
entrer (vi)	들어가다	deu-reo-ga-da
envoyer (vt)	보내다	bo-nae-da
espérer (vi)	희망하다	hui-mang-ha-da
essayer (vt)	해보다	hae-bo-da
être d'accord	동의하다	dong-ui-ha-da
être nécessaire	필요하다	pi-ryo-ha-da
être pressé	서두르다	seo-du-reu-da
étudier (vt)	공부하다	gong-bu-ha-da
exiger (vt)	요구하다	yo-gu-ha-da
exister (vi)	존재하다	jon-jae-ha-da
expliquer (vt)	설명하다	seol-myeong-ha-da
faire (vt)	하다	ha-da

faire tomber	떨어뜨리다	tteo-reo-tteu-ri-da
finir (vt)	끝내다	kkeun-nae-da
garder (conserver)	보관하다	bo-gwan-ha-da
gronder, réprimander (vt)	꾸짖다	kku-jit-da
informer (vt)	알리다	al-li-da
insister (vi)	주장하다	ju-jang-ha-da
insulter (vt)	모욕하다	mo-yok-a-da
inviter (vt)	초대하다	cho-dae-ha-da
jouer (s'amuser)	놀다	nol-da

12. Les verbes les plus importants. Partie 3

libérer (ville, etc.)	해방하다	hae-bang-ha-da
lire (vi, vt)	읽다	ik-da
louer (prendre en location)	임대하다	im-dae-ha-da
manquer (l'école)	결석하다	gyeol-seok-a-da
menacer (vt)	협박하다	hyeop-bak-a-da
mentionner (vt)	언급하다	eon-geu-pa-da
montrer (vt)	보여주다	bo-yeo-ju-da
nager (vi)	수영하다	su-yeong-ha-da
objecter (vt)	반대하다	ban-dae-ha-da
observer (vt)	지켜보다	ji-kyeo-bo-da
ordonner (mil.)	명령하다	myeong-nyeong-ha-da
oublier (vt)	잊다	it-da
ouvrir (vt)	열다	yeol-da
pardonner (vt)	용서하다	yong-seo-ha-da
parler (vi, vt)	말하다	mal-ha-da
participer à …	참가하다	cham-ga-ha-da
payer (régler)	지불하다	ji-bul-ha-da
penser (vi, vt)	생각하다	saeng-gak-a-da
permettre (vt)	허가하다	heo-ga-ha-da
plaire (être apprécié)	좋아하다	jo-a-ha-da
plaisanter (vi)	농담하다	nong-dam-ha-da
planifier (vt)	계획하다	gye-hoek-a-da
pleurer (vi)	울다	ul-da
posséder (vt)	소유하다	so-yu-ha-da
pouvoir (v aux)	할 수 있다	hal su it-da
préférer (vt)	선호하다	seon-ho-ha-da
prendre (vt)	잡다	jap-da
prendre en note	적다	jeok-da
prendre le petit déjeuner	아침을 먹다	a-chi-meul meok-da
préparer (le dîner)	요리하다	yo-ri-ha-da
prévoir (vt)	예상하다	ye-sang-ha-da
prier (~ Dieu)	기도하다	gi-do-ha-da
promettre (vt)	약속하다	yak-sok-a-da
prononcer (vt)	발음하다	ba-reum-ha-da
proposer (vt)	제안하다	je-an-ha-da
punir (vt)	처벌하다	cheo-beol-ha-da

13. Les verbes les plus importants. Partie 4

recommander (vt)	추천하다	chu-cheon-ha-da
regretter (vt)	후회하다	hu-hoe-ha-da
répéter (dire encore)	반복하다	ban-bok-a-da
répondre (vi, vt)	대답하다	dae-da-pa-da
réserver (une chambre)	예약하다	ye-yak-a-da
rester silencieux	침묵을 지키다	chim-mu-geul ji-ki-da
réunir (regrouper)	연합하다	yeon-ha-pa-da
rire (vi)	웃다	ut-da
s'arrêter (vp)	정지하다	jeong-ji-ha-da
s'asseoir (vp)	앉다	an-da
sauver (la vie à qn)	구조하다	gu-jo-ha-da
savoir (qch)	알다	al-da
se baigner (vp)	수영하다	su-yeong-ha-da
se plaindre (vp)	불평하다	bul-pyeong-ha-da
se refuser (vp)	거절하다	geo-jeol-ha-da
se tromper (vp)	실수하다	sil-su-ha-da
se vanter (vp)	자랑하다	ja-rang-ha-da
s'étonner (vp)	놀라다	nol-la-da
s'excuser (vp)	사과하다	sa-gwa-ha-da
signer (vt)	서명하다	seo-myeong-ha-da
signifier (vt)	의미하다	ui-mi-ha-da
s'intéresser (vp)	… 에 관심을 가지다	… e gwan-si-meul ga-ji-da
sortir (aller dehors)	나가다	na-ga-da
sourire (vi)	미소를 짓다	mi-so-reul jit-da
sous-estimer (vt)	과소평가하다	gwa-so-pyeong-ga-ha-da
suivre … (suivez-moi)	… 를 따라가다	… reul tta-ra-ga-da
tirer (vt)	쏘다	sso-da
tomber (vi)	떨어지다	tteo-reo-ji-da
toucher (avec les mains)	닿다	da-ta
tourner (~ à gauche)	돌다	dol-da
traduire (vt)	번역하다	beo-nyeok-a-da
travailler (vi)	일하다	il-ha-da
tromper (vt)	속이다	so-gi-da
trouver (vt)	찾다	chat-da
tuer (vt)	죽이다	ju-gi-da
vendre (vt)	팔다	pal-da
venir (vi)	도착하다	do-chak-a-da
voir (vt)	보다	bo-da
voler (avion, oiseau)	날다	nal-da
voler (qch à qn)	훔치다	hum-chi-da
vouloir (vt)	원하다	won-ha-da

14. Les couleurs

couleur (f)	색	sae
teinte (f)	색조	saek-jo

ton (m)	색상	saek-sang
arc-en-ciel (m)	무지개	mu-ji-gae
blanc (adj)	흰	huin
noir (adj)	검은	geo-meun
gris (adj)	회색의	hoe-sae-gui
vert (adj)	초록색의	cho-rok-sae-gui
jaune (adj)	노란	no-ran
rouge (adj)	빨간	ppal-gan
bleu (adj)	파란	pa-ran
bleu clair (adj)	하늘색의	ha-neul-sae-gui
rose (adj)	분홍색의	bun-hong-sae-gui
orange (adj)	주황색의	ju-hwang-sae-gui
violet (adj)	보라색의	bo-ra-sae-gui
brun (adj)	갈색의	gal-sae-gui
d'or (adj)	금색의	geum-sae-gui
argenté (adj)	은색의	eun-sae-gui
beige (adj)	베이지색의	be-i-ji-sae-gui
crème (adj)	크림색의	keu-rim-sae-gui
turquoise (adj)	청록색의	cheong-nok-sae-gui
rouge cerise (adj)	암적색의	am-jeok-sae-gui
lilas (adj)	연보라색의	yeon-bo-ra-sae-gui
framboise (adj)	진홍색의	jin-hong-sae-gui
clair (adj)	밝은	bal-geun
foncé (adj)	짙은	ji-teun
vif (adj)	선명한	seon-myeong-han
de couleur (adj)	색의	sae-gui
en couleurs (adj)	컬러의	keol-leo-ui
noir et blanc (adj)	흑백의	heuk-bae-gui
unicolore (adj)	단색의	dan-sae-gui
multicolore (adj)	다색의	da-sae-gui

15. Les questions

Qui?	누구?	nu-gu?
Quoi?	무엇?	mu-eot?
Où? (~ es-tu?)	어디?	eo-di?
Où? (~ vas-tu?)	어디로?	eo-di-ro?
D'où?	어디로부터?	eo-di-ro-bu-teo?
Quand?	언제?	eon-je?
Pourquoi? (~ es-tu venu?)	왜?	wae?
Pourquoi? (~ t'es pâle?)	왜?	wae?
À quoi bon?	무엇을 위해서?	mu-eos-eul rwi-hae-seo?
Comment?	어떻게?	eo-tteo-ke?
Quel? (à ~ prix?)	어떤?	eo-tteon?
Lequel?	어느?	eo-neu?
À qui? (pour qui?)	누구에게?	nu-gu-e-ge?

De qui?	누구에 대하여?	nu-gu-e dae-ha-yeo?
De quoi?	무엇에 대하여?	mu-eos-e dae-ha-yeo?
Avec qui?	누구하고?	nu-gu-ha-go?

| Combien? | 얼마? | eol-ma? |
| À qui? (~ est ce livre?) | 누구의? | nu-gu-ui? |

16. Les prépositions

avec (~ toi)	··· 하고	... ha-go
sans (~ sucre)	없이	eop-si
à (aller ~ ...)	··· 에	... e
de (au sujet de)	··· 에 대하여	... e dae-ha-yeo
avant (~ midi)	전에	jeon-e
devant (~ la maison)	··· 앞에	... a-pe

sous (~ la commode)	밑에	mi-te
au-dessus de ...	위에	wi-e
sur (dessus)	위에	wi-e
de (venir ~ Paris)	··· 에서	... e-seo
en (en bois, etc.)	··· 로	... ro

| dans (~ deux heures) | ··· 안에 | ... a-ne |
| par dessus | 너머 | dwi-e |

17. Les mots-outils. Les adverbes. Partie 1

Où? (~ es-tu?)	어디?	eo-di?
ici (c'est ~)	여기	yeo-gi
là-bas (c'est ~)	거기	geo-gi

| quelque part (être) | 어딘가 | eo-din-ga |
| nulle part (adv) | 어디도 | eo-di-do |

| près de ... | 옆에 | yeo-pe |
| près de la fenêtre | 창문 옆에 | chang-mun nyeo-pe |

Où? (~ vas-tu?)	어디로?	eo-di-ro?
ici (Venez ~)	여기로	yeo-gi-ro
là-bas (j'irai ~)	거기로	geo-gi-ro
d'ici (adv)	여기서	yeo-gi-seo
de là-bas (adv)	거기서	geo-gi-seo

| près (pas loin) | 가까이 | ga-kka-i |
| loin (adv) | 멀리 | meol-li |

près de (~ Paris)	근처에	geun-cheo-e
tout près (adv)	인근에	in-geu-ne
pas loin (adv)	멀지 않게	meol-ji an-ke

| gauche (adj) | 왼쪽의 | oen-jjo-gui |
| à gauche (être ~) | 왼쪽에 | oen-jjo-ge |

à gauche (tournez ~)	왼쪽으로	oen-jjo-geu-ro
droit (adj)	오른쪽의	o-reun-jjo-gui
à droite (être ~)	오른쪽에	o-reun-jjo-ge
à droite (tournez ~)	오른쪽으로	o-reun-jjo-geu-ro
devant (adv)	앞쪽에	ap-jjo-ge
de devant (adj)	앞의	a-pui
en avant (adv)	앞으로	a-peu-ro
derrière (adv)	뒤에	dwi-e
par derrière (adv)	뒤에서	dwi-e-seo
en arrière (regarder ~)	뒤로	dwi-ro
milieu (m)	가운데	ga-un-de
au milieu (adv)	가운데에	ga-un-de-e
de côté (vue ~)	옆에	yeo-pe
partout (adv)	모든 곳에	mo-deun gos-e
autour (adv)	주위에	ju-wi-e
de l'intérieur	내면에서	nae-myeon-e-seo
quelque part (aller)	어딘가에	eo-din-ga-e
tout droit (adv)	똑바로	ttok-ba-ro
en arrière (revenir ~)	뒤로	dwi-ro
de quelque part (n'import d'où)	어디에서든지	eo-di-e-seo-deun-ji
de quelque part (on ne sait pas d'où)	어디로부터인지	eo-di-ro-bu-teo-in-ji
premièrement (adv)	첫째로	cheot-jjae-ro
deuxièmement (adv)	둘째로	dul-jjae-ro
troisièmement (adv)	셋째로	set-jjae-ro
soudain (adv)	갑자기	gap-ja-gi
au début (adv)	처음에	cheo-eum-e
pour la première fois	처음으로	cheo-eu-meu-ro
bien avant ...	... 오래 전에	... o-rae jeon-e
de nouveau (adv)	다시	da-si
pour toujours (adv)	영원히	yeong-won-hi
jamais (adv)	절대로	jeol-dae-ro
de nouveau, encore (adv)	다시	da-si
maintenant (adv)	이제	i-je
souvent (adv)	자주	ja-ju
alors (adv)	그때	geu-ttae
d'urgence (adv)	급히	geu-pi
d'habitude (adv)	보통으로	bo-tong-eu-ro
à propos, ...	그건 그렇고, ...	geu-geon geu-reo-ko, ...
c'est possible	가능한	ga-neung-han
probablement (adv)	아마	a-ma
peut-être (adv)	어쩌면	eo-jjeo-myeon
en plus, ...	게다가 ...	ge-da-ga ...
c'est pourquoi ...	그래서 ...	geu-rae-seo ...
malgré ...	... 에도 불구하고	... e-do bul-gu-ha-go

grâce à ... quelque chose (Il m'est arrivé ~)	... 덕분에 무엇인가	... deok-bun-e mu-eon-nin-ga
quelque chose (peut-on faire ~)	무엇이든지	mu-eon-ni-deun-ji
rien (m)	아무것도	a-mu-geot-do
quelqu'un (on ne sait pas qui)	누구	nu-gu
quelqu'un (n'importe qui)	누군가	nu-gun-ga
personne (pron)	아무도	a-mu-do
nulle part (aller ~)	아무데도	a-mu-de-do
de personne	누구의 것도 아닌	nu-gu-ui geot-do a-nin
de n'importe qui	누군가의	nu-gun-ga-ui
comme ça (adv)	그래서	geu-rae-seo
également (adv)	역시	yeok-si
aussi (adv)	또한	tto-han

18. Les mots-outils. Les adverbes. Partie 2

Pourquoi?	왜?	wae?
pour une certaine raison	어떤 이유로	eo-tteon ni-yu-ro
parce que ...	왜냐하면 ...	wae-nya-ha-myeon ...
pour une raison quelconque	어떤 목적으로	eo-tteon mok-jeo-geu-ro
et (conj)	그리고	geu-ri-go
ou (conj)	또는	tto-neun
mais (conj)	그러나	geu-reo-na
pour ... (prep)	위해서	wi-hae-seo
trop (adv)	너무	neo-mu
seulement (adv)	... 만	... man
précisément (adv)	정확하게	jeong-hwak-a-ge
près de ... (prep)	약	yak
approximativement	대략	dae-ryak
approximatif (adj)	대략적인	dae-ryak-jeo-gin
presque (adv)	거의	geo-ui
reste (m)	나머지	na-meo-ji
chaque (adj)	각각의	gak-ga-gui
n'importe quel (adj)	아무	a-mu
beaucoup (adv)	많이	ma-ni
plusieurs (pron)	많은 사람들	ma-neun sa-ram-deul
tous	모두	mo-du
en échange de ...	... 의 교환으로	... ui gyo-hwa-neu-ro
en échange (adv)	교환으로	gyo-hwa-neu-ro
à la main (adv)	수공으로	su-gong-eu-ro
peu probable (adj)	거의	geo-ui
probablement (adv)	아마	a-ma
exprès (adv)	일부러	il-bu-reo

par accident (adv)	우연히	u-yeon-hi
très (adv)	아주	a-ju
par exemple (adv)	예를 들면	ye-reul deul-myeon
entre (prep)	사이에	sa-i-e
parmi (prep)	중에	jung-e
autant (adv)	이만큼	i-man-keum
surtout (adv)	특히	teuk-i

Concepts de base. Partie 2

19. Les jours de la semaine

lundi (m)	월요일	wo-ryo-il
mardi (m)	화요일	hwa-yo-il
mercredi (m)	수요일	su-yo-il
jeudi (m)	목요일	mo-gyo-il
vendredi (m)	금요일	geu-myo-il
samedi (m)	토요일	to-yo-il
dimanche (m)	일요일	i-ryo-il
aujourd'hui (adv)	오늘	o-neul
demain (adv)	내일	nae-il
après-demain (adv)	모레	mo-re
hier (adv)	어제	eo-je
avant-hier (adv)	그저께	geu-jeo-kke
jour (m)	낮	nat
jour (m) ouvrable	근무일	geun-mu-il
jour (m) férié	공휴일	gong-hyu-il
jour (m) de repos	휴일	hyu-il
week-end (m)	주말	ju-mal
toute la journée	하루종일	ha-ru-jong-il
le lendemain	다음날	da-eum-nal
il y a 2 jours	이틀 전	i-teul jeon
la veille	전날	jeon-nal
quotidien (adj)	일간의	il-ga-nui
tous les jours	매일	mae-il
semaine (f)	주	ju
la semaine dernière	지난 주에	ji-nan ju-e
la semaine prochaine	다음 주에	da-eum ju-e
hebdomadaire (adj)	주간의	ju-ga-nui
chaque semaine	매주	mae-ju
2 fois par semaine	일주일에 두번	il-ju-i-re du-beon
tous les mardis	매주 화요일	mae-ju hwa-yo-il

20. Les heures. Le jour et la nuit

matin (m)	아침	a-chim
le matin	아침에	a-chim-e
midi (m)	정오	jeong-o
dans l'après-midi	오후에	o-hu-e
soir (m)	저녁	jeo-nyeok
le soir	저녁에	jeo-nyeo-ge

nuit (f)	밤	bam
la nuit	밤에	bam-e
minuit (f)	자정	ja-jeong
seconde (f)	초	cho
minute (f)	분	bun
heure (f)	시	si
demi-heure (f)	반시간	ban-si-gan
un quart d'heure	십오분	si-bo-bun
quinze minutes	십오분	si-bo-bun
vingt-quatre heures	이십사시간	i-sip-sa-si-gan
lever (m) du soleil	일출	il-chul
aube (f)	새벽	sae-byeok
point (m) du jour	이른 아침	i-reun a-chim
coucher (m) du soleil	저녁 노을	jeo-nyeok no-eul
tôt le matin	이른 아침에	i-reun a-chim-e
ce matin	오늘 아침에	o-neul ra-chim-e
demain matin	내일 아침에	nae-il ra-chim-e
cet après-midi	오늘 오후에	o-neul ro-hu-e
dans l'après-midi	오후에	o-hu-e
demain après-midi	내일 오후에	nae-il ro-hu-e
ce soir	오늘 저녁에	o-neul jeo-nyeo-ge
demain soir	내일 밤에	nae-il bam-e
à 3 heures précises	3시 정각에	se-si jeong-ga-ge
autour de 4 heures	4시쯤에	ne-si-jjeu-me
vers midi	12시까지	yeoldu si-kka-ji
dans 20 minutes	20분 안에	isib-bun na-ne
dans une heure	한 시간 안에	han si-gan na-ne
à temps	제시간에	je-si-gan-e
... moins le quart	... 십오 분	... si-bo bun
en une heure	한 시간 내에	han si-gan nae-e
tous les quarts d'heure	15분 마다	sibo-bun ma-da
24 heures sur 24	하루종일	ha-ru-jong-il

21. Les mois. Les saisons

janvier (m)	일월	i-rwol
février (m)	이월	i-wol
mars (m)	삼월	sam-wol
avril (m)	사월	sa-wol
mai (m)	오월	o-wol
juin (m)	유월	yu-wol
juillet (m)	칠월	chi-rwol
août (m)	팔월	pa-rwol
septembre (m)	구월	gu-wol
octobre (m)	시월	si-wol
novembre (m)	십일월	si-bi-rwol
décembre (m)	십이월	si-bi-wol

printemps (m)	봄	bom
au printemps	봄에	bom-e
de printemps (adj)	봄의	bom-ui
été (m)	여름	yeo-reum
en été	여름에	yeo-reum-e
d'été (adj)	여름의	yeo-reu-mui
automne (m)	가을	ga-eul
en automne	가을에	ga-eu-re
d'automne (adj)	가을의	ga-eu-rui
hiver (m)	겨울	gyeo-ul
en hiver	겨울에	gyeo-u-re
d'hiver (adj)	겨울의	gyeo-ul
mois (m)	월, 달	wol, dal
ce mois	이번 달에	i-beon da-re
le mois prochain	다음 달에	da-eum da-re
le mois dernier	지난 달에	ji-nan da-re
il y a un mois	한달 전에	han-dal jeon-e
dans un mois	한 달 안에	han dal ra-ne
dans 2 mois	두 달 안에	du dal ra-ne
tout le mois	한 달 내내	han dal lae-nae
tout un mois	한달간 내내	han-dal-gan nae-nae
mensuel (adj)	월간의	wol-ga-nui
mensuellement	매월, 매달	mae-wol, mae-dal
chaque mois	매달	mae-dal
2 fois par mois	한 달에 두 번	han da-re du beon
année (f)	년	nyeon
cette année	올해	ol-hae
l'année prochaine	내년	nae-nyeon
l'année dernière	작년	jang-nyeon
il y a un an	일년 전	il-lyeon jeon
dans un an	일 년 안에	il lyeon na-ne
dans 2 ans	이 년 안에	i nyeon na-ne
toute l'année	한 해 전체	han hae jeon-che
toute une année	일년 내내	il-lyeon nae-nae
chaque année	매년	mae-nyeon
annuel (adj)	연간의	yeon-ga-nui
annuellement	매년	mae-nyeon
4 fois par an	일년에 네 번	il-lyeon-e ne beon
date (f) (jour du mois)	날짜	nal-jja
date (f) (~ mémorable)	월일	wo-ril
calendrier (m)	달력	dal-lyeok
six mois	반년	ban-nyeon
semestre (m)	육개월	yuk-gae-wol
saison (f)	계절	gye-jeol
siècle (m)	세기	se-gi

22. La notion de temps. Divers

temps (m)	시간	si-gan
moment (m)	순간	sun-gan
instant (m)	찰나	chal-la
instantané (adj)	찰나의	chal-la-ui
laps (m) de temps	기간	gi-gan
vie (f)	일생	il-saeng
éternité (f)	영원	yeong-won
époque (f)	시대	si-dae
ère (f)	시대	si-dae
cycle (m)	주기	ju-gi
période (f)	기간	gi-gan
délai (m)	기간	gi-gan
avenir (m)	미래	mi-rae
prochain (adj)	미래의	mi-rae-ui
la fois prochaine	다음번	da-eum-beon
passé (m)	과거	gwa-geo
passé (adj)	지나간	ji-na-gan
la fois passée	지난 번에	ji-nan beon-e
plus tard (adv)	나중에	na-jung-e
après (prep)	… 후에	… hu-e
à présent (adv)	요즘	yo-jeum
maintenant (adv)	이제	i-je
immédiatement	즉시	jeuk-si
bientôt (adv)	곧	got
d'avance (adv)	미리	mi-ri
il y a longtemps	오래 전	o-rae jeon
récemment (adv)	최근	choe-geun
destin (m)	운명	un-myeong
souvenirs (m pl)	회상, 추억	hoe-sang, chu-eok
archives (f pl)	기록	gi-rok
pendant … (prep)	… 동안	… dong-an
longtemps (adv)	오래	o-rae
pas longtemps (adv)	길지 않은	gil-ji a-neun
tôt (adv)	일찍	il-jjik
tard (adv)	늦게	neut-ge
pour toujours (adv)	영원히	yeong-won-hi
commencer (vt)	시작하다	si-jak-a-da
reporter (retarder)	연기하다	yeon-gi-ha-da
en même temps (adv)	동시에	dong-si-e
en permanence (adv)	영구히	yeong-gu-hi
constant (bruit, etc.)	끊임없는	kkeu-nim-eom-neun
temporaire (adj)	일시적인	il-si-jeo-gin
parfois (adv)	가끔	ga-kkeum
rarement (adv)	드물게	deu-mul-ge
souvent (adv)	자주	ja-ju

23. Les contraires

riche (adj)	부유한	bu-yu-han
pauvre (adj)	가난한	ga-nan-han
malade (adj)	아픈	a-peun
en bonne santé	건강한	geon-gang-han
grand (adj)	큰	keun
petit (adj)	작은	ja-geun
vite (adv)	빨리	ppal-li
lentement (adv)	천천히	cheon-cheon-hi
rapide (adj)	빠른	ppa-reun
lent (adj)	느린	neu-rin
joyeux (adj)	기쁜	gi-ppeun
triste (adj)	슬픈	seul-peun
ensemble (adv)	같이	ga-chi
séparément (adv)	따로	tta-ro
à haute voix	큰소리로	keun-so-ri-ro
en silence	묵독	muk-dok
haut (adj)	높은	no-peun
bas (adj)	낮은	na-jeun
profond (adj)	깊은	gi-peun
peu profond (adj)	얕은	ya-teun
oui (adv)	네	ne
non (adv)	아니오	a-ni-o
lointain (adj)	먼	meon
proche (adj)	인근의	in-geu-nui
loin (adv)	멀리	meol-li
près (adv)	인근에	in-geu-ne
long (adj)	긴	gin
court (adj)	짧은	jjal-beun
bon (au bon cœur)	착한	cha-kan
méchant (adj)	사악한	sa-a-kan
marié (adj)	결혼한	gyeol-hon-han
célibataire (adj)	미혼의	mi-hon-ui
interdire (vt)	금지하다	geum-ji-ha-da
permettre (vt)	허가하다	heo-ga-ha-da
fin (f)	끝	kkeut
début (m)	시작	si-jak

gauche (adj)	왼쪽의	oen-jjo-gui
droit (adj)	오른쪽의	o-reun-jjo-gui
premier (adj)	첫 번째의	cheot beon-jjae-ui
dernier (adj)	마지막의	ma-ji-ma-gui
crime (m)	범죄	beom-joe
punition (f)	벌	beol
ordonner (vt)	명령하다	myeong-nyeong-ha-da
obéir (vt)	복종하다	bok-jong-ha-da
droit (adj)	곧은	go-deun
courbé (adj)	굽은	gu-beun
paradis (m)	천국	cheon-guk
enfer (m)	지옥	ji-ok
naître (vi)	태어나다	tae-eo-na-da
mourir (vi)	죽다	juk-da
fort (adj)	강한	gang-han
faible (adj)	약한	yak-an
vieux (adj)	늙은	neul-geun
jeune (adj)	젊은	jeol-meun
vieux (adj)	낡은	nal-geun
neuf (adj)	새로운	sae-ro-un
dur (adj)	단단한	dan-dan-han
mou (adj)	부드러운	bu-deu-reo-un
chaud (tiède)	따뜻한	tta-tteu-tan
froid (adj)	추운	chu-un
gros (adj)	뚱뚱한	ttung-ttung-han
maigre (adj)	마른	ma-reun
étroit (adj)	좁은	jo-beun
large (adj)	넓은	neol-beun
bon (adj)	좋은	jo-eun
mauvais (adj)	나쁜	na-ppeun
vaillant (adj)	용감한	yong-gam-han
peureux (adj)	비겁한	bi-geo-pan

24. Les lignes et les formes

carré (m)	정사각형	jeong-sa-gak-yeong
carré (adj)	사각의	sa-ga-gui
cercle (m)	원	won
rond (adj)	원형의	won-hyeong-ui

triangle (m)	삼각형	sam-gak-yeong
triangulaire (adj)	삼각형의	sam-gak-yeong-ui
ovale (m)	타원	ta-won
ovale (adj)	타원의	ta-won-ui
rectangle (m)	직사각형	jik-sa-gak-yeong
rectangulaire (adj)	직사각형의	jik-sa-gak-yeong-ui
pyramide (f)	피라미드	pi-ra-mi-deu
losange (m)	마름모	ma-reum-mo
trapèze (m)	사다리꼴	sa-da-ri-kkol
cube (m)	정육면체	jeong-yung-myeon-che
prisme (m)	각기둥	gak-gi-dung
circonférence (f)	원주	won-ju
sphère (f)	구	gu
globe (m)	구체	gu-che
diamètre (m)	지름	ji-reum
rayon (m)	반경	ban-gyeong
périmètre (m)	둘레	dul-le
centre (m)	중심	jung-sim
horizontal (adj)	가로의	ga-ro-ui
vertical (adj)	세로의	se-ro-ui
parallèle (f)	평행	pyeong-haeng
parallèle (adj)	평행한	pyeong-haeng-han
ligne (f)	선, 줄	seon, jul
trait (m)	획	hoek
ligne (f) droite	직선	jik-seon
courbe (f)	곡선	gok-seon
fin (une ~ ligne)	얇은	yal-beun
contour (m)	외곽선	oe-gwak-seon
intersection (f)	교점	gyo-jeom
angle (m) droit	직각	jik-gak
segment (m)	활꼴	hwal-kkol
secteur (m)	부채꼴	bu-chae-kkol
côté (m)	변	byeon
angle (m)	각	gak

25. Les unités de mesure

poids (m)	무게	mu-ge
longueur (f)	길이	gi-ri
largeur (f)	폭, 너비	pok, neo-bi
hauteur (f)	높이	no-pi
profondeur (f)	깊이	gi-pi
volume (m)	부피	bu-pi
aire (f)	면적	myeon-jeok
gramme (m)	그램	geu-raem
milligramme (m)	밀리그램	mil-li-geu-raem

kilogramme (m)	킬로그램	kil-lo-geu-raem
tonne (f)	톤	ton
livre (f)	파운드	pa-un-deu
once (f)	온스	on-seu
mètre (m)	미터	mi-teo
millimètre (m)	밀리미터	mil-li-mi-teo
centimètre (m)	센티미터	sen-ti-mi-teo
kilomètre (m)	킬로미터	kil-lo-mi-teo
mille (m)	마일	ma-il
pouce (m)	인치	in-chi
pied (m)	피트	pi-teu
yard (m)	야드	ya-deu
mètre (m) carré	제곱미터	je-gom-mi-teo
hectare (m)	헥타르	hek-ta-reu
litre (m)	리터	ri-teo
degré (m)	도	do
volt (m)	볼트	bol-teu
ampère (m)	암페어	am-pe-eo
cheval-vapeur (m)	마력	ma-ryeok
quantité (f)	수량, 양	su-ryang, yang
un peu de ...	... 조금	... jo-geum
moitié (f)	절반	jeol-ban
douzaine (f)	다스	da-seu
pièce (f)	조각	jo-gak
dimension (f)	크기	keu-gi
échelle (f) (de la carte)	축척	chuk-cheok
minimal (adj)	최소의	choe-so-ui
le plus petit (adj)	가장 작은	ga-jang ja-geun
moyen (adj)	중간의	jung-gan-ui
maximal (adj)	최대의	choe-dae-ui
le plus grand (adj)	가장 큰	ga-jang keun

26. Les récipients

bocal (m) en verre	유리병	yu-ri-byeong
boîte, canette (f)	캔, 깡통	kaen, kkang-tong
seau (m)	양동이	yang-dong-i
tonneau (m)	통	tong
bassine, cuvette (f)	대야	dae-ya
cuve (f)	탱크	taeng-keu
flasque (f)	휴대용 술병	hyu-dae-yong sul-byeong
jerrican (m)	통	tong
citerne (f)	탱크	taeng-keu
tasse (f), mug (m)	머그컵	meo-geu-keop
tasse (f)	컵	keop

soucoupe (f)	받침 접시	bat-chim jeop-si
verre (m) (~ d'eau)	유리잔	yu-ri-jan
verre (m) à vin	와인글라스	wa-in-geul-la-seu
faitout (m)	냄비	naem-bi
bouteille (f)	병	byeong
goulot (m)	병목	byeong-mok
carafe (f)	디캔터	di-kaen-teo
pichet (m)	물병	mul-byeong
récipient (m)	용기	yong-gi
pot (m)	항아리	hang-a-ri
vase (m)	화병	hwa-byeong
flacon (m)	향수병	hyang-su-byeong
fiole (f)	약병	yak-byeong
tube (m)	튜브	tyu-beu
sac (m) (grand ~)	자루	ja-ru
sac (m) (~ en plastique)	봉투	bong-tu
paquet (m) (~ de cigarettes)	갑	gap
boîte (f)	박스	bak-seu
caisse (f)	상자	sang-ja
panier (m)	바구니	ba-gu-ni

27. Les matériaux

matériau (m)	재료	jae-ryo
bois (m)	목재	mok-jae
en bois (adj)	목재의	mok-jae-ui
verre (m)	유리	yu-ri
en verre (adj)	유리의	yu-ri-ui
pierre (f)	돌	dol
en pierre (adj)	돌의	do-rui
plastique (m)	플라스틱	peul-la-seu-tik
en plastique (adj)	플라스틱의	peul-la-seu-ti-gui
caoutchouc (m)	고무	go-mu
en caoutchouc (adj)	고무의	go-mu-ui
tissu (m)	직물	jing-mul
en tissu (adj)	직물의	jing-mu-rui
papier (m)	종이	jong-i
de papier (adj)	종이의	jong-i-ui
carton (m)	판지	pan-ji
en carton (adj)	판지의	pan-ji-ui
polyéthylène (m)	폴리에틸렌	pol-li-e-til-len
cellophane (f)	셀로판	sel-lo-pan

contreplaqué (m)	합판	hap-pan
porcelaine (f)	도자기	do-ja-gi
de porcelaine (adj)	도자기의	do-ja-gi-ui
argile (f)	점토	jeom-to
de terre cuite (adj)	점토의	jeom-to-ui
céramique (f)	세라믹	se-ra-mik
en céramique (adj)	세라믹의	se-ra-mi-gui

28. Les métaux

métal (m)	금속	geum-sok
métallique (adj)	금속제의	geum-sok-je-ui
alliage (m)	합금	hap-geum
or (m)	금	geum
en or (adj)	금의	geum-ui
argent (m)	은	eun
en argent (adj)	은의	eun-ui
fer (m)	철	cheol
en fer (adj)	철제의	cheol-je-ui
acier (m)	강철	gang-cheol
en acier (adj)	강철의	gang-cheo-rui
cuivre (m)	구리	gu-ri
en cuivre (adj)	구리의	gu-ri-ui
aluminium (m)	알루미늄	al-lu-mi-nyum
en aluminium (adj)	알루미늄의	al-lu-mi-nyum-ui
bronze (m)	청동	cheong-dong
en bronze (adj)	청동의	cheong-dong-ui
laiton (m)	황동	hwang-dong
nickel (m)	니켈	ni-kel
platine (f)	백금	baek-geum
mercure (m)	수은	su-eun
étain (m)	주석	ju-seok
plomb (m)	납	nap
zinc (m)	아연	a-yeon

L'HOMME

L'homme. Le corps humain

29. L'homme. Notions fondamentales

être (m) humain	사람	sa-ram
homme (m)	남자	nam-ja
femme (f)	여자	yeo-ja
enfant (m, f)	아이, 아동	a-i, a-dong
fille (f)	소녀	so-nyeo
garçon (m)	소년	so-nyeon
adolescent (m)	청소년	cheong-so-nyeon
vieillard (m)	노인	no-in
vieille femme (f)	노인	no-in

30. L'anatomie humaine

organisme (m)	생체	saeng-che
cœur (m)	심장	sim-jang
sang (m)	피	pi
artère (f)	동맥	dong-maek
veine (f)	정맥	jeong-maek
cerveau (m)	두뇌	du-noe
nerf (m)	신경	sin-gyeong
nerfs (m pl)	신경	sin-gyeong
vertèbre (f)	척추	cheok-chu
colonne (f) vertébrale	등뼈	deung-ppyeo
estomac (m)	위	wi
intestins (m pl)	창자	chang-ja
intestin (m)	장	jang
foie (m)	간	gan
rein (m)	신장	sin-jang
os (m)	뼈	ppyeo
squelette (f)	뼈대	ppyeo-dae
côte (f)	늑골	neuk-gol
crâne (m)	두개골	du-gae-gol
muscle (m)	근육	geu-nyuk
biceps (m)	이두근	i-du-geun
tendon (m)	힘줄, 건	him-jul, geon
articulation (f)	관절	gwan-jeol

poumons (m pl)	폐	pye
organes (m pl) génitaux	생식기	saeng-sik-gi
peau (f)	피부	pi-bu

31. La tête

tête (f)	머리	meo-ri
visage (m)	얼굴	eol-gul
nez (m)	코	ko
bouche (f)	입	ip
œil (m)	눈	nun
les yeux	눈	nun
pupille (f)	눈동자	nun-dong-ja
sourcil (m)	눈썹	nun-sseop
cil (m)	속눈썹	song-nun-sseop
paupière (f)	눈꺼풀	nun-kkeo-pul
langue (f)	혀	hyeo
dent (f)	이	i
lèvres (f pl)	입술	ip-sul
pommettes (f pl)	광대뼈	gwang-dae-ppyeo
gencive (f)	잇몸	in-mom
palais (m)	입천장	ip-cheon-jang
narines (f pl)	콧구멍	kot-gu-meong
menton (m)	턱	teok
mâchoire (f)	턱	teok
joue (f)	뺨, 볼	ppyam, bol
front (m)	이마	i-ma
tempe (f)	관자놀이	gwan-ja-no-ri
oreille (f)	귀	gwi
nuque (f)	뒤통수	dwi-tong-su
cou (m)	목	mok
gorge (f)	목구멍	mok-gu-meong
cheveux (m pl)	머리털, 헤어	meo-ri-teol, he-eo
coiffure (f)	머리 스타일	meo-ri seu-ta-il
coupe (f)	헤어컷	he-eo-keot
perruque (f)	가발	ga-bal
moustache (f)	콧수염	kot-su-yeom
barbe (f)	턱수염	teok-su-yeom
porter (~ la barbe)	기르다	gi-reu-da
tresse (f)	땋은 머리	tta-eun meo-ri
favoris (m pl)	구레나룻	gu-re-na-rut
roux (adj)	빨강머리의	ppal-gang-meo-ri-ui
gris, grisonnant (adj)	흰머리의	huin-meo-ri-ui
chauve (adj)	대머리인	dae-meo-ri-in
calvitie (f)	땜통	ttaem-tong
queue (f) de cheval	말총머리	mal-chong-meo-ri
frange (f)	앞머리	am-meo-ri

32. Le corps humain

main (f)	손	son
bras (m)	팔	pal
doigt (m)	손가락	son-ga-rak
pouce (m)	엄지손가락	eom-ji-son-ga-rak
petit doigt (m)	새끼손가락	sae-kki-son-ga-rak
ongle (m)	손톱	son-top
poing (m)	주먹	ju-meok
paume (f)	손바닥	son-ba-dak
poignet (m)	손목	son-mok
avant-bras (m)	전박	jeon-bak
coude (m)	팔꿈치	pal-kkum-chi
épaule (f)	어깨	eo-kkae
jambe (f)	다리	da-ri
pied (m)	발	bal
genou (m)	무릎	mu-reup
mollet (m)	종아리	jong-a-ri
hanche (f)	엉덩이	eong-deong-i
talon (m)	발뒤꿈치	bal-dwi-kkum-chi
corps (m)	몸	mom
ventre (m)	배	bae
poitrine (f)	가슴	ga-seum
sein (m)	가슴	ga-seum
côté (m)	옆구리	yeop-gu-ri
dos (m)	등	deung
reins (région lombaire)	허리	heo-ri
taille (f) (~ de guêpe)	허리	heo-ri
nombril (m)	배꼽	bae-kkop
fesses (f pl)	엉덩이	eong-deong-i
derrière (m)	엉덩이	eong-deong-i
grain (m) de beauté	점	jeom
tache (f) de vin	모반	mo-ban
tatouage (m)	문신	mun-sin
cicatrice (f)	흉터	hyung-teo

Les vêtements & les accessoires

33. Les vêtements d'extérieur

vêtement (m)	옷	ot
survêtement (m)	겉옷	geo-tot
vêtement (m) d'hiver	겨울옷	gyeo-u-rot
manteau (m)	코트	ko-teu
manteau (m) de fourrure	모피 외투	mo-pi oe-tu
veste (f) de fourrure	짧은 모피 외투	jjal-beun mo-pi oe-tu
manteau (m) de duvet	패딩점퍼	pae-ding-jeom-peo
veste (f) (~ en cuir)	재킷	jae-kit
imperméable (m)	트렌치코트	teu-ren-chi-ko-teu
imperméable (adj)	방수의	bang-su-ui

34. Les vêtements

chemise (f)	셔츠	syeo-cheu
pantalon (m)	바지	ba-ji
jean (m)	청바지	cheong-ba-ji
veston (m)	재킷	jae-kit
complet (m)	양복	yang-bok
robe (f)	드레스	deu-re-seu
jupe (f)	치마	chi-ma
chemisette (f)	블라우스	beul-la-u-seu
veste (f) en laine	니트 재킷	ni-teu jae-kit
jaquette (f), blazer (m)	재킷	jae-kit
tee-shirt (m)	티셔츠	ti-syeo-cheu
short (m)	반바지	ban-ba-ji
costume (m) de sport	운동복	un-dong-bok
peignoir (m) de bain	목욕가운	mo-gyok-ga-un
pyjama (m)	파자마	pa-ja-ma
chandail (m)	스웨터	seu-we-teo
pull-over (m)	풀오버	pu-ro-beo
gilet (m)	조끼	jo-kki
queue-de-pie (f)	연미복	yeon-mi-bok
smoking (m)	턱시도	teok-si-do
uniforme (m)	제복	je-bok
tenue (f) de travail	작업복	ja-geop-bok
salopette (f)	작업바지	ja-geop-ba-ji
blouse (f) (d'un médecin)	가운	ga-un

35. Les sous-vêtements

sous-vêtements (m pl)	속옷	so-got
maillot (m) de corps	러닝 셔츠	reo-ning syeo-cheu
chaussettes (f pl)	양말	yang-mal
chemise (f) de nuit	잠옷	jam-ot
soutien-gorge (m)	브라	beu-ra
chaussettes (f pl) hautes	무릎길이 스타킹	mu-reup-gi-ri seu-ta-king
collants (m pl)	팬티 스타킹	paen-ti seu-ta-king
bas (m pl)	밴드 스타킹	baen-deu seu-ta-king
maillot (m) de bain	수영복	su-yeong-bok

36. Les chapeaux

chapeau (m)	모자	mo-ja
chapeau (m) feutre	중절모	jung-jeol-mo
casquette (f) de base-ball	야구 모자	ya-gu mo-ja
casquette (f)	플랫캡	peul-laet-kaep
béret (m)	베레모	be-re-mo
capuche (f)	후드	hu-deu
panama (m)	파나마 모자	pa-na-ma mo-ja
bonnet (m) de laine	니트 모자	ni-teu mo-ja
foulard (m)	스카프	seu-ka-peu
chapeau (m) de femme	여성용 모자	yeo-seong-yong mo-ja
casque (m) (d'ouvriers)	안전모	an-jeon-mo
calot (m)	개리슨 캡	gae-ri-seun kaep
casque (m) (~ de moto)	헬멧	hel-met

37. Les chaussures

chaussures (f pl)	신발	sin-bal
bottines (f pl)	구두	gu-du
souliers (m pl) (~ plats)	구두	gu-du
bottes (f pl)	부츠	bu-cheu
chaussons (m pl)	슬리퍼	seul-li-peo
tennis (m pl)	운동화	un-dong-hwa
baskets (f pl)	스니커즈	seu-ni-keo-jeu
sandales (f pl)	샌들	saen-deul
cordonnier (m)	구둣방	gu-dut-bang
talon (m)	굽	gup
paire (f)	켤레	kyeol-le
lacet (m)	끈	kkeun
lacer (vt)	끈을 매다	kkeu-neul mae-da

chausse-pied (m)	구둣주걱	gu-dut-ju-geok
cirage (m)	구두약	gu-du-yak

38. Le textile. Les tissus

coton (m)	면	myeon
de coton (adj)	면의	myeo-nui
lin (m)	리넨	ri-nen
de lin (adj)	린넨의	rin-ne-nui
soie (f)	실크	sil-keu
de soie (adj)	실크의	sil-keu-ui
laine (f)	모직, 울	mo-jik, ul
en laine (adj)	모직의	mo-ji-gui
velours (m)	벨벳	bel-bet
chamois (m)	스웨이드	seu-we-i-deu
velours (m) côtelé	코듀로이	ko-dyu-ro-i
nylon (m)	나일론	na-il-lon
en nylon (adj)	나일론의	na-il-lo-nui
polyester (m)	폴리에스테르	pol-li-e-seu-te-reu
en polyester (adj)	폴리에스테르의	pol-li-e-seu-te-reu-ui
cuir (m)	가죽	ga-juk
en cuir (adj)	가죽의	ga-ju-gui
fourrure (f)	모피	mo-pi
en fourrure (adj)	모피의	mo-pi-ui

39. Les accessoires personnels

gants (m pl)	장갑	jang-gap
moufles (f pl)	벙어리장갑	beong-eo-ri-jang-gap
écharpe (f)	목도리	mok-do-ri
lunettes (f pl)	안경	an-gyeong
monture (f)	안경테	an-gyeong-te
parapluie (m)	우산	u-san
canne (f)	지팡이	ji-pang-i
brosse (f) à cheveux	빗, 솔빗	bit, sol-bit
éventail (m)	부채	bu-chae
cravate (f)	넥타이	nek-ta-i
nœud papillon (m)	나비넥타이	na-bi-nek-ta-i
bretelles (f pl)	멜빵	mel-ppang
mouchoir (m)	손수건	son-su-geon
peigne (m)	빗	bit
barrette (f)	머리핀	meo-ri-pin
épingle (f) à cheveux	머리핀	meo-ri-pin
boucle (f)	버클	beo-keul
ceinture (f)	벨트	bel-teu

bandoulière (f)	어깨끈	eo-kkae-kkeun
sac (m)	가방	ga-bang
sac (m) à main	핸드백	haen-deu-baek
sac (m) à dos	배낭	bae-nang

40. Les vêtements. Divers

mode (f)	패션	pae-syeon
à la mode (adj)	유행하는	yu-haeng-ha-neun
couturier, créateur de mode	패션 디자이너	pae-syeon di-ja-i-neo
col (m)	옷깃	ot-git
poche (f)	주머니, 포켓	ju-meo-ni, po-ket
de poche (adj)	주머니의	ju-meo-ni-ui
manche (f)	소매	so-mae
bride (f)	거는 끈	geo-neun kkeun
braguette (f)	바지 지퍼	ba-ji ji-peo
fermeture (f) à glissière	지퍼	ji-peo
agrafe (f)	조임쇠	jo-im-soe
bouton (m)	단추	dan-chu
boutonnière (f)	단춧 구멍	dan-chut gu-meong
s'arracher (bouton)	떨어지다	tteo-reo-ji-da
coudre (vi, vt)	바느질하다	ba-neu-jil-ha-da
broder (vt)	수놓다	su-no-ta
broderie (f)	자수	ja-su
aiguille (f)	바늘	ba-neul
fil (m)	실	sil
couture (f)	솔기	sol-gi
se salir (vp)	더러워지다	deo-reo-wo-ji-da
tache (f)	얼룩	eol-luk
se froisser (vp)	구겨지다	gu-gyeo-ji-da
déchirer (vt)	찢다	jjit-da
mite (f)	좀	jom

41. L'hygiène corporelle. Les cosmétiques

dentifrice (m)	치약	chi-yak
brosse (f) à dents	칫솔	chit-sol
se brosser les dents	이를 닦다	i-reul dak-da
rasoir (m)	면도기	myeon-do-gi
crème (f) à raser	면도용 크림	myeon-do-yong keu-rim
se raser (vp)	깎다	kkak-da
savon (m)	비누	bi-nu
shampooing (m)	샴푸	syam-pu
ciseaux (m pl)	가위	ga-wi
lime (f) à ongles	손톱줄	son-top-jul

pinces (f pl) à ongles	손톱깎이	son-top-kka-kki
pince (f) à épiler	족집게	jok-jip-ge
produits (m pl) de beauté	화장품	hwa-jang-pum
masque (m) de beauté	얼굴 마스크	eol-gul ma-seu-keu
manucure (f)	매니큐어	mae-ni-kyu-eo
se faire les ongles	매니큐어를 칠하다	mae-ni-kyu-eo-reul chil-ha-da
pédicurie (f)	페디큐어	pe-di-kyu-eo
trousse (f) de toilette	화장품 가방	hwa-jang-pum ga-bang
poudre (f)	분	bun
poudrier (m)	콤팩트	kom-paek-teu
fard (m) à joues	블러셔	beul-leo-syeo
parfum (m)	향수	hyang-su
eau (f) de toilette	화장수	hwa-jang-su
lotion (f)	로션	ro-syeon
eau de Cologne (f)	오드콜로뉴	o-deu-kol-lo-nyu
fard (m) à paupières	아이섀도	a-i-syae-do
crayon (m) à paupières	아이라이너	a-i-ra-i-neo
mascara (m)	마스카라	ma-seu-ka-ra
rouge (m) à lèvres	립스틱	rip-seu-tik
vernis (m) à ongles	매니큐어	mae-ni-kyu-eo
laque (f) pour les cheveux	헤어 스프레이	he-eo seu-peu-re-i
déodorant (m)	데오도란트	de-o-do-ran-teu
crème (f)	크림	keu-rim
crème (f) pour le visage	얼굴 크림	eol-gul keu-rim
crème (f) pour les mains	핸드 크림	haen-deu keu-rim
crème (f) anti-rides	주름제거 크림	ju-reum-je-geo keu-rim
de jour (adj)	낮의	na-jui
de nuit (adj)	밤의	ba-mui
tampon (m)	탐폰	tam-pon
papier (m) de toilette	화장지	hwa-jang-ji
sèche-cheveux (m)	헤어 드라이어	he-eo deu-ra-i-eo

42. Les bijoux. La bijouterie

bijoux (m pl)	보석	bo-seok
précieux (adj)	귀중한	gwi-jung-han
poinçon (m)	품질 보증 마크	pum-jil bo-jeung ma-keu
bague (f)	반지	ban-ji
alliance (f)	결혼반지	gyeol-hon-ban-ji
bracelet (m)	팔찌	pal-jji
boucles (f pl) d'oreille	귀걸이	gwi-geo-ri
collier (m) (de perles)	목걸이	mok-geo-ri
couronne (f)	왕관	wang-gwan
collier (m) (en verre, etc.)	구슬 목걸이	gu-seul mok-geo-ri
diamant (m)	다이아몬드	da-i-a-mon-deu

émeraude (f)	에메랄드	e-me-ral-deu
rubis (m)	루비	ru-bi
saphir (m)	사파이어	sa-pa-i-eo
perle (f)	진주	jin-ju
ambre (m)	호박	ho-bak

43. Les montres. Les horloges

montre (f)	손목 시계	son-mok si-gye
cadran (m)	문자반	mun-ja-ban
aiguille (f)	바늘	ba-neul
bracelet (m)	금속제 시계줄	geum-sok-je si-gye-jul
bracelet (m) (en cuir)	시계줄	si-gye-jul
pile (f)	건전지	geon-jeon-ji
être déchargé	나가다	na-ga-da
changer de pile	배터리를 갈다	bae-teo-ri-reul gal-da
avancer (vi)	빨리 가다	ppal-li ga-da
retarder (vi)	늦게 가다	neut-ge ga-da
pendule (f)	벽시계	byeok-si-gye
sablier (m)	모래시계	mo-rae-si-gye
cadran (m) solaire	해시계	hae-si-gye
réveil (m)	알람 시계	al-lam si-gye
horloger (m)	시계 기술자	si-gye gi-sul-ja
réparer (vt)	수리하다	su-ri-ha-da

Les aliments. L'alimentation

44. Les aliments

viande (f)	고기	go-gi
poulet (m)	닭고기	dak-go-gi
poulet (m) (poussin)	영계	yeong-gye
canard (m)	오리고기	o-ri-go-gi
oie (f)	거위고기	geo-wi-go-gi
gibier (m)	사냥감	sa-nyang-gam
dinde (f)	칠면조고기	chil-myeon-jo-go-gi
du porc	돼지고기	dwae-ji-go-gi
du veau	송아지 고기	song-a-ji go-gi
du mouton	양고기	yang-go-gi
du bœuf	소고기	so-go-gi
lapin (m)	토끼고기	to-kki-go-gi
saucisson (m)	소시지	so-si-ji
saucisse (f)	비엔나 소시지	bi-en-na so-si-ji
bacon (m)	베이컨	be-i-keon
jambon (m)	햄	haem
cuisse (f)	개먼	gae-meon
pâté (m)	파테	pa-te
foie (m)	간	gan
farce (f)	다진 고기	da-jin go-gi
langue (f)	혀	hyeo
œuf (m)	계란	gye-ran
les œufs	계란	gye-ran
blanc (m) d'œuf	흰자	huin-ja
jaune (m) d'œuf	노른자	no-reun-ja
poisson (m)	생선	saeng-seon
fruits (m pl) de mer	해물	hae-mul
caviar (m)	캐비어	kae-bi-eo
crabe (m)	게	ge
crevette (f)	새우	sae-u
huître (f)	굴	gul
langoustine (f)	대하	dae-ha
poulpe (m)	문어	mun-eo
calamar (m)	오징어	o-jing-eo
esturgeon (m)	철갑상어	cheol-gap-sang-eo
saumon (m)	연어	yeon-eo
flétan (m)	넙치	neop-chi
morue (f)	대구	dae-gu
maquereau (m)	고등어	go-deung-eo

thon (m)	참치	cham-chi
anguille (f)	뱀장어	baem-jang-eo
truite (f)	송어	song-eo
sardine (f)	정어리	jeong-eo-ri
brochet (m)	강꼬치고기	gang-kko-chi-go-gi
hareng (m)	청어	cheong-eo
pain (m)	빵	ppang
fromage (m)	치즈	chi-jeu
sucre (m)	설탕	seol-tang
sel (m)	소금	so-geum
riz (m)	쌀	ssal
pâtes (m pl)	파스타	pa-seu-ta
nouilles (f pl)	면	myeon
beurre (m)	버터	beo-teo
huile (f) végétale	식물유	sing-mu-ryu
huile (f) de tournesol	해바라기유	hae-ba-ra-gi-yu
margarine (f)	마가린	ma-ga-rin
olives (f pl)	올리브	ol-li-beu
huile (f) d'olive	올리브유	ol-li-beu-yu
lait (m)	우유	u-yu
lait (m) condensé	연유	yeo-nyu
yogourt (m)	요구르트	yo-gu-reu-teu
crème (f) aigre	사워크림	sa-wo-keu-rim
crème (f) (de lait)	크림	keu-rim
sauce (f) mayonnaise	마요네즈	ma-yo-ne-jeu
crème (f) au beurre	버터크림	beo-teo-keu-rim
gruau (m)	곡물	gong-mul
farine (f)	밀가루	mil-ga-ru
conserves (f pl)	통조림	tong-jo-rim
pétales (m pl) de maïs	콘플레이크	kon-peul-le-i-keu
miel (m)	꿀	kkul
confiture (f)	잼	jaem
gomme (f) à mâcher	껌	kkeom

45. Les boissons

eau (f)	물	mul
eau (f) potable	음료수	eum-nyo-su
eau (f) minérale	미네랄 워터	mi-ne-ral rwo-teo
plate (adj)	탄산 없는	tan-san neom-neun
gazeuse (l'eau ~)	탄산의	tan-sa-nui
pétillante (adj)	탄산이 든	tan-san-i deun
glace (f)	얼음	eo-reum
avec de la glace	얼음을 넣은	eo-reu-meul leo-eun

sans alcool	무알코올의	mu-al-ko-o-rui
boisson (f) non alcoolisée	청량음료	cheong-nyang-eum-nyo
rafraîchissement (m)	청량 음료	cheong-nyang eum-nyo
limonade (f)	레모네이드	re-mo-ne-i-deu
boissons (f pl) alcoolisées	술	sul
vin (m)	와인	wa-in
vin (m) blanc	백 포도주	baek po-do-ju
vin (m) rouge	레드 와인	re-deu wa-in
liqueur (f)	리큐르	ri-kyu-reu
champagne (m)	샴페인	syam-pe-in
vermouth (m)	베르무트	be-reu-mu-teu
whisky (m)	위스키	wi-seu-ki
vodka (f)	보드카	bo-deu-ka
gin (m)	진	jin
cognac (m)	코냑	ko-nyak
rhum (m)	럼	reom
café (m)	커피	keo-pi
café (m) noir	블랙 커피	beul-laek keo-pi
café (m) au lait	밀크 커피	mil-keu keo-pi
cappuccino (m)	카푸치노	ka-pu-chi-no
café (m) soluble	인스턴트 커피	in-seu-teon-teu keo-pi
lait (m)	우유	u-yu
cocktail (m)	칵테일	kak-te-il
cocktail (m) au lait	밀크 셰이크	mil-keu sye-i-keu
jus (m)	주스	ju-seu
jus (m) de tomate	토마토 주스	to-ma-to ju-seu
jus (m) d'orange	오렌지 주스	o-ren-ji ju-seu
jus (m) pressé	생과일주스	saeng-gwa-il-ju-seu
bière (f)	맥주	maek-ju
bière (f) blonde	라거	ra-geo
bière (f) brune	흑맥주	heung-maek-ju
thé (m)	차	cha
thé (m) noir	홍차	hong-cha
thé (m) vert	녹차	nok-cha

46. Les légumes

légumes (m pl)	채소	chae-so
verdure (f)	녹황색 채소	nok-wang-saek chae-so
tomate (f)	토마토	to-ma-to
concombre (m)	오이	o-i
carotte (f)	당근	dang-geun
pomme (f) de terre	감자	gam-ja
oignon (m)	양파	yang-pa
ail (m)	마늘	ma-neul

chou (m)	양배추	yang-bae-chu
chou-fleur (m)	컬리플라워	keol-li-peul-la-wo
chou (m) de Bruxelles	방울다다기 양배추	bang-ul-da-da-gi yang-bae-chu
brocoli (m)	브로콜리	beu-ro-kol-li
betterave (f)	비트	bi-teu
aubergine (f)	가지	ga-ji
courgette (f)	애호박	ae-ho-bak
potiron (m)	호박	ho-bak
navet (m)	순무	sun-mu
persil (m)	파슬리	pa-seul-li
fenouil (m)	딜	dil
laitue (f) (salade)	양상추	yang-sang-chu
céleri (m)	셀러리	sel-leo-ri
asperge (f)	아스파라거스	a-seu-pa-ra-geo-seu
épinard (m)	시금치	si-geum-chi
pois (m)	완두	wan-du
fèves (f pl)	콩	kong
maïs (m)	옥수수	ok-su-su
haricot (m)	강낭콩	gang-nang-kong
poivron (m)	피망	pi-mang
radis (m)	무	mu
artichaut (m)	아티초크	a-ti-cho-keu

47. Les fruits. Les noix

fruit (m)	과일	gwa-il
pomme (f)	사과	sa-gwa
poire (f)	배	bae
citron (m)	레몬	re-mon
orange (f)	오렌지	o-ren-ji
fraise (f)	딸기	ttal-gi
mandarine (f)	귤	gyul
prune (f)	자두	ja-du
pêche (f)	복숭아	bok-sung-a
abricot (m)	살구	sal-gu
framboise (f)	라즈베리	ra-jeu-be-ri
ananas (m)	파인애플	pa-in-ae-peul
banane (f)	바나나	ba-na-na
pastèque (f)	수박	su-bak
raisin (m)	포도	po-do
cerise (f)	신양	si-nyang
merise (f)	양벚나무	yang-beon-na-mu
melon (m)	멜론	mel-lon
pamplemousse (m)	자몽	ja-mong
avocat (m)	아보카도	a-bo-ka-do
papaye (f)	파파야	pa-pa-ya

mangue (f)	망고	mang-go
grenade (f)	석류	seong-nyu
groseille (f) rouge	레드커런트	re-deu-keo-ren-teu
cassis (m)	블랙커런트	beul-laek-keo-ren-teu
groseille (f) verte	구스베리	gu-seu-be-ri
myrtille (f)	빌베리	bil-be-ri
mûre (f)	블랙베리	beul-laek-be-ri
raisin (m) sec	건포도	geon-po-do
figue (f)	무화과	mu-hwa-gwa
datte (f)	대추야자	dae-chu-ya-ja
cacahuète (f)	땅콩	ttang-kong
amande (f)	아몬드	a-mon-deu
noix (f)	호두	ho-du
noisette (f)	개암	gae-am
noix (f) de coco	코코넛	ko-ko-neot
pistaches (f pl)	피스타치오	pi-seu-ta-chi-o

48. Le pain. Les confiseries

confiserie (f)	과자류	gwa-ja-ryu
pain (m)	빵	ppang
biscuit (m)	쿠키	ku-ki
chocolat (m)	초콜릿	cho-kol-lit
en chocolat (adj)	초콜릿의	cho-kol-lis-ui
bonbon (m)	사탕	sa-tang
gâteau (m), pâtisserie (f)	케이크	ke-i-keu
tarte (f)	케이크	ke-i-keu
gâteau (m)	파이	pa-i
garniture (f)	속	sok
confiture (f)	잼	jaem
marmelade (f)	마멀레이드	ma-meol-le-i-deu
gaufre (f)	와플	wa-peul
glace (f)	아이스크림	a-i-seu-keu-rim

49. Les plats cuisinés

plat (m)	요리, 코스	yo-ri, ko-seu
cuisine (f)	요리	yo-ri
recette (f)	요리법	yo-ri-beop
portion (f)	분량	bul-lyang
salade (f)	샐러드	sael-leo-deu
soupe (f)	수프	su-peu
bouillon (m)	육수	yuk-su
sandwich (m)	샌드위치	saen-deu-wi-chi

les œufs brouillés	계란후라이	gye-ran-hu-ra-i
hamburger (m)	햄버거	haem-beo-geo
steak (m)	비프스테이크	bi-peu-seu-te-i-keu
garniture (f)	사이드 메뉴	sa-i-deu me-nyu
spaghettis (m pl)	스파게티	seu-pa-ge-ti
purée (f)	으깬 감자	eu-kkaen gam-ja
pizza (f)	피자	pi-ja
bouillie (f)	죽	juk
omelette (f)	오믈렛	o-meul-let
cuit à l'eau (adj)	삶은	sal-meun
fumé (adj)	훈제된	hun-je-doen
frit (adj)	튀긴	twi-gin
sec (adj)	말린	mal-lin
congelé (adj)	얼린	eol-lin
mariné (adj)	초절인	cho-jeo-rin
sucré (adj)	단	dan
salé (adj)	짠	jjan
froid (adj)	차가운	cha-ga-un
chaud (adj)	뜨거운	tteu-geo-un
amer (adj)	쓴	sseun
bon (savoureux)	맛있는	man-nin-neun
cuire à l'eau	삶다	sam-da
préparer (le dîner)	요리하다	yo-ri-ha-da
faire frire	부치다	bu-chi-da
réchauffer (vt)	데우다	de-u-da
saler (vt)	소금을 넣다	so-geu-meul leo-ta
poivrer (vt)	후추를 넣다	hu-chu-reul leo-ta
râper (vt)	강판에 갈다	gang-pa-ne gal-da
peau (f)	껍질	kkeop-jil
éplucher (vt)	껍질 벗기다	kkeop-jil beot-gi-da

50. Les épices

sel (m)	소금	so-geum
salé (adj)	짜	jja
saler (vt)	소금을 넣다	so-geu-meul leo-ta
poivre (m) noir	후추	hu-chu
poivre (m) rouge	고춧가루	go-chut-ga-ru
moutarde (f)	겨자	gyeo-ja
raifort (m)	고추냉이	go-chu-naeng-i
condiment (m)	양념	yang-nyeom
épice (f)	향료	hyang-nyo
sauce (f)	소스	so-seu
vinaigre (m)	식초	sik-cho
anis (m)	아니스	a-ni-seu
basilic (m)	바질	ba-jil

clou (m) de girofle	정향	jeong-hyang
gingembre (m)	생강	saeng-gang
coriandre (m)	고수	go-su
cannelle (f)	계피	gye-pi
sésame (m)	깨	kkae
feuille (f) de laurier	월계수잎	wol-gye-su-ip
paprika (m)	파프리카	pa-peu-ri-ka
cumin (m)	캐러웨이	kae-reo-we-i
safran (m)	사프란	sa-peu-ran

51. Les repas

nourriture (f)	음식	eum-sik
manger (vi, vt)	먹다	meok-da
petit déjeuner (m)	아침식사	a-chim-sik-sa
prendre le petit déjeuner	아침을 먹다	a-chi-meul meok-da
déjeuner (m)	점심식사	jeom-sim-sik-sa
déjeuner (vi)	점심을 먹다	jeom-si-meul meok-da
dîner (m)	저녁식사	jeo-nyeok-sik-sa
dîner (vi)	저녁을 먹다	jeo-nyeo-geul meok-da
appétit (m)	식욕	si-gyok
Bon appétit!	맛있게 드십시오!	man-nit-ge deu-sip-si-o!
ouvrir (vt)	열다	yeol-da
renverser (liquide)	엎지르다	eop-ji-reu-da
se renverser (liquide)	쏟아지다	sso-da-ji-da
bouillir (vi)	끓다	kkeul-ta
faire bouillir	끓이다	kkeu-ri-da
bouilli (l'eau ~e)	끓인	kkeu-rin
refroidir (vt)	식히다	sik-i-da
se refroidir (vp)	식다	sik-da
goût (m)	맛	mat
arrière-goût (m)	뒷 맛	dwit mat
suivre un régime	살을 빼다	sa-reul ppae-da
régime (m)	다이어트	da-i-eo-teu
vitamine (f)	비타민	bi-ta-min
calorie (f)	칼로리	kal-lo-ri
végétarien (m)	채식주의자	chae-sik-ju-ui-ja
végétarien (adj)	채식주의의	chae-sik-ju-ui-ui
lipides (m pl)	지방	ji-bang
protéines (f pl)	단백질	dan-baek-jil
glucides (m pl)	탄수화물	tan-su-hwa-mul
tranche (f)	조각	jo-gak
morceau (m)	조각	jo-gak
miette (f)	부스러기	bu-seu-reo-gi

52. Le dressage de la table

cuillère (f)	숟가락	sut-ga-rak
couteau (m)	나이프	na-i-peu
fourchette (f)	포크	po-keu
tasse (f)	컵	keop
assiette (f)	접시	jeop-si
soucoupe (f)	받침 접시	bat-chim jeop-si
serviette (f)	냅킨	naep-kin
cure-dent (m)	이쑤시개	i-ssu-si-gae

53. Le restaurant

restaurant (m)	레스토랑	re-seu-to-rang
salon (m) de café	커피숍	keo-pi-syop
bar (m)	바	ba
salon (m) de thé	카페, 티룸	ka-pe, ti-rum
serveur (m)	웨이터	we-i-teo
serveuse (f)	웨이트리스	we-i-teu-ri-seu
barman (m)	바텐더	ba-ten-deo
carte (f)	메뉴판	me-nyu-pan
carte (f) des vins	와인 메뉴	wa-in me-nyu
réserver une table	테이블 예약을 하다	te-i-beul rye-ya-geul ha-da
plat (m)	요리, 코스	yo-ri, ko-seu
commander (vt)	주문하다	ju-mun-ha-da
faire la commande	주문을 하다	ju-mu-neul ha-da
apéritif (m)	아페리티프	a-pe-ri-ti-peu
hors-d'œuvre (m)	애피타이저	ae-pi-ta-i-jeo
dessert (m)	디저트	di-jeo-teu
addition (f)	계산서	gye-san-seo
régler l'addition	계산하다	gye-san-ha-da
rendre la monnaie	거스름돈을 주다	geo-seu-reum-do-neul ju-da
pourboire (m)	팁	tip

La famille. Les parents. Les amis

54. Les données personnelles. Les formulaires

prénom (m)	이름	i-reum
nom (m) de famille	성	seong
date (f) de naissance	생년월일	saeng-nyeon-wo-ril
lieu (m) de naissance	탄생지	tan-saeng-ji
nationalité (f)	국적	guk-jeok
domicile (m)	거소	geo-so
pays (m)	나라	na-ra
profession (f)	직업	ji-geop
sexe (m)	성별	seong-byeol
taille (f)	키	ki
poids (m)	몸무게	mom-mu-ge

55. La famille. Les liens de parenté

mère (f)	어머니	eo-meo-ni
père (m)	아버지	a-beo-ji
fils (m)	아들	a-deul
fille (f)	딸	ttal
fille (f) cadette	작은딸	ja-geun-ttal
fils (m) cadet	작은아들	ja-geun-a-deul
fille (f) aînée	맏딸	mat-ttal
fils (m) aîné	맏아들	ma-da-deul
frère (m)	형제	hyeong-je
sœur (f)	자매	ja-mae
cousin (m)	사촌 형제	sa-chon hyeong-je
cousine (f)	사촌 자매	sa-chon ja-mae
maman (f)	엄마	eom-ma
papa (m)	아빠	a-ppa
parents (m pl)	부모	bu-mo
enfant (m, f)	아이, 아동	a-i, a-dong
enfants (pl)	아이들	a-i-deul
grand-mère (f)	할머니	hal-meo-ni
grand-père (m)	할아버지	ha-ra-beo-ji
petit-fils (m)	손자	son-ja
petite-fille (f)	손녀	son-nyeo
petits-enfants (pl)	손자들	son-ja-deul
oncle (m)	삼촌	sam-chon
neveu (m)	조카	jo-ka

nièce (f)	조카딸	jo-ka-ttal
belle-mère (f)	장모	jang-mo
beau-père (m)	시아버지	si-a-beo-ji
gendre (m)	사위	sa-wi
belle-mère (f)	계모	gye-mo
beau-père (m)	계부	gye-bu
nourrisson (m)	영아	yeong-a
bébé (m)	아기	a-gi
petit (m)	꼬마	kko-ma
femme (f)	아내	a-nae
mari (m)	남편	nam-pyeon
époux (m)	배우자	bae-u-ja
épouse (f)	배우자	bae-u-ja
marié (adj)	결혼한	gyeol-hon-han
mariée (adj)	결혼한	gyeol-hon-han
célibataire (adj)	미혼의	mi-hon-ui
célibataire (m)	미혼 남자	mi-hon nam-ja
divorcé (adj)	이혼한	i-hon-han
veuve (f)	과부	gwa-bu
veuf (m)	홀아비	ho-ra-bi
parent (m)	친척	chin-cheok
parent (m) proche	가까운 친척	ga-kka-un chin-cheok
parent (m) éloigné	먼 친척	meon chin-cheok
parents (m pl)	친척들	chin-cheok-deul
orphelin (m), orpheline (f)	고아	go-a
tuteur (m)	후견인	hu-gyeon-in
adopter (un garçon)	입양하다	i-byang-ha-da
adopter (une fille)	입양하다	i-byang-ha-da

56. Les amis. Les collègues

ami (m)	친구	chin-gu
amie (f)	친구	chin-gu
amitié (f)	우정	u-jeong
être ami	사귀다	sa-gwi-da
copain (m)	벗	beot
copine (f)	벗	beot
partenaire (m)	파트너	pa-teu-neo
chef (m)	상사	sang-sa
supérieur (m)	윗사람	wit-sa-ram
subordonné (m)	부하	bu-ha
collègue (m, f)	동료	dong-nyo
connaissance (f)	아는 사람	a-neun sa-ram
compagnon (m) de route	동행자	dong-haeng-ja
copain (m) de classe	동급생	dong-geup-saeng
voisin (m)	이웃	i-ut

| voisine (f) | 이웃 | i-ut |
| voisins (m pl) | 이웃들 | i-ut-deul |

57. L'homme. La femme

femme (f)	여자	yeo-ja
jeune fille (f)	소녀, 아가씨	so-nyeo, a-ga-ssi
fiancée (f)	신부	sin-bu

belle (adj)	아름다운	a-reum-da-un
de grande taille	키가 큰	ki-ga keun
svelte (adj)	날씬한	nal-ssin-han
de petite taille	키가 작은	ki-ga ja-geun

| blonde (f) | 블론드 여자 | beul-lon-deu yeo-ja |
| brune (f) | 갈색머리 여성 | gal-saeng-meo-ri yeo-seong |

de femme (adj)	여성의	yeo-seong-ui
vierge (f)	처녀	cheo-nyeo
enceinte (adj)	임신한	im-sin-han

homme (m)	남자	nam-ja
blond (m)	블론드 남자	beul-lon-deu nam-ja
brun (m)	갈색머리 남자	gal-saeng-meo-ri nam-ja
de grande taille	키가 큰	ki-ga keun
de petite taille	키가 작은	ki-ga ja-geun

rude (adj)	무례한	mu-rye-han
trapu (adj)	땅딸막한	ttang-ttal-mak-an
robuste (adj)	강건한	gang-han
fort (adj)	강한	gang-han
force (f)	힘	him

gros (adj)	뚱뚱한	ttung-ttung-han
basané (adj)	거무스레한	geo-mu-seu-re-han
svelte (adj)	날씬한	nal-ssin-han
élégant (adj)	우아한	u-a-han

58. L'age

âge (m)	나이	na-i
jeunesse (f)	청년시절	cheong-nyeon-si-jeol
jeune (adj)	젊은	jeol-meun

| plus jeune (adj) | 더 젊은 | deo jeol-meun |
| plus âgé (adj) | 더 나이 든 | deo na-i deun |

jeune homme (m)	젊은 분	jeol-meun bun
adolescent (m)	청소년	cheong-so-nyeon
gars (m)	사내	sa-nae
vieillard (m)	노인	no-in
vieille femme (f)	노인	no-in

adulte (m)	어른	eo-reun
d'âge moyen (adj)	중년의	jung-nyeo-nui
âgé (adj)	나이 든	na-i deun
vieux (adj)	늙은	neul-geun
retraite (f)	은퇴	eun-toe
prendre sa retraite	은퇴하다	eun-toe-ha-da
retraité (m)	은퇴자	eun-toe-ja

59. Les enfants. Les adolescents

enfant (m, f)	아이, 아동	a-i, a-dong
enfants (pl)	아이들	a-i-deul
jumeaux (m pl)	쌍둥이	ssang-dung-i
berceau (m)	요람	yo-ram
hochet (m)	딸랑이	ttal-lang-i
couche (f)	기저귀	gi-jeo-gwi
tétine (f)	젖꼭지	jeot-kkok-ji
poussette (m)	유모차	yu-mo-cha
école (f) maternelle	유치원	yu-chi-won
baby-sitter (m, f)	애기보는 사람	ae-gi-bo-neun sa-ram
enfance (f)	유년	yu-nyeon
poupée (f)	인형	in-hyeong
jouet (m)	장난감	jang-nan-gam
jeu (m) de construction	블록 장난감	beul-lok jang-nan-gam
bien élevé (adj)	잘 교육받은	jal gyo-yuk-ba-deun
mal élevé (adj)	잘못 키운	jal-mot ki-un
gâté (adj)	버릇없는	beo-reus-eom-neun
faire le vilain	짓궂다	jit-gut-da
vilain (adj)	장난기 있는	jang-nan-gi in-neun
espièglerie (f)	장난기	jang-nan-gi
vilain (m)	장난꾸러기	jang-nan-kku-reo-gi
obéissant (adj)	말 잘 듣는	mal jal deun-neun
désobéissant (adj)	반항적인	ban-hang-jeo-gin
sage (adj)	유순한	yu-sun-han
intelligent (adj)	영리한	yeong-ni-han
l'enfant prodige	신동	sin-dong

60. Les couples mariés. La vie de famille

embrasser (sur les lèvres)	키스하다	ki-seu-ha-da
s'embrasser (vp)	입을 맞추다	i-beul mat-chu-da
famille (f)	가족	ga-jok
familial (adj)	가족의	ga-jo-gui
couple (m)	부부	bu-bu

mariage (m) (~ civil)	결혼	gyeol-hon
foyer (m) familial	따뜻한 가정	tta-tteu-tan ga-jeong
dynastie (f)	혈통	hyeol-tong
rendez-vous (m)	데이트	de-i-teu
baiser (m)	키스	ki-seu
amour (m)	사랑	sa-rang
aimer (qn)	사랑하다	sa-rang-ha-da
aimé (adj)	사랑받는	sa-rang-ban-neun
tendresse (f)	상냥함	sang-nyang-ham
tendre (affectueux)	자상한	ja-sang-han
fidélité (f)	성실	seong-sil
fidèle (adj)	성실한	seong-sil-han
soin (m) (~ de qn)	배려	bae-ryeo
attentionné (adj)	배려하는	bae-ryeo-ha-neun
jeunes mariés (pl)	신혼 부부	sin-hon bu-bu
lune (f) de miel	허니문	heo-ni-mun
se marier (prendre pour époux)	결혼하다	gyeol-hon-ha-da
se marier (prendre pour épouse)	결혼하다	gyeol-hon-ha-da
mariage (m)	결혼식	gyeol-hon-sik
anniversaire (m)	기념일	gi-nyeom-il
amant (m)	애인	ae-in
maîtresse (f)	정부	jeong-bu
adultère (m)	불륜	bul-lyun
commettre l'adultère	바람을 피우다	ba-ra-meul pi-u-da
jaloux (adj)	질투하는	jil-tu-ha-neun
être jaloux	질투하다	jil-tu-ha-da
divorce (m)	이혼	i-hon
divorcer (vi)	이혼하다	i-hon-ha-da
se disputer (vp)	다투다	da-tu-da
se réconcilier (vp)	화해하다	hwa-hae-ha-da
ensemble (adv)	같이	ga-chi
sexe (m)	섹스	sek-seu
bonheur (m)	행복	haeng-bok
heureux (adj)	행복한	haeng-bok-an
malheur (m)	불행	bul-haeng
malheureux (adj)	불행한	bul-haeng-han

Le caractère. Les émotions

61. Les sentiments. Les émotions

sentiment (m)	감정	gam-jeong
sentiments (m pl)	감정	gam-jeong
sentir (vt)	느끼다	neu-kki-da
faim (f)	배고픔	bae-go-peum
avoir faim	배가 고프다	bae-ga go-peu-da
soif (f)	목마름	mong-ma-reum
avoir soif	목마르다	mong-ma-reu-da
somnolence (f)	졸음	jo-reum
avoir sommeil	졸리다	jol-li-da
fatigue (f)	피로	pi-ro
fatigué (adj)	피곤한	pi-gon-han
être fatigué	피곤하다	pi-gon-ha-da
humeur (f) (de bonne ~)	기분	gi-bun
ennui (m)	지루함	ji-ru-ham
s'ennuyer (vp)	심심하다	sim-sim-ha-da
solitude (f)	은둔 생활	eun-dun saeng-hwal
s'isoler (vp)	고적하게 살다	go-jeok-a-ge sal-da
inquiéter (vt)	걱정하게 만들다	geok-jeong-ha-ge man-deul-da
s'inquiéter (vp)	걱정하다	geok-jeong-ha-da
inquiétude (f)	걱정	geok-jeong
préoccupation (f)	심려	sim-nyeo
soucieux (adj)	사로잡힌	sa-ro-ja-pin
s'énerver (vp)	긴장하다	gin-jang-ha-da
paniquer (vi)	공황 상태에 빠지다	gong-hwang sang-tae-e ppa-ji-da
espoir (m)	희망	hui-mang
espérer (vi)	희망하다	hui-mang-ha-da
certitude (f)	확실	hwak-sil
certain (adj)	확실한	hwak-sil-han
incertitude (f)	불확실성	bul-hwak-sil-seong
incertain (adj)	불확실한	bul-hwak-sil-han
ivre (adj)	취한	chwi-han
sobre (adj)	술 취하지 않은	sul chwi-ha-ji a-neun
faible (adj)	약한	yak-an
heureux (adj)	행복한	haeng-bok-an
faire peur	겁주다	geop-ju-da
fureur (f)	격분	gyeok-bun
rage (f), colère (f)	격노	gyeong-no

dépression (f)	우울함	u-ul-ham
inconfort (m)	불편함	bul-pyeon-ham
confort (m)	안락	al-lak
regretter (vt)	후회하다	hu-hoe-ha-da
regret (m)	후회	hu-hoe
malchance (f)	불운	bu-run
tristesse (f)	슬픔	seul-peum
honte (f)	부끄러움	bu-kkeu-reo-um
joie, allégresse (f)	기쁨, 반가움	gi-ppeum, ban-ga-um
enthousiasme (m)	열광, 열성	yeol-gwang, yeol-seong
enthousiaste (m)	열광자	yeol-gwang-ja
avoir de l'enthousiasme	열의를 보이다	yeo-rui-reul bo-i-da

62. Le caractère. La personnalité

caractère (m)	성격	seong-gyeok
défaut (m)	성격결함	seong-gyeok-gyeol-ham
esprit (m)	마음	ma-eum
raison (f)	이성	i-seong
conscience (f)	양심	yang-sim
habitude (f)	습관	seup-gwan
capacité (f)	능력	neung-nyeok
savoir (faire qch)	할 수 있다	hal su it-da
patient (adj)	참을성 있는	cha-meul-seong in-neun
impatient (adj)	참을성 없는	cha-meul-seong eom-neun
curieux (adj)	호기심이 많은	ho-gi-sim-i ma-neun
curiosité (f)	호기심	ho-gi-sim
modestie (f)	겸손	gyeom-son
modeste (adj)	겸손한	gyeom-son-han
vaniteux (adj)	자만하는	ja-man-ha-neun
paresseux (adj)	게으른	ge-eu-reun
paresseux (m)	게으름뱅이	ge-eu-reum-baeng-i
astuce (f)	교활	gyo-hwal
rusé (adj)	교활한	gyo-hwal-han
méfiance (f)	불신	bul-sin
méfiant (adj)	불신하는	bul-sin-ha-neun
générosité (f)	관대함	gwan-dae-ham
généreux (adj)	관대한	gwan-dae-han
doué (adj)	재능이 있는	jae-neung-i in-neun
talent (m)	재능	jae-neung
courageux (adj)	용감한	yong-gam-han
courage (m)	용기	yong-gi
honnête (adj)	정직한	jeong-jik-an
honnêteté (f)	정직	jeong-jik
prudent (adj)	주의깊은	ju-ui-gi-peun
courageux (adj)	용감한	yong-gam-han

sérieux (adj)	진지한	jin-ji-han
sévère (adj)	엄한	eom-han
décidé (adj)	과단성 있는	gwa-dan-seong in-neun
indécis (adj)	과단성 없는	gwa-dan-seong eom-neun
timide (adj)	소심한	so-sim-han
timidité (f)	소심	so-sim
confiance (f)	신뢰	sil-loe
croire (qn)	신뢰하다	sil-loe-ha-da
confiant (adj)	잘 믿는	jal min-neun
sincèrement (adv)	성실하게	seong-sil-ha-ge
sincère (adj)	성실한	seong-sil-han
sincérité (f)	성실	seong-sil
ouvert (adj)	열린	yeol-lin
calme (adj)	차분한	cha-bun-han
franc (sincère)	솔직한	sol-jik-an
naïf (adj)	순진한	sun-jin-han
distrait (adj)	건망증이 심한	geon-mang-jeung-i sim-han
drôle, amusant (adj)	웃긴	ut-gin
avidité (f)	욕심	yok-sim
avare (adj)	욕심 많은	yok-sim ma-neun
radin (adj)	인색한	in-saek-an
méchant (adj)	사악한	sa-a-kan
têtu (adj)	고집이 센	go-ji-bi sen
désagréable (adj)	불쾌한	bul-kwae-han
égoïste (m)	이기주의자	i-gi-ju-ui-ja
égoïste (adj)	이기적인	i-gi-jeo-gin
peureux (m)	비겁한 자, 겁쟁이	bi-geo-pan ja, geop-jaeng-i
peureux (adj)	비겁한	bi-geo-pan

63. Le sommeil. Les rêves

dormir (vi)	잠을 자다	ja-meul ja-da
sommeil (m)	잠	jam
rêve (m)	꿈	kkum
rêver (en dormant)	꿈을 꾸다	kku-meul kku-da
endormi (adj)	졸린	jol-lin
lit (m)	침대	chim-dae
matelas (m)	매트리스	mae-teu-ri-seu
couverture (f)	이불	i-bul
oreiller (m)	베개	be-gae
drap (m)	시트	si-teu
insomnie (f)	불면증	bul-myeon-jeung
sans sommeil (adj)	불면의	bul-myeon-ui
somnifère (m)	수면제	su-myeon-je
prendre un somnifère	수면제를 먹다	su-myeon-je-reul meok-da
avoir sommeil	졸리다	jol-li-da

bâiller (vi)	하품하다	ha-pum-ha-da
aller se coucher	잠자리에 들다	jam-ja-ri-e deul-da
faire le lit	침대를 정리하다	chim-dae-reul jeong-ni-ha-da
s'endormir (vp)	잠들다	jam-deul-da
cauchemar (m)	악몽	ang-mong
ronflement (m)	코골기	ko-gol-gi
ronfler (vi)	코를 골다	ko-reul gol-da
réveil (m)	알람 시계	al-lam si-gye
réveiller (vt)	깨우다	kkae-u-da
se réveiller (vp)	깨다	kkae-da
se lever (tôt, tard)	일어나다	i-reo-na-da
se laver (le visage)	세수하다	se-su-ha-da

64. L'humour. Le rire. La joie

humour (m)	유머	yu-meo
sens (m) de l'humour	유머 감각	yu-meo gam-gak
s'amuser (vp)	즐기다	jeul-gi-da
joyeux (adj)	명랑한	myeong-nang-han
joie, allégresse (f)	즐거움	jeul-geo-um
sourire (m)	미소	mi-so
sourire (vi)	미소를 짓다	mi-so-reul jit-da
se mettre à rire	웃기 시작하다	ut-gi si-jak-a-da
rire (vi)	웃다	ut-da
rire (m)	웃음	us-eum
anecdote (f)	일화	il-hwa
drôle, amusant (adj)	웃긴	ut-gin
comique, ridicule (adj)	웃긴	ut-gin
plaisanter (vi)	농담하다	nong-dam-ha-da
plaisanterie (f)	농담	nong-dam
joie (f) (émotion)	기쁜, 즐거움	gi-ppeun, jeul-geo-um
se réjouir (vp)	기뻐하다	gi-ppeo-ha-da
joyeux (adj)	기쁜	gi-ppeun

65. Dialoguer et communiquer. Partie 1

communication (f)	의사소통	ui-sa-so-tong
communiquer (vi)	연락을 주고받다	yeol-la-geul ju-go-bat-da
conversation (f)	대화	dae-hwa
dialogue (m)	대화	dae-hwa
discussion (f) (débat)	논의	non-ui
débat (m)	언쟁	eon-jaeng
discuter (vi)	언쟁하다	eon-jaeng-ha-da
interlocuteur (m)	대화 상대	dae-hwa sang-dae
sujet (m)	주제	ju-je

point (m) de vue	관점	gwan-jeom
opinion (f)	의견	ui-gyeon
discours (m)	연설	yeon-seol
discussion (f) (d'un rapport)	의논	ui-non
discuter (vt)	의논하다	ui-non-ha-da
conversation (f)	대화	dae-hwa
converser (vi)	대화하다	i-ya-gi-ha-da
rencontre (f)	회의	hoe-ui
se rencontrer (vp)	만나다	man-na-da
proverbe (m)	속담	sok-dam
dicton (m)	속담	sok-dam
devinette (f)	수수께끼	su-su-kke-kki
poser une devinette	수수께끼를 내다	su-su-kke-kki-reul lae-da
mot (m) de passe	비밀번호	bi-mil-beon-ho
secret (m)	비밀	bi-mil
serment (m)	맹세	maeng-se
jurer (de faire qch)	맹세하다	maeng-se-ha-da
promesse (f)	약속	yak-sok
promettre (vt)	약속하다	yak-sok-a-da
conseil (m)	조언	jo-eon
conseiller (vt)	조언하다	jo-eon-ha-da
écouter (~ ses parents)	… 를 따르다	… reul tta-reu-da
nouvelle (f)	소식	so-sik
sensation (f)	센세이션	sen-se-i-syeon
renseignements (m pl)	정보	jeong-bo
conclusion (f)	결론	gyeol-lon
voix (f)	목소리	mok-so-ri
compliment (m)	칭찬	ching-chan
aimable (adj)	친절한	chin-jeol-han
mot (m)	단어	dan-eo
phrase (f)	어구	eo-gu
réponse (f)	대답	dae-dap
vérité (f)	진리	jil-li
mensonge (m)	거짓말	geo-jin-mal
pensée (f)	생각	saeng-gak
idée (f)	관념	gwan-nyeom
fantaisie (f)	판타지	pan-ta-ji

66. Dialoguer et communiquer. Partie 2

respecté (adj)	존경받는	jon-gyeong-ban-neun
respecter (vt)	존경하다	jon-gyeong-ha-da
respect (m)	존경	jon-gyeong
Cher …	친애하는 …	chin-ae-ha-neun …
présenter (faire connaître)	소개하다	so-gae-ha-da
intention (f)	의도	ui-do

avoir l'intention	의도하다	ui-do-ha-da
souhait (m)	바람	ba-ram
souhaiter (vt)	바라다	ba-ra-da
étonnement (m)	놀라움	nol-la-um
étonner (vt)	놀라게 하다	nol-la-ge ha-da
s'étonner (vp)	놀라다	nol-la-da
donner (vt)	주다	ju-da
prendre (vt)	잡다	jap-da
rendre (vt)	돌려주다	dol-lyeo-ju-da
retourner (vt)	돌려주다	dol-lyeo-ju-da
s'excuser (vp)	사과하다	sa-gwa-ha-da
excuse (f)	사과	sa-gwa
pardonner (vt)	용서하다	yong-seo-ha-da
parler (~ avec qn)	말하다	mal-ha-da
écouter (vt)	듣다	deut-da
écouter jusqu'au bout	끝까지 듣다	kkeut-kka-ji deut-da
comprendre (vt)	이해하다	i-hae-ha-da
montrer (vt)	보여주다	bo-yeo-ju-da
regarder (vt)	… 를 보다	… reul bo-da
appeler (vt)	부르다	bu-reu-da
ennuyer (déranger)	방해하다	bang-hae-ha-da
passer (~ le message)	건네주다	geon-ne-ju-da
prière (f) (demande)	요청	yo-cheong
demander (vt)	부탁하다	bu-tak-a-da
exigence (f)	요구	yo-gu
exiger (vt)	요구하다	yo-gu-ha-da
taquiner (vt)	놀리다	nol-li-da
se moquer (vp)	조롱하다	jo-rong-ha-da
moquerie (f)	조롱, 조소	jo-rong, jo-so
surnom (m)	별명	byeol-myeong
allusion (f)	암시	am-si
faire allusion	암시하다	am-si-ha-da
sous-entendre (vt)	의미하다	ui-mi-ha-da
description (f)	서술	seo-sul
décrire (vt)	서술하다	seo-sul-ha-da
éloge (m)	칭찬	ching-chan
louer (vt)	칭찬하다	ching-chan-ha-da
déception (f)	실망	sil-mang
décevoir (vt)	실망시키다	sil-mang-si-ki-da
être déçu	실망하다	sil-mang-ha-da
supposition (f)	추측	chu-cheuk
supposer (vt)	추측하다	chu-cheuk-a-da
avertissement (m)	경고	gyeong-go
prévenir (vt)	경고하다	gyeong-go-ha-da

67. Dialoguer et communiquer. Partie 3

convaincre (vt)	설득하다	seol-deu-ka-da
calmer (vt)	진정시키다	jin-jeong-si-ki-da
silence (m) (~ est d'or)	침묵	chim-muk
rester silencieux	침묵을 지키다	chim-mu-geul ji-ki-da
chuchoter (vi, vt)	속삭이다	sok-sa-gi-da
chuchotement (m)	속삭임	sok-sa-gim
sincèrement (adv)	솔직하게	sol-jik-a-ge
à mon avis ...	내 생각에 ...	nae saeng-ga-ge ...
détail (m) (d'une histoire)	세부	se-bu
détaillé (adj)	자세한	ja-se-han
en détail (adv)	자세하게	ja-se-ha-ge
indice (m)	단서	dan-seo
donner un indice	힌트를 주다	hin-teu-reul ju-da
regard (m)	흘낏 봄	heul-kkit bom
jeter un coup d'oeil	보다	bo-da
fixe (un regard ~)	고정된	go-jeong-doen
clignoter (vi)	눈을 깜빡이다	nu-neul kkam-ppa-gi-da
cligner de l'oeil	눈짓하다	nun-ji-ta-da
hocher la tête	끄덕이다	kkeu-deo-gi-da
soupir (m)	한숨	han-sum
soupirer (vi)	한숨을 쉬다	han-su-meul swi-da
tressaillir (vi)	몸을 떨다	mo-meul tteol-da
geste (m)	손짓	son-jit
toucher (de la main)	만지다	man-ji-da
saisir (par le bras)	잡다	jap-da
taper (sur l'épaule)	툭 치다	tuk chi-da
Attention!	조심!	jo-sim!
Vraiment?	정말?	jeong-mal?
Tu es sûr?	확실해요?	hwak-sil-hae-yo?
Bonne chance!	행운을 빕니다!	haeng-u-neul bim-ni-da!
Compris!	알겠어요!	al-ge-seo-yo!
Dommage!	유감이에요!	yu-ga-mi-e-yo!

68. L'accord. Le refus

accord (m)	동의	dong-ui
être d'accord	동의하다	dong-ui-ha-da
approbation (f)	찬성	chan-seong
approuver (vt)	찬성하다	chan-seong-ha-da
refus (m)	거절	geo-jeol
se refuser (vp)	거절하다	geo-jeol-ha-da
Super!	좋아요!	jo-a-yo!
Bon!	좋아요!	jo-a-yo!

D'accord!	그래요!	geu-rae-yo!
interdit (adj)	금지된	geum-ji-doen
c'est interdit	금지되어 있다	geum-ji-doe-eo it-da
c'est impossible	불가능하다	bul-ga-neung-ha-da
incorrect (adj)	틀린	teul-lin
décliner (vt)	거부하다	geo-bu-ha-da
soutenir (vt)	지지하다	ji-ji-ha-da
accepter (condition, etc.)	받아들이다	ba-da-deu-ri-da
confirmer (vt)	확인해 주다	hwa-gin-hae ju-da
confirmation (f)	확인	hwa-gin
permission (f)	허락	heo-rak
permettre (vt)	허가하다	heo-ga-ha-da
décision (f)	결정	gyeol-jeong
ne pas dire un mot	아무 말도 않다	a-mu mal-do an-ta
condition (f)	조건	jo-geon
excuse (f) (prétexte)	핑계	ping-gye
éloge (m)	칭찬	ching-chan
louer (vt)	칭찬하다	ching-chan-ha-da

69. La réussite. La chance. L'échec

succès (m)	성공	seong-gong
avec succès (adv)	성공적으로	seong-gong-jeo-geu-ro
réussi (adj)	성공적인	seong-gong-jeo-gin
chance (f)	운	un
Bonne chance!	행운을 빕니다!	haeng-u-neul bim-ni-da!
de chance (jour ~)	운이 좋은	un-i jo-eun
chanceux (adj)	운이 좋은	un-i jo-eun
échec (m)	실패	sil-pae
infortune (f)	불운	bu-run
malchance (f)	불운	bu-run
raté (adj)	성공적이지 못한	seong-gong-jeo-gi-ji mo-tan
catastrophe (f)	재난	jae-nan
fierté (f)	자존심	ja-jon-sim
fier (adj)	자존심 강한	ja-jon-sim gang-han
être fier	득의만면이다	deu-gui-man-myeon-i-da
gagnant (m)	승리자	seung-ni-ja
gagner (vi)	이기다	i-gi-da
perdre (vi)	지다	ji-da
tentative (f)	사실, 시도	sa-sil, si-do
essayer (vt)	해보다	hae-bo-da
chance (f)	기회	gi-hoe

70. Les disputes. Les émotions négatives

cri (m)	고함	go-ham
crier (vi)	소리치다	so-ri-chi-da

dispute (f)	싸움	ssa-um
se disputer (vp)	다투다	da-tu-da
scandale (m) (dispute)	싸움	ssa-um
faire un scandale	싸움을 하다	ssa-u-meul ha-da
conflit (m)	갈등	gal-deung
malentendu (m)	오해	o-hae
insulte (f)	모욕	mo-yok
insulter (vt)	모욕하다	mo-yok-a-da
insulté (adj)	모욕 당한	mo-yok dang-han
offense (f)	분노	bun-no
offenser (vt)	모욕하다	mo-yok-a-da
s'offenser (vp)	약오르다	ya-go-reu-da
indignation (f)	분개	bun-gae
s'indigner (vp)	분개하다	bun-gae-ha-da
plainte (f)	불평	bul-pyeong
se plaindre (vp)	불평하다	bul-pyeong-ha-da
excuse (f)	사과	sa-gwa
s'excuser (vp)	사과하다	sa-gwa-ha-da
demander pardon	용서를 빌다	yong-seo-reul bil-da
critique (f)	비판	bi-pan
critiquer (vt)	비판하다	bi-pan-ha-da
accusation (f)	비난	bi-nan
accuser (vt)	비난하다	bi-nan-ha-da
vengeance (f)	복수	bok-su
se venger (vp)	복수하다	bok-su-ha-da
faire payer (qn)	갚아주다	ga-pa-ju-da
mépris (m)	경멸	gyeong-myeol
mépriser (vt)	경멸하다	gyeong-myeol-ha-da
haine (f)	증오	jeung-o
haïr (vt)	증오하다	jeung-o-ha-da
nerveux (adj)	긴장한	gin-jang-han
s'énerver (vp)	긴장하다	gin-jang-ha-da
fâché (adj)	화가 난	hwa-ga nan
fâcher (vt)	화나게 하다	hwa-na-ge ha-da
humiliation (f)	굴욕	gu-ryok
humilier (vt)	굴욕감을 주다	gu-ryok-ga-meul ju-da
s'humilier (vp)	창피를 당하다	chang-pi-reul dang-ha-da
choc (m)	충격	chung-gyeok
choquer (vt)	충격을 주다	chung-gyeo-geul ju-da
ennui (m) (problème)	문제	mun-je
désagréable (adj)	불쾌한	bul-kwae-han
peur (f)	두려움	du-ryeo-um
terrible (tempête, etc.)	끔쩍한	kkeum-jjik-an
effrayant (histoire ~e)	무서운	mu-seo-un
horreur (f)	공포	gong-po

horrible (adj)	지독한	ji-dok-an
pleurer (vi)	울다	ul-da
se mettre à pleurer	울기 시작하다	ul-gi si-jak-a-da
larme (f)	눈물	nun-mul
faute (f)	잘못	jal-mot
culpabilité (f)	죄책감	joe-chaek-gam
déshonneur (m)	불명예	bul-myeong-ye
protestation (f)	항의	hang-ui
stress (m)	스트레스	seu-teu-re-seu
déranger (vt)	방해하다	bang-hae-ha-da
être furieux	화내다	hwa-nae-da
en colère, fâché (adj)	화가 난	hwa-ga nan
rompre (relations)	끝내다	kkeun-nae-da
réprimander (vt)	욕하다	yok-a-da
prendre peur	무서워하다	mu-seo-wo-ha-da
frapper (vt)	치다	chi-da
se battre (vp)	싸우다	ssa-u-da
régler (~ un conflit)	해결하다	hae-gyeol-ha-da
mécontent (adj)	불만족한	bul-kwae-han
enragé (adj)	맹렬한	maeng-nyeol-han
Ce n'est pas bien!	그건 좋지 않아요!	geu-geon jo-chi a-na-yo!
C'est mal!	그건 나빠요!	geu-geon na-ppa-yo!

La médecine

71. Les maladies

maladie (f)	병	byeong
être malade	눕다	nup-da
santé (f)	건강	geon-gang
rhume (m) (coryza)	비염	bi-yeom
angine (f)	편도염	pyeon-do-yeom
refroidissement (m)	감기	gam-gi
prendre froid	감기에 걸리다	gam-gi-e geol-li-da
bronchite (f)	기관지염	gi-gwan-ji-yeom
pneumonie (f)	폐렴	pye-ryeom
grippe (f)	독감	dok-gam
myope (adj)	근시의	geun-si-ui
presbyte (adj)	원시의	won-si-ui
strabisme (m)	사시	sa-si
strabique (adj)	사시인	sa-si-in
cataracte (f)	백내장	baeng-nae-jang
glaucome (m)	녹내장	nong-nae-jang
insulte (f)	뇌졸중	noe-jol-jung
crise (f) cardiaque	심장마비	sim-jang-ma-bi
infarctus (m) de myocarde	심근경색증	sim-geun-gyeong-saek-jeung
paralysie (f)	마비	ma-bi
paralyser (vt)	마비되다	ma-bi-doe-da
allergie (f)	알레르기	al-le-reu-gi
asthme (m)	천식	cheon-sik
diabète (m)	당뇨병	dang-nyo-byeong
mal (m) de dents	치통, 이앓이	chi-tong, i-a-ri
carie (f)	충치	chung-chi
diarrhée (f)	설사	seol-sa
constipation (f)	변비증	byeon-bi-jeung
estomac (m) barbouillé	배탈	bae-tal
intoxication (f) alimentaire	식중독	sik-jung-dok
être intoxiqué	식중독에 걸리다	sik-jung-do-ge geol-li-da
arthrite (f)	관절염	gwan-jeo-ryeom
rachitisme (m)	구루병	gu-ru-byeong
rhumatisme (m)	류머티즘	ryu-meo-ti-jeum
gastrite (f)	위염	wi-yeom
appendicite (f)	맹장염	maeng-jang-yeom
cholécystite (f)	담낭염	dam-nang-yeom

ulcère (m)	궤양	gwe-yang
rougeole (f)	홍역	hong-yeok
rubéole (f)	풍진	pung-jin
jaunisse (f)	황달	hwang-dal
hépatite (f)	간염	gan-nyeom
schizophrénie (f)	정신 분열증	jeong-sin bu-nyeol-jeung
rage (f) (hydrophobie)	광견병	gwang-gyeon-byeong
névrose (f)	신경증	sin-gyeong-jeung
commotion (f) cérébrale	뇌진탕	noe-jin-tang
cancer (m)	암	am
sclérose (f)	경화증	gyeong-hwa-jeung
sclérose (f) en plaques	다발성 경화증	da-bal-seong gyeong-hwa-jeung
alcoolisme (m)	알코올 중독	al-ko-ol jung-dok
alcoolique (m)	알코올 중독자	al-ko-ol jung-dok-ja
syphilis (f)	매독	mae-dok
SIDA (m)	에이즈	e-i-jeu
tumeur (f)	종양	jong-yang
maligne (adj)	악성의	ak-seong-ui
bénigne (adj)	양성의	yang-seong-ui
fièvre (f)	열병	yeol-byeong
malaria (f)	말라리아	mal-la-ri-a
gangrène (f)	괴저	goe-jeo
mal (m) de mer	뱃멀미	baen-meol-mi
épilepsie (f)	간질	gan-jil
épidémie (f)	유행병	yu-haeng-byeong
typhus (m)	발진티푸스	bal-jin-ti-pu-seu
tuberculose (f)	결핵	gyeol-haek
choléra (m)	콜레라	kol-le-ra
peste (f)	페스트	pe-seu-teu

72. Les symptômes. Le traitement. Partie 1

symptôme (m)	증상	jeung-sang
température (f)	체온	che-on
fièvre (f)	열	yeol
pouls (m)	맥박	maek-bak
vertige (m)	현기증	hyeon-gi-jeung
chaud (adj)	뜨거운	tteu-geo-un
frisson (m)	전율	jeo-nyul
pâle (adj)	창백한	chang-baek-an
toux (f)	기침	gi-chim
tousser (vi)	기침을 하다	gi-chi-meul ha-da
éternuer (vi)	재채기하다	jae-chae-gi-ha-da
évanouissement (m)	실신	sil-sin
s'évanouir (vp)	실신하다	sil-sin-ha-da

bleu (m)	멍	meong
bosse (f)	혹	hok
se heurter (vp)	부딪치다	bu-dit-chi-da
meurtrissure (f)	타박상	ta-bak-sang
se faire mal	타박상을 입다	ta-bak-sang-eul rip-da
boiter (vi)	절다	jeol-da
foulure (f)	탈구	tal-gu
se démettre (l'épaule, etc.)	탈구하다	tal-gu-ha-da
fracture (f)	골절	gol-jeol
avoir une fracture	골절하다	gol-jeol-ha-da
coupure (f)	베인	be-in
se couper (~ le doigt)	베다	jeol-chang-eul rip-da
hémorragie (f)	출혈	chul-hyeol
brûlure (f)	화상	hwa-sang
se brûler (vp)	데다	de-da
se piquer (le doigt)	찌르다	jji-reu-da
se piquer (vp)	쩔리다	jjil-li-da
blesser (vt)	다치다	da-chi-da
blessure (f)	부상	bu-sang
plaie (f) (blessure)	부상	bu-sang
trauma (m)	정신적 외상	jeong-sin-jeok goe-sang
délirer (vi)	망상을 겪다	mang-sang-eul gyeok-da
bégayer (vi)	말을 더듬다	ma-reul deo-deum-da
insolation (f)	일사병	il-sa-byeong

73. Les symptômes. Le traitement. Partie 2

douleur (f)	통증	tong-jeung
écharde (f)	가시	ga-si
sueur (f)	땀	ttam
suer (vi)	땀이 나다	ttam-i na-da
vomissement (m)	구토	gu-to
spasmes (m pl)	경련	gyeong-nyeon
enceinte (adj)	임신한	im-sin-han
naître (vi)	태어나다	tae-eo-na-da
accouchement (m)	출산	chul-san
accoucher (vi)	낳다	na-ta
avortement (m)	낙태	nak-tae
respiration (f)	호흡	ho-heup
inhalation (f)	들숨	deul-sum
expiration (f)	날숨	nal-sum
expirer (vi)	내쉬다	nae-swi-da
inspirer (vi)	들이쉬다	deu-ri-swi-da
invalide (m)	장애인	jang-ae-in
handicapé (m)	병신	byeong-sin

drogué (m)	마약 중독자	ma-yak jung-dok-ja
sourd (adj)	귀가 먼	gwi-ga meon
muet (adj)	병어리인	beong-eo-ri-in
sourd-muet (adj)	농아인	nong-a-in
fou (adj)	미친	mi-chin
fou (m)	광인	gwang-in
folle (f)	광인	gwang-in
devenir fou	미치다	mi-chi-da
gène (m)	유전자	yu-jeon-ja
immunité (f)	면역성	myeo-nyeok-seong
héréditaire (adj)	유전의	yu-jeon-ui
congénital (adj)	선천적인	seon-cheon-jeo-gin
virus (m)	바이러스	ba-i-reo-seu
microbe (m)	미생물	mi-saeng-mul
bactérie (f)	세균	se-gyun
infection (f)	감염	gam-nyeom

74. Les symptômes. Le traitement. Partie 3

hôpital (m)	병원	byeong-won
patient (m)	환자	hwan-ja
diagnostic (m)	진단	jin-dan
cure (f) (faire une ~)	치료	chi-ryo
se faire soigner	치료를 받다	chi-ryo-reul bat-da
traiter (un patient)	치료하다	chi-ryo-ha-da
soigner (un malade)	간호하다	gan-ho-ha-da
soins (m pl)	간호	gan-ho
opération (f)	수술	su-sul
panser (vt)	붕대를 감다	bung-dae-reul gam-da
pansement (m)	붕대	bung-dae
vaccination (f)	예방주사	ye-bang-ju-sa
vacciner (vt)	접종하다	jeop-jong-ha-da
piqûre (f)	주사	ju-sa
faire une piqûre	주사하다	ju-sa-ha-da
amputation (f)	절단	jeol-dan
amputer (vt)	절단하다	jeol-dan-ha-da
coma (m)	혼수 상태	hon-su sang-tae
être dans le coma	혼수 상태에 있다	hon-su sang-tae-e it-da
réanimation (f)	집중 치료	jip-jung chi-ryo
se rétablir (vp)	회복하다	hoe-bok-a-da
état (m) (de santé)	상태	sang-tae
conscience (f)	의식	ui-sik
mémoire (f)	기억	gi-eok
arracher (une dent)	빼다	ppae-da
plombage (m)	충전물	chung-jeon-mul

plomber (vt)	때우다	ttae-u-da
hypnose (f)	최면	choe-myeon
hypnotiser (vt)	최면을 걸다	choe-myeo-neul geol-da

75. Les médecins

médecin (m)	의사	ui-sa
infirmière (f)	간호사	gan-ho-sa
médecin (m) personnel	개인 의사	gae-in ui-sa
dentiste (m)	치과 의사	chi-gwa ui-sa
ophtalmologiste (m)	안과 의사	an-gwa ui-sa
généraliste (m)	내과 의사	nae-gwa ui-sa
chirurgien (m)	외과 의사	oe-gwa ui-sa
psychiatre (m)	정신과 의사	jeong-sin-gwa ui-sa
pédiatre (m)	소아과 의사	so-a-gwa ui-sa
psychologue (m)	심리학자	sim-ni-hak-ja
gynécologue (m)	부인과 의사	bu-in-gwa ui-sa
cardiologue (m)	심장병 전문의	sim-jang-byeong jeon-mun-ui

76. Les médicaments. Les accessoires

médicament (m)	약	yak
remède (m)	약제	yak-je
ordonnance (f)	처방	cheo-bang
comprimé (m)	정제	jeong-je
onguent (m)	연고	yeon-go
ampoule (f)	앰플	aem-pul
mixture (f)	혼합물	hon-ham-mul
sirop (m)	물약	mul-lyak
pilule (f)	알약	a-ryak
poudre (f)	가루약	ga-ru-yak
bande (f)	거즈 붕대	geo-jeu bung-dae
coton (m) (ouate)	솜	som
iode (m)	요오드	yo-o-deu
sparadrap (m)	반창고	ban-chang-go
compte-gouttes (m)	점안기	jeom-an-gi
thermomètre (m)	체온계	che-on-gye
seringue (f)	주사기	ju-sa-gi
fauteuil (m) roulant	휠체어	hwil-che-eo
béquilles (f pl)	목발	mok-bal
anesthésique (m)	진통제	jin-tong-je
purgatif (m)	완하제	wan-ha-je
alcool (m)	알코올	al-ko-ol
herbe (f) médicinale	약초	yak-cho
d'herbes (adj)	약초의	yak-cho-ui

77. Le tabac et ses produits dérivés

tabac (m)	담배	dam-bae
cigarette (f)	담배	dam-bae
cigare (f)	시가	si-ga
pipe (f)	담뱃대	dam-baet-dae
paquet (m)	갑	gap
allumettes (f pl)	성냥	seong-nyang
boîte (f) d'allumettes	성냥 갑	seong-nyang gap
briquet (m)	라이터	ra-i-teo
cendrier (m)	재떨이	jae-tteo-ri
étui (m) à cigarettes	담배 케이스	dam-bae ke-i-seu
fume-cigarette (m)	물부리	mul-bu-ri
filtre (m)	필터	pil-teo
fumer (vi, vt)	피우다	pi-u-da
allumer une cigarette	담배에 불을 붙이다	dam-bae-e bu-reul bu-chi-da
tabagisme (m)	흡연	heu-byeon
fumeur (m)	흡연자	heu-byeon-ja
mégot (m)	꽁초	kkong-cho
fumée (f)	연기	yeon-gi
cendre (f)	재	jae

L'HABITAT HUMAIN

La ville

78. La ville. La vie urbaine

ville (f)	도시	do-si
capitale (f)	수도	su-do
village (m)	마을	ma-eul
plan (m) de la ville	도시 지도	do-si ji-do
centre-ville (m)	시내	si-nae
banlieue (f)	근교	geun-gyo
de banlieue (adj)	근교의	geun-gyo-ui
alentours (m pl)	주변	ju-byeon
quartier (m)	한 구획	han gu-hoek
quartier (m) résidentiel	동	dong
trafic (m)	교통	gyo-tong
feux (m pl) de circulation	신호등	sin-ho-deung
transport (m) urbain	대중교통	dae-jung-gyo-tong
carrefour (m)	교차로	gyo-cha-ro
passage (m) piéton	횡단 보도	hoeng-dan bo-do
passage (m) souterrain	지하 보도	ji-ha bo-do
traverser (vt)	건너가다	geon-neo-ga-da
piéton (m)	보행자	bo-haeng-ja
trottoir (m)	인도	in-do
pont (m)	다리	da-ri
quai (m)	강변로	gang-byeon-no
allée (f)	길	gil
parc (m)	공원	gong-won
boulevard (m)	대로	dae-ro
place (f)	광장	gwang-jang
avenue (f)	가로	ga-ro
rue (f)	거리	geo-ri
ruelle (f)	골목	gol-mok
impasse (f)	막다른길	mak-da-reun-gil
maison (f)	집	jip
édifice (m)	빌딩	bil-ding
gratte-ciel (m)	고층 건물	go-cheung geon-mul
façade (f)	전면	jeon-myeon
toit (m)	지붕	ji-bung
fenêtre (f)	창문	chang-mun

arc (m)	아치	a-chi
colonne (f)	기둥	gi-dung
coin (m)	모퉁이	mo-tung-i
vitrine (f)	쇼윈도우	syo-win-do-u
enseigne (f)	간판	gan-pan
affiche (f)	포스터	po-seu-teo
affiche (f) publicitaire	광고 포스터	gwang-go po-seu-teo
panneau-réclame (m)	광고판	gwang-go-pan
ordures (f pl)	쓰레기	sseu-re-gi
poubelle (f)	쓰레기통	sseu-re-gi-tong
décharge (f)	쓰레기장	sseu-re-gi-jang
cabine (f) téléphonique	공중 전화	gong-jung jeon-hwa
réverbère (m)	가로등	ga-ro-deung
banc (m)	벤치	ben-chi
policier (m)	경찰관	gyeong-chal-gwan
police (f)	경찰	gyeong-chal
clochard (m)	거지	geo-ji
sans-abri (m)	노숙자	no-suk-ja

79. Les institutions urbaines

magasin (m)	가게, 상점	ga-ge, sang-jeom
pharmacie (f)	약국	yak-guk
opticien (m)	안경 가게	an-gyeong ga-ge
centre (m) commercial	쇼핑몰	syo-ping-mol
supermarché (m)	슈퍼마켓	syu-peo-ma-ket
boulangerie (f)	빵집	ppang-jip
boulanger (m)	제빵사	je-ppang-sa
pâtisserie (f)	제과점	je-gwa-jeom
épicerie (f)	식료품점	sing-nyo-pum-jeom
boucherie (f)	정육점	jeong-yuk-jeom
magasin (m) de légumes	야채 가게	ya-chae ga-ge
marché (m)	시장	si-jang
salon (m) de café	커피숍	keo-pi-syop
restaurant (m)	레스토랑	re-seu-to-rang
brasserie (f)	바	ba
pizzeria (f)	피자 가게	pi-ja ga-ge
salon (m) de coiffure	미장원	mi-jang-won
poste (f)	우체국	u-che-guk
pressing (m)	드라이 클리닝	deu-ra-i keul-li-ning
atelier (m) de photo	사진관	sa-jin-gwan
magasin (m) de chaussures	신발 가게	sin-bal ga-ge
librairie (f)	서점	seo-jeom
magasin (m) d'articles de sport	스포츠용품 매장	seu-po-cheu-yong-pum mae-jang

atelier (m) de retouche	옷 수선 가게	ot su-seon ga-ge
location (f) de vêtements	의류 임대	ui-ryu im-dae
location (f) de films	비디오 대여	bi-di-o dae-yeo
cirque (m)	서커스	seo-keo-seu
zoo (m)	동물원	dong-mu-rwon
cinéma (m)	영화관	yeong-hwa-gwan
musée (m)	박물관	bang-mul-gwan
bibliothèque (f)	도서관	do-seo-gwan
théâtre (m)	극장	geuk-jang
opéra (m)	오페라극장	o-pe-ra-geuk-jang
boîte (f) de nuit	나이트 클럽	na-i-teu keul-leop
casino (m)	카지노	ka-ji-no
mosquée (f)	모스크	mo-seu-keu
synagogue (f)	유대교 회당	yu-dae-gyo hoe-dang
cathédrale (f)	대성당	dae-seong-dang
temple (m)	사원, 신전	sa-won, sin-jeon
église (f)	교회	gyo-hoe
institut (m)	단과대학	dan-gwa-dae-hak
université (f)	대학교	dae-hak-gyo
école (f)	학교	hak-gyo
préfecture (f)	도, 현	do, hyeon
mairie (f)	시청	si-cheong
hôtel (m)	호텔	ho-tel
banque (f)	은행	eun-haeng
ambassade (f)	대사관	dae-sa-gwan
agence (f) de voyages	여행사	yeo-haeng-sa
bureau (m) d'information	안내소	an-nae-so
bureau (m) de change	환전소	hwan-jeon-so
métro (m)	지하철	ji-ha-cheol
hôpital (m)	병원	byeong-won
station-service (f)	주유소	ju-yu-so
parking (m)	주차장	ju-cha-jang

80. Les enseignes. Les panneaux

enseigne (f)	간판	gan-pan
pancarte (f)	안내문	an-nae-mun
poster (m)	포스터	po-seu-teo
indicateur (m) de direction	방향표시	bang-hyang-pyo-si
flèche (f)	화살표	hwa-sal-pyo
avertissement (m)	경고	gyeong-go
panneau d'avertissement	경고판	gyeong-go-pan
avertir (vt)	경고하다	gyeong-go-ha-da
jour (m) de repos	휴일	hyu-il
horaire (m)	시간표	si-gan-pyo

heures (f pl) d'ouverture	영업 시간	yeong-eop si-gan
BIENVENUE!	어서 오세요!	eo-seo o-se-yo!
ENTRÉE	입구	ip-gu
SORTIE	출구	chul-gu
POUSSER	미세요	mi-se-yo
TIRER	당기세요	dang-gi-se-yo
OUVERT	열림	yeol-lim
FERMÉ	닫힘	da-chim
FEMMES	여성전용	yeo-seong-jeo-nyong
HOMMES	남성	nam-seong-jeo-nyong
RABAIS	할인	ha-rin
SOLDES	세일	se-il
NOUVEAU!	신상품	sin-sang-pum
GRATUIT	공짜	gong-jja
ATTENTION!	주의!	ju-ui!
COMPLET	빈 방 없음	bin bang eop-seum
RÉSERVÉ	예약석	ye-yak-seok
ADMINISTRATION	관리부	gwal-li-bu
RÉSERVÉ AU PERSONNEL	직원 전용	ji-gwon jeo-nyong
ATTENTION CHIEN MÉCHANT	개조심	gae-jo-sim
DÉFENSE DE FUMER	금연	geu-myeon
PRIÈRE DE NE PAS TOUCHER	손 대지 마시오!	son dae-ji ma-si-o!
DANGEREUX	위험	wi-heom
DANGER	위험	wi-heom
HAUTE TENSION	고전압	go-jeon-ap
BAIGNADE INTERDITE	수영 금지	su-yeong geum-ji
HORS SERVICE	수리중	su-ri-jung
INFLAMMABLE	가연성 물자	ga-yeon-seong mul-ja
INTERDIT	금지	geum-ji
PASSAGE INTERDIT	출입 금지	chu-rip geum-ji
PEINTURE FRAÎCHE	칠 주의	chil ju-ui

81. Les transports en commun

autobus (m)	버스	beo-seu
tramway (m)	전차	jeon-cha
trolleybus (m)	트롤리 버스	teu-rol-li beo-seu
itinéraire (m)	노선	no-seon
numéro (m)	번호	beon-ho
prendre ...	... 타고 가다	... ta-go ga-da
monter (dans l'autobus)	타다	ta-da
descendre de ...	... 에서 내리다	... e-seo nae-ri-da
arrêt (m)	정류장	jeong-nyu-jang

arrêt (m) prochain	다음 정류장	da-eum jeong-nyu-jang
terminus (m)	종점	jong-jeom
horaire (m)	시간표	si-gan-pyo
attendre (vt)	기다리다	gi-da-ri-da
ticket (m)	표	pyo
prix (m) du ticket	요금	yo-geum
caissier (m)	계산원	gye-san-won
contrôle (m) des tickets	검표	geom-pyo
contrôleur (m)	검표원	geom-pyo-won
être en retard	··· 시간에 늦다	... si-gan-e neut-da
rater (~ le train)	놓치다	no-chi-da
se dépêcher	서두르다	seo-du-reu-da
taxi (m)	택시	taek-si
chauffeur (m) de taxi	택시 운전 기사	taek-si un-jeon gi-sa
en taxi	택시로	taek-si-ro
arrêt (m) de taxi	택시 정류장	taek-si jeong-nyu-jang
appeler un taxi	택시를 부르다	taek-si-reul bu-reu-da
prendre un taxi	택시를 타다	taek-si-reul ta-da
trafic (m)	교통	gyo-tong
embouteillage (m)	교통 체증	gyo-tong che-jeung
heures (f pl) de pointe	러시 아워	reo-si a-wo
se garer (vp)	주차하다	ju-cha-ha-da
garer (vt)	주차하다	ju-cha-ha-da
parking (m)	주차장	ju-cha-jang
métro (m)	지하철	ji-ha-cheol
station (f)	역	yeok
prendre le métro	지하철을 타다	ji-ha-cheo-reul ta-da
train (m)	기차	gi-cha
gare (f)	기차역	gi-cha-yeok

82. Le tourisme

monument (m)	기념비	gi-nyeom-bi
forteresse (f)	요새	yo-sae
palais (m)	궁전	gung-jeon
château (m)	성	seong
tour (f)	탑	tap
mausolée (m)	영묘	yeong-myo
architecture (f)	건축	geon-chuk
médiéval (adj)	중세의	jung-se-ui
ancien (adj)	고대의	go-dae-ui
national (adj)	국가의	guk-ga-ui
connu (adj)	유명한	yu-myeong-han
touriste (m)	관광객	gwan-gwang-gaek
guide (m) (personne)	가이드	ga-i-deu
excursion (f)	견학, 관광	gyeon-hak, gwan-gwang

| montrer (vt) | 보여주다 | bo-yeo-ju-da |
| raconter (une histoire) | 이야기하다 | i-ya-gi-ha-da |

trouver (vt)	찾다	chat-da
se perdre (vp)	길을 잃다	gi-reul ril-ta
plan (m) (du metro, etc.)	노선도	no-seon-do
carte (f) (de la ville, etc.)	지도	ji-do

souvenir (m)	기념품	gi-nyeom-pum
boutique (f) de souvenirs	기념품 가게	gi-nyeom-pum ga-ge
prendre en photo	사진을 찍다	sa-ji-neul jjik-da
se faire prendre en photo	사진을 찍다	sa-ji-neul jjik-da

83. Le shopping

acheter (vt)	사다	sa-da
achat (m)	구매	gu-mae
faire des achats	쇼핑하다	syo-ping-ha-da
shopping (m)	쇼핑	syo-ping

| être ouvert | 열리다 | yeol-li-da |
| être fermé | 닫다 | dat-da |

chaussures (f pl)	신발	sin-bal
vêtement (m)	옷	ot
produits (m pl) de beauté	화장품	hwa-jang-pum
produits (m pl) alimentaires	식품	sik-pum
cadeau (m)	선물	seon-mul

| vendeur (m) | 판매원 | pan-mae-won |
| vendeuse (f) | 여판매원 | yeo-pan-mae-won |

caisse (f)	계산대	gye-san-dae
miroir (m)	거울	geo-ul
comptoir (m)	계산대	gye-san-dae
cabine (f) d'essayage	탈의실	ta-rui-sil

essayer (robe, etc.)	입어보다	i-beo-bo-da
aller bien (robe, etc.)	어울리다	eo-ul-li-da
plaire (être apprécié)	좋아하다	jo-a-ha-da

prix (m)	가격	ga-gyeok
étiquette (f) de prix	가격표	ga-gyeok-pyo
coûter (vt)	값이 … 이다	gap-si … i-da
Combien?	얼마?	eol-ma?
rabais (m)	할인	ha-rin

pas cher (adj)	비싸지 않은	bi-ssa-ji a-neun
bon marché (adj)	싼	ssan
cher (adj)	비싼	bi-ssan
C'est cher	비쌉니다	bi-ssam-ni-da

| location (f) | 임대 | im-dae |
| louer (une voiture, etc.) | 빌리다 | bil-li-da |

crédit (m)	신용	si-nyong
à crédit (adv)	신용으로	si-nyong-eu-ro

84. L'argent

argent (m)	돈	don
échange (m)	환전	hwan-jeon
cours (m) de change	환율	hwa-nyul
distributeur (m)	현금 자동 지급기	hyeon-geum ja-dong ji-geup-gi
monnaie (f)	동전	dong-jeon
dollar (m)	달러	dal-leo
euro (m)	유로	yu-ro
lire (f)	리라	ri-ra
mark (m) allemand	마르크	ma-reu-keu
franc (m)	프랑	peu-rang
livre sterling (f)	파운드	pa-un-deu
yen (m)	엔	en
dette (f)	빚	bit
débiteur (m)	채무자	chae-mu-ja
prêter (vt)	빌려주다	bil-lyeo-ju-da
emprunter (vt)	빌리다	bil-li-da
banque (f)	은행	eun-haeng
compte (m)	계좌	gye-jwa
verser dans le compte	계좌에 입금하다	ip-geum-ha-da
retirer du compte	출금하다	chul-geum-ha-da
carte (f) de crédit	신용 카드	si-nyong ka-deu
espèces (f pl)	현금	hyeon-geum
chèque (m)	수표	su-pyo
faire un chèque	수표를 끊다	su-pyo-reul kkeun-ta
chéquier (m)	수표책	su-pyo-chaek
portefeuille (m)	지갑	ji-gap
bourse (f)	동전지갑	dong-jeon-ji-gap
coffre fort (m)	금고	geum-go
héritier (m)	상속인	sang-so-gin
héritage (m)	유산	yu-san
fortune (f)	재산, 큰돈	jae-san, keun-don
location (f)	임대	im-dae
loyer (m) (argent)	집세	jip-se
louer (prendre en location)	임대하다	im-dae-ha-da
prix (m)	가격	ga-gyeok
coût (m)	비용	bi-yong
somme (f)	액수	aek-su
dépenser (vt)	쓰다	sseu-da
dépenses (f pl)	출비를	chul-bi-reul

| économiser (vt) | 절약하다 | jeo-ryak-a-da |
| économe (adj) | 경제적인 | gyeong-je-jeo-gin |

payer (régler)	지불하다	ji-bul-ha-da
paiement (m)	지불	ji-bul
monnaie (f) (rendre la ~)	거스름돈	geo-seu-reum-don

impôt (m)	세금	se-geum
amende (f)	벌금	beol-geum
mettre une amende	벌금을 부과하다	beol-geu-meul bu-gwa-ha-da

85. La poste. Les services postaux

poste (f)	우체국	u-che-guk
courrier (m) (lettres, etc.)	우편물	u-pyeon-mul
facteur (m)	우체부	u-che-bu
heures (f pl) d'ouverture	영업 시간	yeong-eop si-gan

lettre (f)	편지	pyeon-ji
recommandé (m)	등기 우편	deung-gi u-pyeon
carte (f) postale	엽서	yeop-seo
télégramme (m)	전보	jeon-bo
colis (m)	소포	so-po
mandat (m) postal	송금	song-geum

recevoir (vt)	받다	bat-da
envoyer (vt)	보내다	bo-nae-da
envoi (m)	발송	bal-song

adresse (f)	주소	ju-so
code (m) postal	우편 번호	u-pyeon beon-ho
expéditeur (m)	발송인	bal-song-in
destinataire (m)	수신인	su-sin-in

| prénom (m) | 이름 | i-reum |
| nom (m) de famille | 성 | seong |

tarif (m)	요금	yo-geum
normal (adj)	일반의	il-ba-nui
économique (adj)	경제적인	gyeong-je-jeo-gin

poids (m)	무게	mu-ge
peser (~ les lettres)	무게를 달다	mu-ge-reul dal-da
enveloppe (f)	봉투	bong-tu
timbre (m)	우표	u-pyo

Le logement. La maison. Le foyer

86. La maison. Le logis

maison (f)	집	jip
chez soi	집에	ji-be
cour (f)	마당	ma-dang
clôture (f)	울타리	ul-ta-ri
brique (f)	벽돌	byeok-dol
en brique (adj)	벽돌의	byeok-do-rui
pierre (f)	돌	dol
en pierre (adj)	돌의	do-rui
béton (m)	콘크리트	kon-keu-ri-teu
en béton (adj)	콘크리트의	kon-keu-ri-teu-ui
neuf (adj)	새로운	sae-ro-un
vieux (adj)	오래된	o-rae-doen
délabré (adj)	쓰러질듯한	sseu-reo-jil-deu-tan
moderne (adj)	근대의	geun-dae-ui
à plusieurs étages	다층의	da-cheung-ui
haut (adj)	높은	no-peun
étage (m)	층	cheung
sans étage (adj)	단층의	dan-cheung-ui
rez-de-chaussée (m)	일층	il-cheung
dernier étage (m)	꼭대기층	kkok-dae-gi-cheung
toit (m)	지붕	ji-bung
cheminée (f)	굴뚝	gul-ttuk
tuile (f)	기와	gi-wa
en tuiles (adj)	기와를 얹은	gi-wa-reul reon-jeun
grenier (m)	다락	da-rak
fenêtre (f)	창문	chang-mun
vitre (f)	유리	yu-ri
rebord (m)	창가	chang-ga
volets (m pl)	덧문	deon-mun
mur (m)	벽	byeok
balcon (m)	발코니	bal-ko-ni
gouttière (f)	선홈통	seon-hom-tong
en haut (à l'étage)	위층으로	wi-cheung-eu-ro
monter (vi)	위층에 올라가다	wi-cheung-e ol-la-ga-da
descendre (vi)	내려오다	nae-ryeo-o-da
déménager (vi)	이사가다	i-sa-ga-da

87. La maison. L'entrée. L'ascenseur

entrée (f)	입구	ip-gu
escalier (m)	계단	gye-dan
marches (f pl)	단	dan
rampe (f)	난간	nan-gan
hall (m)	로비	ro-bi
boîte (f) à lettres	우편함	u-pyeon-ham
poubelle (f) d'extérieur	쓰레기통	sseu-re-gi-tong
vide-ordures (m)	쓰레기 활송 장치	sseu-re-gi hwal-song jang-chi
ascenseur (m)	엘리베이터	el-li-be-i-teo
monte-charge (m)	화물 엘리베이터	hwa-mul rel-li-be-i-teo
cabine (f)	엘리베이터 카	el-li-be-i-teo ka
prendre l'ascenseur	엘리베이터를 타다	el-li-be-i-teo-reul ta-da
appartement (m)	아파트	a-pa-teu
locataires (m pl)	주민	ju-min
voisin (m)	이웃	i-ut
voisine (f)	이웃	i-ut
voisins (m pl)	이웃들	i-ut-deul

88. La maison. L'électricité

électricité (f)	전기	jeon-gi
ampoule (f)	전구	jeon-gu
interrupteur (m)	스위치	seu-wi-chi
plomb, fusible (m)	퓨즈	pyu-jeu
fil (m) (~ électrique)	전선	jeon-seon
installation (f) électrique	배선	bae-seon
compteur (m) électrique	전기 계량기	jeon-gi gye-ryang-gi
relevé (m)	판독값	pan-dok-gap

89. La maison. La porte. La serrure

porte (f)	문	mun
portail (m)	대문	dae-mun
poignée (f)	손잡이	son-ja-bi
déverrouiller (vt)	빗장을 벗기다	bit-jang-eul beot-gi-da
ouvrir (vt)	열다	yeol-da
fermer (vt)	닫다	dat-da
clé (f)	열쇠	yeol-soe
trousseau (m), jeu (m)	열쇠 꾸러미	yeol-soe kku-reo-mi
grincer (la porte)	삐걱거리다	ppi-geok-geo-ri-da
grincement (m)	삐걱거리는 소리	ppi-geok-geo-ri-neun so-ri
gond (m)	경첩	gyeong-cheop
paillasson (m)	문 매트	mun mae-teu
serrure (f)	자물쇠	ja-mul-soe

trou (m) de la serrure	열쇠 구멍	yeol-soe gu-meong
verrou (m)	빗장	bit-jang
loquet (m)	빗장걸이	bit-jang-geo-ri
cadenas (m)	맹꽁이 자물쇠	maeng-kkong-i ja-mul-soe
sonner (à la porte)	울리다	ul-li-da
sonnerie (f)	벨소리	bel-so-ri
sonnette (f)	벨	bel
bouton (m)	초인종	cho-in-jong
coups (m pl) à la porte	노크	no-keu
frapper (~ à la porte)	두드리다	du-deu-ri-da
code (m)	코드	ko-deu
serrure (f) à combinaison	숫자 배합 자물쇠	sut-ja bae-hap ja-mul-soe
interphone (m)	인터콤	in-teo-kom
numéro (m)	번호	beon-ho
plaque (f) de porte	문패	mun-pae
judas (m)	문구멍	mun-gu-meong

90. La maison de campagne

village (m)	마을	ma-eul
potager (m)	채소밭	chae-so-bat
palissade (f)	울타리	ul-ta-ri
clôture (f)	말뚝 울타리	mal-ttuk gul-ta-ri
portillon (m)	쪽문	jjong-mun
grange (f)	곡창	gok-chang
cave (f)	지하 저장실	ji-ha jeo-jang-sil
abri (m) de jardin	헛간	heot-gan
puits (m)	우물	u-mul
poêle (m) (~ à bois)	화덕	hwa-deok
chauffer le poêle	불을 지피다	bu-reul ji-pi-da
bois (m) de chauffage	장작	jang-jak
bûche (f)	통나무	tong-na-mu
véranda (f)	베란다	be-ran-da
terrasse (f)	테라스	te-ra-seu
perron (m) d'entrée	현관	hyeon-gwan
balançoire (f)	그네	geu-ne

91. La villa et le manoir

maison (f) de campagne	시외 주택	si-oe ju-taek
villa (f)	별장	byeol-jang
aile (f) (~ ouest)	동	dong
jardin (m)	정원	jeong-won
parc (m)	공원	gong-won
serre (f) tropicale	열대온실	yeol-dae-on-sil
s'occuper (~ du jardin)	… 을 맡다	… eul mat-da

piscine (f)	수영장	su-yeong-jang
salle (f) de gym	헬스장	hel-seu-jang
court (m) de tennis	테니스장	te-ni-seu-jang
salle (f) de cinéma	홈씨어터	hom-ssi-eo-teo
garage (m)	차고	cha-go
propriété (f) privée	개인 소유물	gae-in so-yu-mul
terrain (m) privé	사유 토지	sa-yu to-ji
avertissement (m)	경고	gyeong-go
panneau d'avertissement	경고판	gyeong-go-pan
sécurité (f)	보안	bo-an
agent (m) de sécurité	보안요원	bo-a-nyo-won
alarme (f) antivol	도난 경보기	do-nan gyeong-bo-gi

92. Le château. Le palais

château (m)	성	seong
palais (m)	궁전	gung-jeon
forteresse (f)	요새	yo-sae
muraille (f)	성벽	seong-byeok
tour (f)	탑	tap
donjon (m)	내성	nae-seong
herse (f)	내리닫이 쇠창살문	nae-ri-da-ji soe-chang-sal-mun
souterrain (m)	지하 통로	ji-ha tong-no
douve (f)	해자	hae-ja
chaîne (f)	쇠사슬	soe-sa-seul
meurtrière (f)	총안	chong-an
magnifique (adj)	장대한	jang-dae-han
majestueux (adj)	장엄한	jang-eom-han
inaccessible (adj)	난공불락의	nan-gong-bul-la-gui
médiéval (adj)	중세의	jung-se-ui

93. L'appartement

appartement (m)	아파트	a-pa-teu
chambre (f)	방	bang
chambre (f) à coucher	침실	chim-sil
salle (f) à manger	식당	sik-dang
salon (m)	거실	geo-sil
bureau (m)	서재	seo-jae
antichambre (f)	곁방	gyeot-bang
salle (f) de bains	욕실	yok-sil
toilettes (f pl)	화장실	hwa-jang-sil
plafond (m)	천장	cheon-jang
plancher (m)	마루	ma-ru
coin (m)	구석	gu-seok

94. L'appartement. Le ménage

faire le ménage	청소하다	cheong-so-ha-da
ranger (jouets, etc.)	치우다	chi-u-da
poussière (f)	먼지	meon-ji
poussiéreux (adj)	먼지 투성이의	meon-ji tu-seong-i-ui
essuyer la poussière	먼지를 떨다	meon-ji-reul tteol-da
aspirateur (m)	진공 청소기	jin-gong cheong-so-gi
passer l'aspirateur	진공 청소기로 청소하다	jin-gong cheong-so-gi-ro cheong-so-ha-da
balayer (vt)	쓸다	sseul-da
balayures (f pl)	쓸기	sseul-gi
ordre (m)	정돈	jeong-don
désordre (m)	뒤죽박죽	dwi-juk-bak-juk
balai (m) à franges	대걸레	dae-geol-le
torchon (m)	행주	haeng-ju
balayette (f) de sorgho	빗자루	bit-ja-ru
pelle (f) à ordures	쓰레받기	sseu-re-bat-gi

95. Les meubles. L'intérieur

meubles (m pl)	가구	ga-gu
table (f)	식탁, 테이블	sik-tak, te-i-beul
chaise (f)	의자	ui-ja
lit (m)	침대	chim-dae
canapé (m)	소파	so-pa
fauteuil (m)	안락 의자	al-lak gui-ja
bibliothèque (f) (meuble)	책장	chaek-jang
rayon (m)	책꽂이	chaek-kko-ji
armoire (f)	옷장	ot-jang
patère (f)	옷걸이	ot-geo-ri
portemanteau (m)	스탠드옷걸이	seu-taen-deu-ot-geo-ri
commode (f)	서랍장	seo-rap-jang
table (f) basse	커피 테이블	keo-pi te-i-beul
miroir (m)	거울	geo-ul
tapis (m)	양탄자	yang-tan-ja
petit tapis (m)	러그	reo-geu
cheminée (f)	벽난로	byeong-nan-no
bougie (f)	초	cho
chandelier (m)	촛대	chot-dae
rideaux (m pl)	커튼	keo-teun
papier (m) peint	벽지	byeok-ji
jalousie (f)	블라인드	beul-la-in-deu
lampe (f) de table	테이블 램프	deung
applique (f)	벽등	byeok-deung

lampadaire (m)	플로어 스탠드	peul-lo-eo seu-taen-deu
lustre (m)	샹들리에	syang-deul-li-e
pied (m) (~ de la table)	다리	da-ri
accoudoir (m)	팔걸이	pal-geo-ri
dossier (m)	등받이	deung-ba-ji
tiroir (m)	서랍	seo-rap

96. La literie

linge (m) de lit	침구	chim-gu
oreiller (m)	베개	be-gae
taie (f) d'oreiller	베갯잇	be-gaen-nit
couverture (f)	이불	i-bul
drap (m)	시트	si-teu
couvre-lit (m)	침대보	chim-dae-bo

97. La cuisine

cuisine (f)	부엌	bu-eok
gaz (m)	가스	ga-seu
cuisinière (f) à gaz	가스 레인지	ga-seu re-in-ji
cuisinière (f) électrique	전기 레인지	jeon-gi re-in-ji
four (m)	오븐	o-beun
four (m) micro-ondes	전자 레인지	jeon-ja re-in-ji
réfrigérateur (m)	냉장고	naeng-jang-go
congélateur (m)	냉동고	naeng-dong-go
lave-vaisselle (m)	식기 세척기	sik-gi se-cheok-gi
hachoir (m) à viande	고기 분쇄기	go-gi bun-swae-gi
centrifugeuse (f)	과즙기	gwa-jeup-gi
grille-pain (m)	토스터	to-seu-teo
batteur (m)	믹서기	mik-seo-gi
machine (f) à café	커피 메이커	keo-pi me-i-keo
cafetière (f)	커피 주전자	keo-pi ju-jeon-ja
moulin (m) à café	커피 그라인더	keo-pi geu-ra-in-deo
bouilloire (f)	주전자	ju-jeon-ja
théière (f)	티팟	ti-pat
couvercle (m)	뚜껑	ttu-kkeong
passoire (f) à thé	차거름망	cha-geo-reum-mang
cuillère (f)	숟가락	sut-ga-rak
petite cuillère (f)	티스푼	ti-seu-pun
cuillère (f) à soupe	숟가락	sut-ga-rak
fourchette (f)	포크	po-keu
couteau (m)	칼	kal
vaisselle (f)	식기	sik-gi
assiette (f)	접시	jeop-si

soucoupe (f)	받침 접시	bat-chim jeop-si
verre (m) à shot	소주잔	so-ju-jan
verre (m) (~ d'eau)	유리잔	yu-ri-jan
tasse (f)	컵	keop
sucrier (m)	설탕그릇	seol-tang-geu-reut
salière (f)	소금통	so-geum-tong
poivrière (f)	후추통	hu-chu-tong
beurrier (m)	버터 접시	beo-teo jeop-si
casserole (f)	냄비	naem-bi
poêle (f)	프라이팬	peu-ra-i-paen
louche (f)	국자	guk-ja
passoire (f)	체	che
plateau (m)	쟁반	jaeng-ban
bouteille (f)	병	byeong
bocal (m) (à conserves)	유리병	yu-ri-byeong
boîte (f) en fer-blanc	캔, 깡통	kaen, kkang-tong
ouvre-bouteille (m)	병따개	byeong-tta-gae
ouvre-boîte (m)	깡통 따개	kkang-tong tta-gae
tire-bouchon (m)	코르크 마개 뽑이	ko-reu-keu ma-gae ppo-bi
filtre (m)	필터	pil-teo
filtrer (vt)	여과하다	yeo-gwa-ha-da
ordures (f pl)	쓰레기	sseu-re-gi
poubelle (f)	쓰레기통	sseu-re-gi-tong

98. La salle de bains

salle (f) de bains	욕실	yok-sil
eau (f)	물	mul
robinet (m)	수도꼭지	su-do-kkok-ji
eau (f) chaude	온수	on-su
eau (f) froide	냉수	naeng-su
dentifrice (m)	치약	chi-yak
se brosser les dents	이를 닦다	i-reul dak-da
se raser (vp)	깎다	kkak-da
mousse (f) à raser	면도 크림	myeon-do keu-rim
rasoir (m)	면도기	myeon-do-gi
laver (vt)	씻다	ssit-da
se laver (vp)	목욕하다	mo-gyok-a-da
douche (f)	샤워	sya-wo
prendre une douche	샤워하다	sya-wo-ha-da
baignoire (f)	욕조	yok-jo
cuvette (f)	변기	byeon-gi
lavabo (m)	세면대	se-myeon-dae
savon (m)	비누	bi-nu
porte-savon (m)	비누 그릇	bi-nu geu-reut

éponge (f)	스펀지	seu-peon-ji
shampooing (m)	샴푸	syam-pu
serviette (f)	수건	su-geon
peignoir (m) de bain	목욕가운	mo-gyok-ga-un

lessive (f) (faire la ~)	빨래	ppal-lae
machine (f) à laver	세탁기	se-tak-gi
faire la lessive	빨래하다	ppal-lae-ha-da
lessive (f) (poudre)	가루세제	ga-ru-se-je

99. Les appareils électroménagers

téléviseur (m)	텔레비전	tel-le-bi-jeon
magnétophone (m)	카세트 플레이어	ka-se-teu peul-le-i-eo
magnétoscope (m)	비디오테이프 녹화기	bi-di-o-te-i-peu nok-wa-gi
radio (f)	라디오	ra-di-o
lecteur (m)	플레이어	peul-le-i-eo

vidéoprojecteur (m)	프로젝터	peu-ro-jek-teo
home cinéma (m)	홈씨어터	hom-ssi-eo-teo
lecteur DVD (m)	디비디 플레이어	di-bi-di peul-le-i-eo
amplificateur (m)	앰프	aem-peu
console (f) de jeux	게임기	ge-im-gi

caméscope (m)	캠코더	kaem-ko-deo
appareil (m) photo	카메라	ka-me-ra
appareil (m) photo numérique	디지털 카메라	di-ji-teol ka-me-ra

aspirateur (m)	진공 청소기	jin-gong cheong-so-gi
fer (m) à repasser	다리미	da-ri-mi
planche (f) à repasser	다림질 판	da-rim-jil pan

téléphone (m)	전화	jeon-hwa
portable (m)	휴대폰	hyu-dae-pon
machine (f) à écrire	타자기	ta-ja-gi
machine (f) à coudre	재봉틀	jae-bong-teul

micro (m)	마이크	ma-i-keu
écouteurs (m pl)	헤드폰	he-deu-pon
télécommande (f)	원격 조종	won-gyeok jo-jong

CD (m)	씨디	ssi-di
cassette (f)	테이프	te-i-peu
disque (m) (vinyle)	레코드 판	re-ko-deu pan

100. Les travaux de réparation et de rénovation

rénovation (f)	수리를	su-ri-reul
faire la rénovation	수리를 하다	su-ri-reul ha-da
réparer (vt)	보수하다	bo-su-ha-da
remettre en ordre	정리하다	jeong-ni-ha-da
refaire (vt)	다시 하다	da-si ha-da

peinture (f)	페인트	pe-in-teu
peindre (des murs)	페인트를 칠하다	pe-in-teu-reul chil-ha-da
peintre (m) en bâtiment	페인트공	pe-in-teu-gong
pinceau (m)	붓	but
chaux (f)	백색 도료	baek-saek do-ryo
blanchir à la chaux	백색 도료를 칠하다	baek-saek do-ryo-reul chil-ha-da
papier (m) peint	벽지	byeok-ji
tapisser (vt)	벽지를 붙이다	byeok-ji-reul bu-chi-da
vernis (m)	니스	ni-seu
vernir (vt)	니스를 칠하다	ni-seu-reul chil-ha-da

101. La plomberie

eau (f)	물	mul
eau (f) chaude	온수	on-su
eau (f) froide	냉수	naeng-su
robinet (m)	수도꼭지	su-do-kkok-ji
goutte (f)	물방울	mul-bang-ul
goutter (vi)	방울져 떨어지다	bang-ul-jyeo tteo-reo-ji-da
fuir (tuyau)	새다	sae-da
fuite (f)	누출	nu-chul
flaque (f)	웅덩이	ung-deong-i
tuyau (m)	관, 파이프	gwan, pa-i-peu
valve (f)	밸브	bael-beu
se boucher (vp)	막히다	mak-i-da
outils (m pl)	공구	gong-gu
clé (f) réglable	멍키렌치	meong-ki-ren-chi
dévisser (vt)	열리다	yeol-li-da
visser (vt)	돌려서 조이다	dol-lyeo-seo jo-i-da
déboucher (vt)	… 를 뚫다	… reul ttul-ta
plombier (m)	배관공	bae-gwan-gong
sous-sol (m)	지하실	ji-ha-sil
égouts (m pl)	하수도	ha-su-do

102. L'incendie

feu (m)	불	bul
flamme (f)	화염	hwa-yeom
étincelle (f)	불똥	bul-ttong
fumée (f)	연기	yeon-gi
flambeau (m)	횃불	hwaet-bul
feu (m) de bois	모닥불	mo-dak-bul
essence (f)	휘발유, 가솔린	hwi-ba-ryu, ga-sol-lin
kérosène (m)	등유	deung-yu

inflammable (adj)	가연성의	ga-yeon-seong-ui
explosif (adj)	폭발성의	pok-bal-seong-ui
DÉFENSE DE FUMER	금연	geu-myeon
sécurité (f)	안전	an-jeon
danger (m)	위험	wi-heom
dangereux (adj)	위험한	wi-heom-han
prendre feu	불이 붙다	bu-ri but-da
explosion (f)	폭발	pok-bal
mettre feu	방화하다	bang-hwa-ha-da
incendiaire (m)	방화범	bang-hwa-beom
incendie (m) prémédité	방화	bang-hwa
flamboyer (vi)	활활 타다	hwal-hwal ta-da
brûler (vi)	타다	ta-da
brûler complètement	불에 타다	bu-re ta-da
pompier (m)	소방관	so-bang-gwan
voiture (f) de pompiers	소방차	so-bang-cha
sapeurs-pompiers (pl)	소방대	so-bang-dae
tuyau (m) d'incendie	소방 호스	so-bang ho-seu
extincteur (m)	소화기	so-hwa-gi
casque (m)	헬멧	hel-met
sirène (f)	사이렌	sa-i-ren
crier (vi)	소리치다	so-ri-chi-da
appeler au secours	도와 달라고 외치다	do-wa dal-la-go oe-chi-da
secouriste (m)	구조자	gu-jo-ja
sauver (vt)	구조하다	gu-jo-ha-da
venir (vi)	도착하다	do-chak-a-da
éteindre (feu)	끄다	kkeu-da
eau (f)	물	mul
sable (m)	모래	mo-rae
ruines (f pl)	폐허	pye-heo
tomber en ruine	붕괴되다	bung-goe-doe-da
s'écrouler (vp)	무너지다	mu-neo-ji-da
s'effondrer (vp)	무너지다	mu-neo-ji-da
morceau (m) (de mur, etc.)	파편	pa-pyeon
cendre (f)	재	jae
mourir étouffé	질식하다	jil-sik-a-da
périr (vi)	사망하다	sa-mang-ha-da

LES ACTIVITÉS HUMAINS

Le travail. Les affaires. Partie 1

103. Le bureau. La vie de bureau

bureau (m) (établissement)	사무실	sa-mu-sil
bureau (m) (au travail)	사무실	sa-mu-sil
accueil (m)	접수처	jeop-su-cheo
secrétaire (m, f)	비서	bi-seo
directeur (m)	사장	sa-jang
manager (m)	매니저	mae-ni-jeo
comptable (m)	회계사	hoe-gye-sa
collaborateur (m)	직원	ji-gwon
meubles (m pl)	가구	ga-gu
bureau (m)	책상	chaek-sang
fauteuil (m)	책상 의자	chaek-sang ui-ja
portemanteau (m)	스탠드옷걸이	seu-taen-deu-ot-geo-ri
ordinateur (m)	컴퓨터	keom-pyu-teo
imprimante (f)	프린터	peu-rin-teo
fax (m)	팩스기	paek-seu-gi
copieuse (f)	복사기	bok-sa-gi
papier (m)	종이	jong-i
papeterie (f)	사무용품	sa-mu-yong-pum
tapis (m) de souris	마우스 패드	ma-u-seu pae-deu
feuille (f)	한 장	han jang
classeur (m)	바인더	ba-in-deo
catalogue (m)	카탈로그	ka-tal-lo-geu
annuaire (m)	전화번호부	jeon-hwa-beon-ho-bu
documents (m pl)	문서	mun-seo
brochure (f)	브로셔	beu-ro-syeo
prospectus (m)	전단	jeon-dan
échantillon (m)	샘플	saem-peul
formation (f)	수련회를	su-ryeon-hoe-reul
réunion (f)	회의	hoe-ui
pause (f) déjeuner	점심시간	jeom-sim-si-gan
faire une copie	사본을 만들다	sa-bo-neul man-deul-da
faire des copies	복사하다	bok-sa-ha-da
recevoir un fax	팩스를 받다	paek-seu-reul bat-da
envoyer un fax	팩스를 보내다	paek-seu-reul bo-nae-da
téléphoner, appeler	전화하다	jeon-hwa-ha-da
répondre (vi, vt)	대답하다	dae-da-pa-da

passer (au téléphone)	연결해 주다	yeon-gyeol-hae ju-da
fixer (rendez-vous)	마련하다	ma-ryeon-ha-da
montrer (un échantillon)	전시하다	jeon-si-ha-da
être absent	결석하다	gyeol-seok-a-da
absence (f)	결근	gyeol-geun

104. Les processus d'affaires. Partie 1

métier (m)	직업	ji-geop
firme (f), société (f)	회사	hoe-sa
compagnie (f)	회사	hoe-sa
corporation (f)	사단 법인	sa-dan beo-bin
entreprise (f)	업체	eop-che
agence (f)	에이전시	e-i-jeon-si
accord (m)	약정	yak-jeong
contrat (m)	계약	gye-yak
marché (m) (accord)	거래	geo-rae
commande (f)	주문	ju-mun
terme (m) (~ du contrat)	조건	jo-geon
en gros (adv)	도매로	do-mae-ro
en gros (adj)	도매의	do-mae-ui
vente (f) en gros	도매	do-mae
au détail (adj)	소매의	so-mae-ui
vente (f) au détail	소매	so-mae
concurrent (m)	경쟁자	gyeong-jaeng-ja
concurrence (f)	경쟁	gyeong-jaeng
concurrencer (vt)	경쟁하다	gyeong-jaeng-ha-da
associé (m)	파트너	pa-teu-neo
partenariat (m)	파트너십	pa-teu-neo-sip
crise (f)	위기	wi-gi
faillite (f)	파산	pa-san
faire faillite	파산하다	pa-san-ha-da
difficulté (f)	어려움	eo-ryeo-um
problème (m)	문제	mun-je
catastrophe (f)	재난	jae-nan
économie (f)	경기, 경제	gyeong-gi, gyeong-je
économique (adj)	경제의	gyeong-je-ui
baisse (f) économique	경기침체	gyeong-gi-chim-che
but (m)	목표	mok-pyo
objectif (m)	임무	im-mu
faire du commerce	거래하다	geo-rae-ha-da
réseau (m) (de distribution)	네트워크	ne-teu-wo-keu
inventaire (m) (stocks)	재고	jae-go
assortiment (m)	세트	se-teu
leader (m)	리더	ri-deo
grande (~ entreprise)	규모가 큰	gyu-mo-ga keun

monopole (m)	독점	dok-jeom
théorie (f)	이론	i-ron
pratique (f)	실천	sil-cheon
expérience (f)	경험	gyeong-heom
tendance (f)	경향	gyeong-hyang
développement (m)	개발	gae-bal

105. Les processus d'affaires. Partie 2

rentabilité (m)	수익, 이익	su-ik, i-ik
rentable (adj)	수익성이 있는	su-ik-seong-i in-neun
délégation (f)	대표단	dae-pyo-dan
salaire (m)	급여, 월급	geu-byeo, wol-geup
corriger (une erreur)	고치다	go-chi-da
voyage (m) d'affaires	출장	chul-jang
commission (f)	수수료	su-su-ryo
contrôler (vt)	제어하다	je-eo-ha-da
conférence (f)	회의	hoe-ui
licence (f)	면허증	myeon-heo-jeung
fiable (partenaire ~)	믿을 만한	mi-deul man-han
initiative (f)	시작	si-jak
norme (f)	표준	pyo-jun
circonstance (f)	상황	sang-hwang
fonction (f)	의무	ui-mu
entreprise (f)	조직	jo-jik
organisation (f)	준비	jun-bi
organisé (adj)	조직된	jo-jik-doen
annulation (f)	취소	chwi-so
annuler (vt)	취소하다	chwi-so-ha-da
rapport (m)	보고서	bo-go-seo
brevet (m)	특허	teuk-eo
breveter (vt)	특허를 받다	teuk-eo-reul bat-da
planifier (vt)	계획하다	gye-hoek-a-da
prime (f)	보너스	bo-neo-seu
professionnel (adj)	전문가의	jeon-mun-ga-ui
procédure (f)	절차	jeol-cha
examiner (vt)	조사하다	jo-sa-ha-da
calcul (m)	계산	gye-san
réputation (f)	평판	pyeong-pan
risque (m)	위험	wi-heom
diriger (~ une usine)	운영하다	u-nyeong-ha-da
renseignements (m pl)	정보	jeong-bo
propriété (f)	소유	so-yu
union (f)	연합	yeon-hap
assurance vie (f)	생명 보험	saeng-myeong bo-heom
assurer (vt)	보험에 들다	bo-heom-e deul-da

assurance (f)	보험	bo-heom
enchères (f pl)	경매	gyeong-mae
notifier (informer)	통지하다	tong-ji-ha-da
gestion (f)	주관	ju-gwan
service (m)	서비스	seo-bi-seu
forum (m)	포럼	po-reom
fonctionner (vi)	기능하다	gi-neung-ha-da
étape (f)	단계	dan-gye
juridique (services ~s)	법률상의	beom-nyul-sang-ui
juriste (m)	법률고문	beom-nyul-go-mun

106. L'usine. La production

usine (f)	공장	gong-jang
fabrique (f)	공장	gong-jang
atelier (m)	작업장	ja-geop-jang
site (m) de production	현장	hyeon-jang
industrie (f)	산업, 공업	san-eop, gong-eop
industriel (adj)	산업의	san-eo-bui
industrie (f) lourde	중공업	jung-gong-eop
industrie (f) légère	경공업	gyeong-gong-eop
produit (m)	제품	je-pum
produire (vt)	제조하다	je-jo-ha-da
matières (f pl) premières	원재료	won-jae-ryo
chef (m) d'équipe	작업반장	ja-geop-ban-jang
équipe (f) d'ouvriers	작업반	ja-geop-ban
ouvrier (m)	노동자	no-dong-ja
jour (m) ouvrable	근무일	geun-mu-il
pause (f) (repos)	휴식	hyu-sik
réunion (f)	회의	hoe-ui
discuter (vt)	의논하다	ui-non-ha-da
plan (m)	계획	gye-hoek
accomplir le plan	계획을 수행하다	gye-hoe-geul su-haeng-ha-da
norme (f) de production	생산량	saeng-sal-lyang
qualité (f)	품질	pum-jil
contrôle (m)	관리	gwal-li
contrôle (m) qualité	품질 관리	pum-jil gwal-li
sécurité (f) de travail	산업안전	sa-neo-ban-jeon
discipline (f)	규율	gyu-yul
infraction (f)	위반	wi-ban
violer (les règles)	위반하다	wi-ban-ha-da
grève (f)	파업	pa-eop
gréviste (m)	파업자	pa-eop-ja
faire grève	파업하다	pa-eo-pa-da
syndicat (m)	노동조합	no-dong-jo-hap
inventer (machine, etc.)	발명하다	bal-myeong-ha-da

invention (f)	발명	bal-myeong
recherche (f)	연구	yeon-gu
améliorer (vt)	개선하다	gae-seon-ha-da
technologie (f)	기술	gi-sul
dessin (m) technique	건축 도면	geon-chuk do-myeon
charge (f) (~ de 3 tonnes)	화물	hwa-mul
chargeur (m)	하역부	ha-yeok-bu
charger (véhicule, etc.)	싣다	sit-da
chargement (m)	적재	jeok-jae
décharger (vt)	짐을 부리다	ji-meul bu-ri-da
déchargement (m)	짐부리기	jim-bu-ri-gi
transport (m)	운송	un-song
compagnie (f) de transport	운송 회사	un-song hoe-sa
transporter (vt)	운송하다	un-song-ha-da
wagon (m) de marchandise	화차	hwa-cha
citerne (f)	탱크	taeng-keu
camion (m)	트럭	teu-reok
machine-outil (f)	공작 기계	gong-jak gi-gye
mécanisme (m)	기계 장치	gi-gye jang-chi
déchets (m pl)	산업폐기물	san-eop-pye-gi-mul
emballage (m)	포장	po-jang
emballer (vt)	포장하다	po-jang-ha-da

107. Le contrat. L'accord

contrat (m)	계약	gye-yak
accord (m)	약정	yak-jeong
annexe (f)	별첨	byeol-cheom
signer un contrat	계약에 서명하다	gye-ya-ge seo-myeong-ha-da
signature (f)	서명	seo-myeong
signer (vt)	서명하다	seo-myeong-ha-da
cachet (m)	도장	do-jang
objet (m) du contrat	계약 내용	gye-yak nae-yong
clause (f)	항	hang
côtés (m pl)	양측	yang-cheuk
adresse (f) légale	법인 주소	beo-bin ju-so
violer l'accord	계약을 위반하다	gye-ya-geul rwi-ban-ha-da
obligation (f)	의무	ui-mu
responsabilité (f)	책임	chae-gim
force (f) majeure	불가항력	bul-ga-hang-nyeok
litige (m)	분쟁	bun-jaeng
pénalités (f pl)	제재	je-jae

108. L'importation. L'exportation

importation (f)	수입	su-ip
importateur (m)	수입업자	su-i-beop-ja
importer (vt)	수입하다	su-i-pa-da
d'importation	수입의	su-i-bui
exportateur (m)	수출업자	su-chu-reop-ja
exporter (vt)	수출하다	su-chul-ha-da
marchandise (f)	상품	sang-pum
lot (m) de marchandises	탁송물	tak-song-mul
poids (m)	무게	mu-ge
volume (m)	부피	bu-pi
mètre (m) cube	입방 미터	ip-bang mi-teo
producteur (m)	생산자	saeng-san-ja
compagnie (f) de transport	운송 회사	un-song hoe-sa
container (m)	컨테이너	keon-te-i-neo
frontière (f)	국경	guk-gyeong
douane (f)	세관	se-gwan
droit (m) de douane	관세	gwan-se
douanier (m)	세관원	se-gwan-won
contrebande (f) (trafic)	밀수입	mil-su-ip
contrebande (f)	밀수품	mil-su-pum

109. La finance

action (f)	주식	ju-sik
obligation (f)	채권	chae-gwon
lettre (f) de change	어음	eo-eum
bourse (f)	증권거래소	jeung-gwon-geo-rae-so
cours (m) d'actions	주가	ju-ga
baisser (vi)	내리다	nae-ri-da
augmenter (vi) (prix)	오르다	o-reu-da
participation (f) de contrôle	지배 지분	ji-bae ji-bun
investissements (m pl)	투자	tu-ja
investir (vt)	투자하다	tu-ja-ha-da
pour-cent (m)	퍼센트	peo-sen-teu
intérêts (m pl)	이자	i-ja
profit (m)	수익, 이익	su-ik, i-ik
profitable (adj)	수익성이 있는	su-ik-seong-i in-neun
impôt (m)	세금	se-geum
devise (f)	통화	tong-hwa
national (adj)	국가의	guk-ga-ui
échange (m)	환전	hwan-jeon

comptable (m)	회계사	hoe-gye-sa
comptabilité (f)	회계	hoe-gye
faillite (f)	파산	pa-san
krach (m)	붕괴	bung-goe
ruine (f)	파산	pa-san
se ruiner (vp)	파산하다	pa-san-ha-da
inflation (f)	인플레이션	in-peul-le-i-syeon
dévaluation (f)	평가절하	pyeong-ga-jeol-ha
capital (m)	자본	ja-bon
revenu (m)	소득	so-deuk
chiffre (m) d'affaires	총매출액	chong-mae-chu-raek
ressources (f pl)	재원을	jae-wo-neul
moyens (m pl) financiers	재정 자원을	jae-jeong ja-wo-neul
réduire (vt)	줄이다	ju-ri-da

110. La commercialisation. Le marketing

marketing (m)	마케팅	ma-ke-ting
marché (m)	시장	si-jang
segment (m) du marché	시장 분야	si-jang bu-nya
produit (m)	제품	je-pum
marchandise (f)	상품	sang-pum
marque (f) déposée	트레이드마크	teu-re-i-deu-ma-keu
logotype (m)	로고	ro-go
logo (m)	로고	ro-go
demande (f)	수요	su-yo
offre (f)	공급	gong-geup
besoin (m)	필요	pi-ryo
consommateur (m)	소비자	so-bi-ja
analyse (f)	분석	bun-seok
analyser (vt)	분석하다	bun-seok-a-da
positionnement (m)	포지셔닝	po-ji-syeo-ning
positionner (vt)	포지셔닝하다	po-ji-syeo-ning-ha-da
prix (m)	가격	ga-gyeok
politique (f) des prix	가격 정책	ga-gyeok jeong-chaek
formation (f) des prix	가격 형성	ga-gyeok yeong-seong

111. La publicité

publicité (f), pub (f)	광고	gwang-go
faire de la publicité	광고하다	gwang-go-ha-da
budget (m)	예산	ye-san
annonce (f), pub (f)	광고	gwang-go
publicité (f) à la télévision	텔레비전 광고	tel-le-bi-jeon gwang-go
publicité (f) à la radio	라디오 광고	ra-di-o gwang-go

publicité (f) extérieure	옥외 광고	o-goe gwang-go
mass média (m pl)	매체	mae-che
périodique (m)	정기 간행물	jeong-gi gan-haeng-mul
image (f)	이미지	i-mi-ji
slogan (m)	슬로건	seul-lo-geon
devise (f)	표어	pyo-eo
campagne (f)	캠페인	kaem-pe-in
campagne (f) publicitaire	광고 캠페인	gwang-go kaem-pe-in
public (m) cible	공략 대상	gong-nyak dae-sang
carte (f) de visite	명함	myeong-ham
prospectus (m)	전단	jeon-dan
brochure (f)	브로셔	beu-ro-syeo
dépliant (m)	팜플렛	pam-peul-let
bulletin (m)	회보	hoe-bo
enseigne (f)	간판	gan-pan
poster (m)	포스터	po-seu-teo
panneau-réclame (m)	광고판	gwang-go-pan

112. Les opérations bancaires

banque (f)	은행	eun-haeng
agence (f) bancaire	지점	ji-jeom
conseiller (m)	행원	haeng-won
gérant (m)	지배인	ji-bae-in
compte (m)	은행계좌	eun-haeng-gye-jwa
numéro (m) du compte	계좌 번호	gye-jwa beon-ho
compte (m) courant	당좌	dang-jwa
compte (m) sur livret	보통 예금	bo-tong ye-geum
ouvrir un compte	계좌를 열다	gye-jwa-reul ryeol-da
clôturer le compte	계좌를 해지하다	gye-jwa-reul hae-ji-ha-da
verser dans le compte	계좌에 입금하다	ip-geum-ha-da
retirer du compte	출금하다	chul-geum-ha-da
dépôt (m)	저금	jeo-geum
faire un dépôt	입금하다	ip-geum-ha-da
virement (m) bancaire	송금	song-geum
faire un transfert	송금하다	song-geum-ha-da
somme (f)	액수	aek-su
Combien?	얼마?	eol-ma?
signature (f)	서명	seo-myeong
signer (vt)	서명하다	seo-myeong-ha-da
carte (f) de crédit	신용 카드	si-nyong ka-deu
code (m)	비밀번호	bi-mil-beon-ho
numéro (m) de carte de crédit	신용 카드 번호	si-nyong ka-deu beon-ho

distributeur (m)	현금 자동 지급기	hyeon-geum ja-dong ji-geup-gi
chèque (m)	수표	su-pyo
faire un chèque	수표를 끊다	su-pyo-reul kkeun-ta
chéquier (m)	수표책	su-pyo-chaek
crédit (m)	대출	dae-chul
demander un crédit	대출 신청하다	dae-chul sin-cheong-ha-da
prendre un crédit	대출을 받다	dae-chu-reul bat-da
accorder un crédit	대출하다	dae-chul-ha-da
gage (m)	담보	dam-bo

113. Le téléphone. La conversation téléphonique

téléphone (m)	전화	jeon-hwa
portable (m)	휴대폰	hyu-dae-pon
répondeur (m)	자동 응답기	ja-dong eung-dap-gi
téléphoner, appeler	전화하다	jeon-hwa-ha-da
appel (m)	통화	tong-hwa
composer le numéro	번호로 걸다	beon-ho-ro geol-da
Allô!	여보세요!	yeo-bo-se-yo!
demander (~ l'heure)	묻다	mut-da
répondre (vi, vt)	전화를 받다	jeon-hwa-reul bat-da
entendre (bruit, etc.)	듣다	deut-da
bien (adv)	잘	jal
mal (adv)	좋지 않은	jo-chi a-neun
bruits (m pl)	잡음	ja-beum
récepteur (m)	수화기	su-hwa-gi
décrocher (vt)	전화를 받다	jeon-hwa-reul bat-da
raccrocher (vi)	전화를 끊다	jeon-hwa-reul kkeun-ta
occupé (adj)	통화 중인	tong-hwa jung-in
sonner (vi)	울리다	ul-li-da
carnet (m) de téléphone	전화 번호부	jeon-hwa beon-ho-bu
local (adj)	시내의	si-nae-ui
interurbain (adj)	장거리의	jang-geo-ri-ui
international (adj)	국제적인	guk-je-jeo-gin

114. Le téléphone portable

portable (m)	휴대폰	hyu-dae-pon
écran (m)	화면	hwa-myeon
bouton (m)	버튼	beo-teun
carte SIM (f)	SIM 카드	SIM ka-deu
pile (f)	건전지	geon-jeon-ji
être déchargé	나가다	na-ga-da

chargeur (m)	충전기	chung-jeon-gi
menu (m)	메뉴	me-nyu
réglages (m pl)	설정	seol-jeong
mélodie (f)	벨소리	bel-so-ri
sélectionner (vt)	선택하다	seon-taek-a-da
calculatrice (f)	계산기	gye-san-gi
répondeur (m)	자동 응답기	ja-dong eung-dap-gi
réveil (m)	알람 시계	al-lam si-gye
contacts (m pl)	연락처	yeol-lak-cheo
SMS (m)	문자 메시지	mun-ja me-si-ji
abonné (m)	가입자	ga-ip-ja

115. La papeterie

stylo (m) à bille	볼펜	bol-pen
stylo (m) à plume	만년필	man-nyeon-pil
crayon (m)	연필	yeon-pil
marqueur (m)	형광펜	hyeong-gwang-pen
feutre (m)	사인펜	sa-in-pen
bloc-notes (m)	공책	gong-chaek
agenda (m)	수첩	su-cheop
règle (f)	자	ja
calculatrice (f)	계산기	gye-san-gi
gomme (f)	지우개	ji-u-gae
punaise (f)	압정	ap-jeong
trombone (m)	클립	keul-lip
colle (f)	접착제	jeop-chak-je
agrafeuse (f)	호치키스	ho-chi-ki-seu
perforateur (m)	펀치	peon-chi
taille-crayon (m)	연필깎이	yeon-pil-kka-kki

116. Les différents types de documents

rapport (m)	보고	bo-go
accord (m)	약정	yak-jeong
formulaire (m) d'inscription	신청서	sin-cheong-seo
authentique (adj)	진본의	jin-bo-nui
badge (m)	명찰	myeong-chal
carte (f) de visite	명함	myeong-ham
certificat (m)	인증서	in-jeung-seo
chèque (m) de banque	수표	su-pyo
addition (f) (restaurant)	계산서	gye-san-seo
constitution (f)	헌법	heon-beop
contrat (m)	계약	gye-yak
copie (f)	사본	sa-bon

exemplaire (m)	사본	sa-bon
déclaration (f) de douane	세관신고서	se-gwan-sin-go-seo
document (m)	서류	seo-ryu
permis (m) de conduire	운전 면허증	un-jeon myeon-heo-jeung
annexe (f)	별첨	byeol-cheom
questionnaire (m)	서식	seo-sik
carte (f) d'identité	신분증	sin-bun-jeung
demande (f) de renseignements	문의서	mun-ui-seo
lettre (f) d'invitation	초대장	cho-dae-jang
facture (f)	송장	song-jang
loi (f)	법	beop
lettre (f)	편지	pyeon-ji
papier (m) à en-tête	용지	yong-ji
liste (f) (~ des noms)	목록	mong-nok
manuscrit (m)	원고	won-go
bulletin (m)	회보	hoe-bo
mot (m) (message)	쪽지	jjok-ji
laissez-passer (m)	출입증	chu-rip-jeung
passeport (m)	여권	yeo-gwon
permis (m)	허가증	heo-ga-jeung
C.V. (m)	이력서	
reconnaissance (f) de dette	차용증서	cha-yong-jeung-seo
reçu (m)	영수증	yeong-su-jeung
ticket (m) de caisse	영수증	yeong-su-jeung
rapport (m)	보고	bo-go
présenter (pièce d'identité)	보여주다	bo-yeo-ju-da
signer (vt)	서명하다	seo-myeong-ha-da
signature (f)	서명	seo-myeong
cachet (m)	도장	do-jang
texte (m)	문서	mun-seo
ticket (m)	표	pyo
rayer (vt)	그어 지우다	geu-eo ji-u-da
remplir (vt)	작성하다	jak-seong-ha-da
bordereau (m) de transport	선적 송장	seon-jeok song-jang
testament (m)	유언	yu-eon

117. Les types d'activités économiques

agence (f) de recrutement	직업 소개소	ji-geop so-gae-so
agence (f) de sécurité	보안 회사	bo-an hoe-sa
agence (f) d'information	통신사	tong-sin-sa
agence (f) publicitaire	광고 회사	gwang-go hoe-sa
antiquités (f pl)	골동품	gol-dong-pum
assurance (f)	보험	bo-heom
atelier (m) de couture	양복점	yang-bok-jeom
banques (f pl)	금융업계	geu-myung-eop-gye

bar (m)	바	ba
bâtiment (m)	건설	geon-seol
bijouterie (f)	보석	bo-seok
bijoutier (m)	보석 상인	bo-seok sang-in

blanchisserie (f)	세탁소	se-tak-so
boissons (f pl) alcoolisées	주류	ju-ryu
boîte (f) de nuit	나이트 클럽	na-i-teu keul-leop
bourse (f)	증권거래소	jeung-gwon-geo-rae-so
brasserie (f) (fabrique)	맥주 양조장	maek-ju yang-jo-jang
maison (f) funéraire	장례식장	jang-nye-sik-jang

casino (m)	카지노	ka-ji-no
centre (m) d'affaires	비즈니스 센터	bi-jeu-ni-seu sen-teo
cinéma (m)	영화관	yeong-hwa-gwan
climatisation (m)	에어컨	e-eo-keon

commerce (m)	거래	geo-rae
compagnie (f) aérienne	항공사	hang-gong-sa
conseil (m)	컨설팅	keon-seol-ting
coursiers (m pl)	문서 송달 회사	mun-seo song-dal hoe-sa

dentistes (pl)	치과 병원	chi-gwa byeong-won
design (m)	디자인	di-ja-in
école (f) de commerce	비즈니스 스쿨	bi-jeu-ni-seu seu-kul
entrepôt (m)	창고	chang-go
galerie (f) d'art	미술관	mi-sul-gwan
glace (f)	아이스크림	a-i-seu-keu-rim
hôtel (m)	호텔	ho-tel

immobilier (m)	부동산	bu-dong-san
imprimerie (f)	인쇄산업	in-swae-san-eop
industrie (f)	산업, 공업	san-eop, gong-eop
Internet (m)	인터넷	in-teo-net
investissements (m pl)	투자	tu-ja

journal (m)	신문	sin-mun
librairie (f)	서점	seo-jeom
industrie (f) légère	경공업	gyeong-gong-eop

magasin (m)	가게, 상점	ga-ge, sang-jeom
maison (f) d'édition	출판사	chul-pan-sa
médecine (f)	의학	ui-hak
meubles (m pl)	가구	ga-gu
musée (m)	박물관	bang-mul-gwan

pétrole (m)	석유	seo-gyu
pharmacie (f)	약국	yak-guk
industrie (f) pharmaceutique	의약	ui-yak
piscine (f)	수영장	su-yeong-jang
pressing (m)	드라이 클리닝	deu-ra-i keul-li-ning
produits (m pl) alimentaires	식품	sik-pum
publicité (f), pub (f)	광고	gwang-go

| radio (f) | 라디오 | ra-di-o |
| récupération (f) des déchets | 쓰레기 수거 | sseu-re-gi su-geo |

restaurant (m)	레스토랑	re-seu-to-rang
revue (f)	잡지	jap-ji
salon (m) de beauté	미장원	mi-jang-won
service (m) financier	재무 서비스	jae-mu seo-bi-seu
service (m) juridique	법률컨설팅	beom-nyul-keon-seol-ting
services (m pl) comptables	회계 서비스	hoe-gye seo-bi-seu
services (m pl) d'audition	회계 감사	hoe-gye gam-sa
sport (m)	스포츠	seu-po-cheu
supermarché (m)	슈퍼마켓	syu-peo-ma-ket
télévision (f)	텔레비전	tel-le-bi-jeon
théâtre (m)	극장	geuk-jang
tourisme (m)	관광산업	gwan-gwang-sa-neop
sociétés de transport	운송	un-song
vêtement (m)	옷	ot
vétérinaire (m)	수의사	su-ui-sa

Le travail. Les affaires. Partie 2

118. Les foires et les salons

salon (m)	전시회	jeon-si-hoe
salon (m) commercial	상품 전시회	sang-pum jeon-si-hoe
participation (f)	참가	cham-ga
participer à ...	참가하다	cham-ga-ha-da
participant (m)	참가자	cham-ga-ja
directeur (m)	대표이사	dae-pyo-i-sa
direction (f)	조직위원회	jo-ji-gwi-won-hoe
organisateur (m)	조직위원회	jo-ji-gwi-won-hoe
organiser (vt)	조직하다	jo-jik-a-da
demande (f) de participation	참가 신청서	cham-ga sin-cheong-seo
remplir (vt)	작성하다	jak-seong-ha-da
détails (m pl)	상세	sang-se
information (f)	정보	jeong-bo
prix (m)	가격	ga-gyeok
y compris	포함하여	po-ham-ha-yeo
inclure (~ les taxes)	포함하다	po-ham-ha-da
payer (régler)	지불하다	ji-bul-ha-da
droits (m pl) d'inscription	등록비	deung-nok-bi
entrée (f)	입구	ip-gu
pavillon (m)	전시실	jeon-si-sil
enregistrer (vt)	등록하다	deung-nok-a-da
badge (m)	명찰	myeong-chal
stand (m)	부스	bu-seu
réserver (vt)	예약하다	ye-yak-a-da
vitrine (f)	진열장	ji-nyeol-jang
lampe (f)	스포트라이트	seu-po-teu-ra-i-teu
design (m)	디자인	di-ja-in
mettre (placer)	배치하다	bae-chi-ha-da
distributeur (m)	배급업자	bae-geu-beop-ja
fournisseur (m)	공급자	gong-geup-ja
pays (m)	나라	na-ra
étranger (adj)	외국의	oe-gu-gui
produit (m)	제품	je-pum
association (f)	협회	hyeo-poe
salle (f) de conférences	회의장	hoe-ui-jang
congrès (m)	회의	hoe-ui

concours (m)	컨테스트	keon-te-seu-teu
visiteur (m)	방문객	bang-mun-gaek
visiter (vt)	방문하다	bang-mun-ha-da
client (m)	고객	go-gaek

119. Les médias de masse

journal (m)	신문	sin-mun
revue (f)	잡지	jap-ji
presse (f)	언론	eon-non
radio (f)	라디오	ra-di-o
station (f) de radio	라디오 방송국	ra-di-o bang-song-guk
télévision (f)	텔레비전	tel-le-bi-jeon
animateur (m)	진행자	jin-haeng-ja
présentateur (m) de journaux télévisés	아나운서	a-na-un-seo
commentateur (m)	해설가	hae-seol-ga
journaliste (m)	저널리스트	jeo-neol-li-seu-teu
correspondant (m)	특파원	teuk-pa-won
reporter photographe (m)	사진 기자	sa-jin gi-ja
reporter (m)	리포터	ri-po-teo
rédacteur (m)	편집자	pyeon-jip-ja
rédacteur (m) en chef	편집장	pyeon-jip-jang
s'abonner (vp)	··· 를 구독하다	... reul gu-dok-a-da
abonnement (m)	구독	gu-dok
abonné (m)	구독자	gu-dok-ja
lire (vi, vt)	읽다	ik-da
lecteur (m)	독자	dok-ja
tirage (m)	발행 부수	bal-haeng bu-su
mensuel (adj)	월간의	wol-ga-nui
hebdomadaire (adj)	주간의	ju-ga-nui
numéro (m)	호	ho
nouveau (~ numéro)	최신의	choe-si-nui
titre (m)	헤드라인	he-deu-ra-in
entrefilet (m)	짧은 기사	jjal-beun gi-sa
rubrique (f)	칼럼	kal-leom
article (m)	기사	gi-sa
page (f)	페이지	pe-i-ji
reportage (m)	보도	bo-do
événement (m)	사건	sa-geon
sensation (f)	센세이션	sen-se-i-syeon
scandale (m)	스캔들	seu-kaen-deul
scandaleux	스캔들의	seu-kaen-deu-rui
grand (~ scandale)	엄청난	eom-cheong-nan
émission (f)	쇼	syo
interview (f)	인터뷰	in-teo-byu

émission (f) en direct	라이브 방송	ra-i-beu bang-song
chaîne (f) (~ payante)	채널	chae-neol

120. L'agriculture

agriculture (f)	농업	nong-eop
paysan (m)	소작농	so-jang-nong
paysanne (f)	소작농	so-jang-nong
fermier (m)	농부	nong-bu
tracteur (m)	트랙터	teu-raek-teo
moissonneuse-batteuse (f)	콤바인	kom-ba-in
charrue (f)	쟁기	jaeng-gi
labourer (vt)	땅을 갈다	ttang-eul gal-da
champ (m) labouré	한 쟁기의 땅	han jaeng-gi-ui ttang
sillon (m)	고랑	go-rang
semer (vt)	뿌리다	ppu-ri-da
semeuse (f)	파종기	pa-jong-gi
semailles (f pl)	씨뿌리기	pa-jong
faux (f)	긴 낫	gin nat
faucher (vt)	낫질하다	nat-jil-ha-da
pelle (f)	삽	sap
bêcher (vt)	갈다	gal-da
couperet (m)	호미	ho-mi
sarcler (vt)	풀을 뽑다	pu-reul ppop-da
mauvaise herbe (f)	잡초	jap-cho
arrosoir (m)	물뿌리개	mul-ppu-ri-gae
arroser (plantes)	물을 주다	mu-reul ju-da
arrosage (m)	살수	sal-su
fourche (f)	쇠스랑	soe-seu-rang
râteau (m)	갈퀴	gal-kwi
engrais (m)	비료	bi-ryo
engraisser (vt)	비료를 주다	bi-ryo-reul ju-da
fumier (m)	거름	geo-reum
champ (m)	밭	bat
pré (m)	풀밭	pul-bat
potager (m)	채소밭	chae-so-bat
jardin (m)	과수원	gwa-su-won
faire paître	방목하다	bang-mo-ka-da
berger (m)	목동	mok-dong
pâturage (m)	목초지	mok-cho-ji
élevage (m)	목축	mok-chuk
élevage (m) de moutons	목양	mo-gyang

plantation (f)	농원	nong-won
plate-bande (f)	이랑	i-rang
serre (f)	온실	on-sil
sécheresse (f)	가뭄	ga-mum
sec (l'été ~)	건조한	geon-jo-han
céréales (f pl)	곡류	gong-nyu
récolter (vt)	수확하다	su-hwak-a-da
meunier (m)	제분업자	je-bun-eop-ja
moulin (m)	제분소	je-bun-so
moudre (vt)	제분하다	je-bun-ha-da
farine (f)	밀가루	mil-ga-ru
paille (f)	짚	jip

121. Le BTP et la construction

chantier (m)	공사장	gong-sa-jang
construire (vt)	건설하다	geon-seol-ha-da
ouvrier (m) du bâtiment	공사장 인부	gong-sa-jang in-bu
projet (m)	프로젝트	peu-ro-jek-teu
architecte (m)	건축가	geon-chuk-ga
ouvrier (m)	노동자	no-dong-ja
fondations (f pl)	기초	gi-cho
toit (m)	지붕	ji-bung
pieu (m) de fondation	기초 말뚝	gi-cho mal-ttuk
mur (m)	벽	byeok
ferraillage (m)	철근	cheol-geun
échafaudage (m)	비계	bi-gye
béton (m)	콘크리트	kon-keu-ri-teu
granit (m)	화강암	hwa-gang-am
pierre (f)	돌	dol
brique (f)	벽돌	byeok-dol
sable (m)	모래	mo-rae
ciment (m)	시멘트	si-men-teu
plâtre (m)	회반죽	hoe-ban-juk
plâtrer (vt)	회반죽을 칠하다	hoe-ban-ju-geul chil-ha-da
peinture (f)	페인트	pe-in-teu
peindre (des murs)	페인트를 칠하다	pe-in-teu-reul chil-ha-da
tonneau (m)	통	tong
grue (f)	크레인	keu-re-in
monter (vt)	올리다	ol-li-da
abaisser (vt)	내리다	nae-ri-da
bulldozer (m)	불도저	bul-do-jeo
excavateur (m)	굴착기	gul-chak-gi
godet (m)	굴삭기 버킷	beo-kit

T&P Books. Vocabulaire Français-Coréen pour l'autoformation. 9000 mots

| creuser (vt) | 파다 | pa-da |
| casque (m) | 안전모 | an-jeon-mo |

122. La recherche scientifique et les chercheurs

science (f)	과학	gwa-hak
scientifique (adj)	과학의	gwa-ha-gui
savant (m)	과학자	gwa-hak-ja
théorie (f)	이론	i-ron

axiome (m)	공리	gong-ni
analyse (f)	분석	bun-seok
analyser (vt)	분석하다	bun-seok-a-da
argument (m)	주장	ju-jang
substance (f) (matière)	물질	mul-jil

hypothèse (f)	가설	ga-seol
dilemme (m)	딜레마	dil-le-ma
thèse (f)	학위 논문	ha-gwi non-mun
dogme (m)	도그마	do-geu-ma

doctrine (f)	학설	hak-seol
recherche (f)	연구	yeon-gu
rechercher (vt)	연구하다	yeon-gu-ha-da
test (m)	실험	sil-heom
laboratoire (m)	연구실	yeon-gu-sil

méthode (f)	방법	bang-beop
molécule (f)	분자	bun-ja
monitoring (m)	감시	gam-si
découverte (f)	발견	bal-gyeon

postulat (m)	공준	gong-jun
principe (m)	원칙	won-chik
prévision (f)	예상	ye-sang
prévoir (vt)	예상하다	ye-sang-ha-da

synthèse (f)	종합	jong-hap
tendance (f)	경향	gyeong-hyang
théorème (m)	정리	jeong-ni

enseignements (m pl)	가르침	ga-reu-chim
fait (m)	사실	sa-sil
expédition (f)	탐험	tam-heom
expérience (f)	실험	sil-heom

académicien (m)	아카데미 회원	a-ka-de-mi hoe-won
bachelier (m)	학사	hak-sa
docteur (m)	박사	bak-sa
chargé (m) de cours	부교수	bu-gyo-su
magistère (m)	석사	seok-sa
professeur (m)	교수	gyo-su

Les professions. Les métiers

123. La recherche d'emploi. Le licenciement

travail (m)	직업	ji-geop
personnel (m)	직원	ji-gwon
carrière (f)	경력	gyeong-nyeok
perspective (f)	전망	jeon-mang
maîtrise (f)	숙달	suk-dal
sélection (f)	선발	seon-bal
agence (f) de recrutement	직업 소개소	ji-geop so-gae-so
C.V. (m)	이력서	
entretien (m)	면접	myeon-jeop
emploi (m) vacant	결원	gyeo-rwon
salaire (m)	급여, 월급	geu-byeo, wol-geup
salaire (m) fixe	고정급	go-jeong-geup
rémunération (f)	급료	geum-nyo
poste (m) (~ évolutif)	직위	ji-gwi
fonction (f)	의무	ui-mu
liste (f) des fonctions	업무범위	eom-mu-beom-wi
occupé (adj)	바쁜	ba-ppeun
licencier (vt)	해고하다	hae-go-ha-da
licenciement (m)	해고	hae-go
chômage (m)	실업	si-reop
chômeur (m)	실업자	si-reop-ja
retraite (f)	은퇴	eun-toe
prendre sa retraite	은퇴하다	eun-toe-ha-da

124. Les hommes d'affaires

directeur (m)	사장	sa-jang
gérant (m)	지배인	ji-bae-in
patron (m)	상사	sang-sa
supérieur (m)	상사	sang-sa
supérieurs (m pl)	상사	sang-sa
président (m)	회장	hoe-jang
président (m) (d'entreprise)	의장	ui-jang
adjoint (m)	부 …	bu …
assistant (m)	조수	jo-su
secrétaire (m, f)	비서	bi-seo

secrétaire (m, f) personnel	개인 비서	gae-in bi-seo
homme (m) d'affaires	사업가	sa-eop-ga
entrepreneur (m)	사업가	sa-eop-ga
fondateur (m)	설립자	seol-lip-ja
fonder (vt)	설립하다	seol-li-pa-da
fondateur (m)	설립자	seol-lip-ja
partenaire (m)	파트너	pa-teu-neo
actionnaire (m)	주주	ju-ju
millionnaire (m)	백만장자	baeng-man-jang-ja
milliardaire (m)	억만장자	eong-man-jang-ja
propriétaire (m)	소유자	so-yu-ja
propriétaire (m) foncier	토지 소유자	to-ji so-yu-ja
client (m)	고객	go-gaek
client (m) régulier	단골	dan-gol
acheteur (m)	구매자	gu-mae-ja
visiteur (m)	방문객	bang-mun-gaek
professionnel (m)	전문가	jeon-mun-ga
expert (m)	전문가	jeon-mun-ga
spécialiste (m)	전문가	jeon-mun-ga
banquier (m)	은행가	eun-haeng-ga
courtier (m)	브로커	beu-ro-keo
caissier (m)	계산원	gye-san-won
comptable (m)	회계사	hoe-gye-sa
agent (m) de sécurité	보안요원	bo-a-nyo-won
investisseur (m)	투자가	tu-ja-ga
débiteur (m)	채무자	chae-mu-ja
créancier (m)	빚쟁이	bit-jaeng-i
emprunteur (m)	차용인	cha-yong-in
importateur (m)	수입업자	su-i-beop-ja
exportateur (m)	수출업자	su-chu-reop-ja
producteur (m)	생산자	saeng-san-ja
distributeur (m)	배급업자	bae-geu-beop-ja
intermédiaire (m)	중간상인	jung-gan-sang-in
conseiller (m)	컨설턴트	keon-seol-teon-teu
représentant (m)	판매 대리인	pan-mae dae-ri-in
agent (m)	중개인	jung-gae-in
agent (m) d'assurances	보험설계사	bo-heom-seol-gye-sa

125. Les mètiers des services

cuisinier (m)	요리사	yo-ri-sa
cuisinier (m) en chef	주방장	ju-bang-jang
boulanger (m)	제빵사	je-ppang-sa
barman (m)	바텐더	ba-ten-deo

serveur (m)	웨이터	we-i-teo
serveuse (f)	웨이트리스	we-i-teu-ri-seu
avocat (m)	변호사	byeon-ho-sa
juriste (m)	법률고문	beom-nyul-go-mun
notaire (m)	공증인	gong-jeung-in
électricien (m)	전기 기사	jeon-gi gi-sa
plombier (m)	배관공	bae-gwan-gong
charpentier (m)	목수	mok-su
masseur (m)	안마사	an-ma-sa
masseuse (f)	안마사	an-ma-sa
médecin (m)	의사	ui-sa
chauffeur (m) de taxi	택시 운전 기사	taek-si un-jeon gi-sa
chauffeur (m)	운전 기사	un-jeon gi-sa
livreur (m)	배달원	bae-da-rwon
femme (f) de chambre	객실 청소부	gaek-sil cheong-so-bu
agent (m) de sécurité	보안요원	bo-a-nyo-won
hôtesse (f) de l'air	승무원	seung-mu-won
professeur (m)	선생님	seon-saeng-nim
bibliothécaire (m)	사서	sa-seo
traducteur (m)	번역가	beo-nyeok-ga
interprète (m)	통역가	tong-yeok-ga
guide (m)	가이드	ga-i-deu
coiffeur (m)	미용사	mi-yong-sa
facteur (m)	우체부	u-che-bu
vendeur (m)	점원	jeom-won
jardinier (m)	정원사	jeong-won-sa
serviteur (m)	하인	ha-in
servante (f)	하녀	ha-nyeo
femme (f) de ménage	청소부	cheong-so-bu

126. Les professions militaires et leurs grades

soldat (m) (grade)	일병	il-byeong
sergent (m)	병장	byeong-jang
lieutenant (m)	중위	jung-wi
capitaine (m)	대위	dae-wi
commandant (m)	소령	so-ryeong
colonel (m)	대령	dae-ryeong
général (m)	장군	jang-gun
maréchal (m)	원수	won-su
amiral (m)	제독	je-dok
militaire (m)	군인	gun-in
soldat (m)	군인	gun-in
officier (m)	장교	jang-gyo

commandant (m)	사령관	sa-ryeong-gwan
garde-frontière (m)	국경 수비대원	guk-gyeong su-bi-dae-won
opérateur (m) radio	무선 기사	mu-seon gi-sa
éclaireur (m)	정찰병	jeong-chal-byeong
démineur (m)	공병대원	gong-byeong-dae-won
tireur (m)	사수	sa-su
navigateur (m)	항법사	hang-beop-sa

127. Les fonctionnaires. Les prêtres

| roi (m) | 왕 | wang |
| reine (f) | 여왕 | yeo-wang |

| prince (m) | 왕자 | wang-ja |
| princesse (f) | 공주 | gong-ju |

| tsar (m) | 차르 | cha-reu |
| tsarine (f) | 여황제 | yeo-hwang-je |

président (m)	대통령	dae-tong-nyeong
ministre (m)	장관	jang-gwan
premier ministre (m)	총리	chong-ni
sénateur (m)	상원의원	sang-won-ui-won

diplomate (m)	외교관	oe-gyo-gwan
consul (m)	영사	yeong-sa
ambassadeur (m)	대사	dae-sa
conseiller (m)	고문관	go-mun-gwan

fonctionnaire (m)	공무원	gong-mu-won
préfet (m)	도지사, 현감	do-ji-sa, hyeon-gam
maire (m)	시장	si-jang

| juge (m) | 판사 | pan-sa |
| procureur (m) | 검사 | geom-sa |

missionnaire (m)	선교사	seon-gyo-sa
moine (m)	수도사	su-do-sa
abbé (m)	수도원장	su-do-won-jang
rabbin (m)	랍비	rap-bi

vizir (m)	고관	go-gwan
shah (m)	샤	sya
cheik (m)	셰이크	sye-i-keu

128. Les professions agricoles

apiculteur (m)	양봉가	yang-bong-ga
berger (m)	목동	mok-dong
agronome (m)	농학자	nong-hak-ja
éleveur (m)	목축업자	mok-chu-geop-ja
vétérinaire (m)	수의사	su-ui-sa

fermier (m)	농부	nong-bu
vinificateur (m)	포도주 제조자	po-do-ju je-jo-ja
zoologiste (m)	동물학자	dong-mul-hak-ja
cow-boy (m)	카우보이	ka-u-bo-i

129. Les professions artistiques

acteur (m)	배우	bae-u
actrice (f)	여배우	yeo-bae-u
chanteur (m)	가수	ga-su
cantatrice (f)	여가수	yeo-ga-su
danseur (m)	무용가	mu-yong-ga
danseuse (f)	여성 무용가	yeo-seong mu-yong-ga
artiste (m)	공연자	gong-yeon-ja
artiste (f)	여성 공연자	yeo-seong gong-yeon-ja
musicien (m)	음악가	eum-ak-ga
pianiste (m)	피아니스트	pi-a-ni-seu-teu
guitariste (m)	기타 연주자	gi-ta yeon-ju-ja
chef (m) d'orchestre	지휘자	ji-hwi-ja
compositeur (m)	작곡가	jak-gok-ga
imprésario (m)	기획자	gi-hoek-ja
metteur (m) en scène	영화감독	yeong-hwa-gam-dok
producteur (m)	제작자	je-jak-ja
scénariste (m)	시나리오 작가	si-na-ri-o jak-ga
critique (m)	미술 비평가	mi-sul bi-pyeong-ga
écrivain (m)	작가	jak-ga
poète (m)	시인	si-in
sculpteur (m)	조각가	jo-gak-ga
peintre (m)	화가	hwa-ga
jongleur (m)	저글러	jeo-geul-leo
clown (m)	어릿광대	eo-rit-gwang-dae
acrobate (m)	곡예사	go-gye-sa
magicien (m)	마술사	ma-sul-sa

130. Les différents métiers

médecin (m)	의사	ui-sa
infirmière (f)	간호사	gan-ho-sa
psychiatre (m)	정신과 의사	jeong-sin-gwa ui-sa
stomatologue (m)	치과 의사	chi-gwa ui-sa
chirurgien (m)	외과 의사	oe-gwa ui-sa
astronaute (m)	우주비행사	u-ju-bi-haeng-sa
astronome (m)	천문학자	cheon-mun-hak-ja

chauffeur (m)	운전 기사	un-jeon gi-sa
conducteur (m) de train	기관사	gi-gwan-sa
mécanicien (m)	정비공	jeong-bi-gong
mineur (m)	광부	gwang-bu
ouvrier (m)	노동자	no-dong-ja
serrurier (m)	자물쇠공	ja-mul-soe-gong
menuisier (m)	목수	mok-su
tourneur (m)	선반공	seon-ban-gong
ouvrier (m) du bâtiment	공사장 인부	gong-sa-jang in-bu
soudeur (m)	용접공	yong-jeop-gong
professeur (m) (titre)	교수	gyo-su
architecte (m)	건축가	geon-chuk-ga
historien (m)	역사학자	yeok-sa-hak-ja
savant (m)	과학자	gwa-hak-ja
physicien (m)	물리학자	mul-li-hak-ja
chimiste (m)	화학자	hwa-hak-ja
archéologue (m)	고고학자	go-go-hak-ja
géologue (m)	지질학자	ji-jil-hak-ja
chercheur (m)	연구원	yeon-gu-won
baby-sitter (m, f)	애기보는 사람	ae-gi-bo-neun sa-ram
pédagogue (m, f)	교사	gyo-sa
rédacteur (m)	편집자	pyeon-jip-ja
rédacteur (m) en chef	편집장	pyeon-jip-jang
correspondant (m)	통신원	tong-sin-won
dactylographe (f)	타이피스트	ta-i-pi-seu-teu
designer (m)	디자이너	di-ja-i-neo
informaticien (m)	컴퓨터 전문가	keom-pyu-teo jeon-mun-ga
programmeur (m)	프로그래머	peu-ro-geu-rae-meo
ingénieur (m)	엔지니어	en-ji-ni-eo
marin (m)	선원	seon-won
matelot (m)	수부	su-bu
secouriste (m)	구조자	gu-jo-ja
pompier (m)	소방관	so-bang-gwan
policier (m)	경찰관	gyeong-chal-gwan
veilleur (m) de nuit	경비원	gyeong-bi-won
détective (m)	형사	hyeong-sa
douanier (m)	세관원	se-gwan-won
garde (m) du corps	경호원	gyeong-ho-won
gardien (m) de prison	간수	gan-su
inspecteur (m)	감독관	gam-dok-gwan
sportif (m)	스포츠맨	seu-po-cheu-maen
entraîneur (m)	코치	ko-chi
boucher (m)	정육점 주인	jeong-yuk-jeom ju-in
cordonnier (m)	구둣방	gu-dut-bang
commerçant (m)	상인	sang-in
chargeur (m)	하역부	ha-yeok-bu

couturier (m)	패션 디자이너	pae-syeon di-ja-i-neo
modèle (f)	모델	mo-del

131. Les occupations. Le statut social

écolier (m)	남학생	nam-hak-saeng
étudiant (m)	대학생	dae-hak-saeng
philosophe (m)	철학자	cheol-hak-ja
économiste (m)	경제 학자	gyeong-je hak-ja
inventeur (m)	발명가	bal-myeong-ga
chômeur (m)	실업자	si-reop-ja
retraité (m)	은퇴자	eun-toe-ja
espion (m)	비밀요원	bi-mi-ryo-won
prisonnier (m)	죄수	joe-su
gréviste (m)	파업자	pa-eop-ja
bureaucrate (m)	관료	gwal-lyo
voyageur (m)	여행자	yeo-haeng-ja
homosexuel (m)	동성애자	dong-seong-ae-ja
hacker (m)	해커	hae-keo
bandit (m)	산적	san-jeok
tueur (m) à gages	살인 청부업자	sa-rin cheong-bu-eop-ja
drogué (m)	마약 중독자	ma-yak jung-dok-ja
trafiquant (m) de drogue	마약 밀매자	ma-yak mil-mae-ja
prostituée (f)	매춘부	mae-chun-bu
souteneur (m)	포주	po-ju
sorcier (m)	마법사	ma-beop-sa
sorcière (f)	여자 마법사	yeo-ja ma-beop-sa
pirate (m)	해적	hae-jeok
esclave (m)	노예	no-ye
samouraï (m)	사무라이	sa-mu-ra-i
sauvage (m)	야만인	ya-man-in

Le sport

132. Les types de sports. Les sportifs

sportif (m)	스포츠맨	seu-po-cheu-maen
type (m) de sport	스포츠 종류	seu-po-cheu jong-nyu
basket-ball (m)	농구	nong-gu
basketteur (m)	농구 선수	nong-gu seon-su
base-ball (m)	야구	ya-gu
joueur (m) de base-ball	야구 선수	ya-gu seon-su
football (m)	축구	chuk-gu
joueur (m) de football	축구 선수	chuk-gu seon-su
gardien (m) de but	골키퍼	gol-ki-peo
hockey (m)	하키	ha-ki
hockeyeur (m)	하키 선수	ha-ki seon-su
volley-ball (m)	배구	bae-gu
joueur (m) de volley-ball	배구 선수	bae-gu seon-su
boxe (f)	권투	gwon-tu
boxeur (m)	권투 선수	gwon-tu seon-su
lutte (f)	레슬링	re-seul-ling
lutteur (m)	레슬링 선수	re-seul-ling seon-su
karaté (m)	가라테	ga-ra-te
karatéka (m)	가라테 선수	ga-ra-te seon-su
judo (m)	유도	yu-do
judoka (m)	유도 선수	yu-do seon-su
tennis (m)	테니스	te-ni-seu
joueur (m) de tennis	테니스 선수	te-ni-seu seon-su
natation (f)	수영	su-yeong
nageur (m)	수영 선수	su-yeong seon-su
escrime (f)	펜싱	pen-sing
escrimeur (m)	펜싱 선수	pen-sing seon-su
échecs (m pl)	체스	che-seu
joueur (m) d'échecs	체스 선수	che-seu seon-su
alpinisme (m)	등산	deung-san
alpiniste (m)	등산가	deung-san-ga
course (f)	달리기	dal-li-gi

coureur (m)	달리기 선수	dal-li-gi seon-su
athlétisme (m)	육상 경기	yuk-sang gyeong-gi
athlète (m)	선수	seon-su
équitation (f)	승마	seung-ma
cavalier (m)	승마 선수	seung-ma seon-su
patinage (m) artistique	피겨 스케이팅	pi-gyeo seu-ke-i-ting
patineur (m)	피겨 스케이팅 선수	pi-gyeo seu-ke-i-ting seon-su
patineuse (f)	피겨 스케이팅 선수	pi-gyeo seu-ke-i-ting seon-su
haltérophilie (f)	역도	yeok-do
haltérophile (m)	역도 선수	yeok-do seon-su
course (f) automobile	자동차 경주	ja-dong-cha gyeong-ju
pilote (m)	카레이서	ka-re-i-seo
cyclisme (m)	자전거경기	ja-jeon-geo-gyeong-gi
cycliste (m)	자전거 선수	ja-jeon-geo seon-su
sauts (m pl) en longueur	멀리뛰기	meol-li-ttwi-gi
sauts (m pl) à la perche	장대 높이뛰기	jang-dae no-pi-ttwi-gi
sauteur (m)	뛰기선수	ttwi-gi-seon-su

133. Les types de sports. Divers

football (m) américain	미식 축구	mi-sik chuk-gu
badminton (m)	배드민턴	bae-deu-min-teon
biathlon (m)	바이애슬론	ba-i-ae-seul-lon
billard (m)	당구	dang-gu
bobsleigh (m)	봅슬레이	bop-seul-le-i
bodybuilding (m)	보디빌딩	bo-di-bil-ding
water-polo (m)	수구	su-gu
handball (m)	핸드볼	haen-deu-bol
golf (m)	골프	gol-peu
aviron (m)	조정	jo-jeong
plongée (f)	스쿠버다이빙	seu-ku-beo-da-i-bing
course (f) à skis	크로스컨트리 스키	keu-ro-seu-keon-teu-ri seu-ki
tennis (m) de table	탁구	tak-gu
voile (f)	요트타기	yo-teu-ta-gi
rallye (m)	렐리	rael-li
rugby (m)	럭비	reok-bi
snowboard (m)	스노보드	seu-no-bo-deu
tir (m) à l'arc	양궁	yang-gung

134. La salle de sport

barre (f) à disques	역기	yeok-gi
haltères (m pl)	아령	a-ryeong

appareil (m) d'entraînement	운동 기구	un-dong gi-gu
vélo (m) d'exercice	헬스자전거	hel-seu-ja-jeon-geo
tapis (m) roulant	러닝 머신	reo-ning meo-sin
barre (f) fixe	철봉	cheol-bong
barres (pl) parallèles	평행봉	pyeong-haeng-bong
cheval (m) d'Arçons	안마	an-ma
tapis (m) gymnastique	매트	mae-teu
aérobic (m)	에어로빅	e-eo-ro-bik
yoga (m)	요가	yo-ga

135. Le hockey sur glace

hockey (m)	하키	ha-ki
hockeyeur (m)	하키 선수	ha-ki seon-su
jouer au hockey	하키를 하다	ha-ki-reul ha-da
glace (f)	얼음	eo-reum
palet (m)	하키 퍽	ha-ki peok
crosse (f)	하키 스틱	ha-ki seu-tik
patins (m pl)	스케이트	seu-ke-i-teu
rebord (m)	사이드보드	sa-i-deu-bo-deu
tir (m)	슛	syut
gardien (m) de but	골키퍼	gol-ki-peo
but (m)	득점	deuk-jeom
marquer un but	골을 넣다	go-reul leo-ta
période (f)	피리어드	pi-ri-eo-deu
banc (m) des remplaçants	후보 선수 대기석	hu-bo seon-su dae-gi-seok

136. Le football

football (m)	축구	chuk-gu
joueur (m) de football	축구 선수	chuk-gu seon-su
jouer au football	축구를 하다	chuk-gu-reul ha-da
ligue (f) supérieure	메이저 리그	me-i-jeo ri-geu
club (m) de football	축구클럽	chuk-gu-keul-leop
entraîneur (m)	코치	ko-chi
propriétaire (m)	구단주	gu-dan-ju
équipe (f)	팀	tim
capitaine (m) de l'équipe	주장	ju-jang
joueur (m)	선수	seon-su
remplaçant (m)	후보 선수	hu-bo seon-su
attaquant (m)	포워드	po-wo-deu
avant-centre (m)	센터 포워드	sen-teo po-wo-deu
butteur (m)	득점자	deuk-jeom-ja

arrière (m)	수비수	su-bi-su
demi (m)	미드필더	mi-deu-pil-deo
match (m)	경기	gyeong-gi
se rencontrer (vp)	만나다	man-na-da
finale (f)	결승전	gyeol-seung-jeon
demi-finale (f)	준결승전	jun-gyeol-seung-jeon
championnat (m)	선수권	seon-su-gwon
mi-temps (f)	경기 시간	gyeong-gi si-gan
première mi-temps (f)	전반전	jeon-ban-jeon
mi-temps (f) (pause)	하프 타임	ha-peu ta-im
but (m)	골	gol
gardien (m) de but	골키퍼	gol-ki-peo
poteau (m)	골대	gol-dae
barre (f)	크로스바	keu-ro-seu-ba
filet (m)	골망	gol-mang
encaisser un but	골을 내주다	go-reul lae-ju-da
ballon (m)	공	gong
passe (f)	패스	pae-seu
coup (m)	슛	syut
porter un coup	슛을 하다	syus-eul ha-da
coup (m) franc	프리킥	peu-ri-kik
corner (m)	코너킥	ko-neo-kik
attaque (f)	공격	gong-gyeok
contre-attaque (f)	반격	ban-gyeok
combinaison (f)	조합	jo-hap
arbitre (m)	주심, 심판	ju-sim, sim-pan
siffler (vi)	휘슬을 불다	hwi-seu-reul bul-da
sifflet (m)	휘슬, 호각	hwi-seul
faute (f)	반칙	ban-chik
commettre un foul	반칙을 하다	ban-chi-geul ha-da
expulser du terrain	퇴장시키다	toe-jang-si-ki-da
carton (m) jaune	옐로카드	yel-lo-ka-deu
carton (m) rouge	레드카드	re-deu-ka-deu
disqualification (f)	실격	sil-gyeok
disqualifier (vt)	실격시키다	sil-gyeok-si-ki-da
penalty (m)	페널티킥	pe-neol-ti-kik
mur (m)	수비벽	su-bi-byeok
marquer (vt)	득점하다	deuk-jeom-ha-da
but (m)	득점	deuk-jeom
marquer un but	득점하다	deuk-jeom-ha-da
remplacement (m)	선수교체	seon-su-gyo-che
remplacer (vt)	교체하다	gyo-che-ha-da
règles (f pl)	규칙	gyu-chik
tactique (f)	전술	jeon-sul
stade (m)	경기장	gyeong-gi-jang
tribune (f)	관람석	gwal-lam-seok

supporteur (m)	서포터	seo-po-teo
crier (vi)	소리 치다	so-ri chi-da
tableau (m)	스코어보드	ho-gak
score (m)	점수	jeom-su
défaite (f)	패배	pae-bae
perdre (vi)	지다	ji-da
match (m) nul	무승부	mu-seung-bu
faire match nul	무승부로 끝나다	mu-seung-bu-ro kkeun-na-da
victoire (f)	승리	seung-ni
gagner (vi, vt)	이기다	i-gi-da
champion (m)	챔피언	chaem-pi-eon
meilleur (adj)	최고의	choe-go-ui
féliciter (vt)	축하하다	chuk-a-ha-da
commentateur (m)	해설가	hae-seol-ga
commenter (vt)	실황 방송을 하다	sil-hwang bang-song-eul ha-da
retransmission (f)	방송	bang-song

137. Le ski alpin

skis (m pl)	스키	seu-ki
faire du ski	스키를 타다	seu-ki-reul ta-da
station (f) de ski	스키 리조트	seu-ki ri-jo-teu
remontée (f) mécanique	리프트	ri-peu-teu
bâtons (m pl)	스키 폴	seu-ki pol
pente (f)	슬로프	seul-lo-peu
slalom (m)	슬랄롬	seul-lal-lom

138. Le tennis. Le golf

golf (m)	골프	gol-peu
club (m) de golf	골프채	gol-peu-chae
joueur (m) au golf	골퍼	gol-peo
trou (m)	홀	hol
club (m)	골프채	gol-peu-chae
chariot (m) de golf	골프백카트	gol-peu-baek-ka-teu
tennis (m)	테니스	te-ni-seu
court (m) de tennis	테니스장	te-ni-seu-jang
service (m)	서브	seo-beu
servir (vi)	서브하다	seo-beu-ha-da
raquette (f)	라켓	ra-ket
filet (m)	네트	ne-teu
balle (f)	공	gong

139. Les échecs

échecs (m pl)	체스	che-seu
pièces (f pl)	체스의 말	che-seu-ui mal
joueur (m) d'échecs	체스 선수	che-seu seon-su
échiquier (m)	체스판	che-seu-pan
pièce (f)	체스의 말	che-seu-ui mal
blancs (m pl)	백	baek
noirs (m pl)	흑	heuk
pion (m)	폰	pon
fou (m)	비숍	bi-syop
cavalier (m)	나이트	na-i-teu
tour (f)	룩	ruk
reine (f)	퀸	kwin
roi (m)	킹	king
coup (m)	두기	du-gi
jouer (déplacer une pièce)	말을 옮기다	ma-reul rom-gi-da
sacrifier (vt)	희생시키다	hui-saeng-si-ki-da
roque (m)	캐슬링	kae-seul-ling
échec (m)	체크	che-keu
tapis (m)	체크메이트	che-keu-me-i-teu
tournoi (m) d'échecs	체스 토너먼트	che-seu to-neo-meon-teu
grand maître (m)	그랜드 마스터	geu-raen-deu ma-seu-teo
combinaison (f)	조합	jo-hap
partie (f)	판	pan
dames (f pl)	체커	che-keo

140. La boxe

boxe (f)	권투	gwon-tu
combat (m)	회전	hoe-jeon
round (m)	라운드	ra-un-deu
ring (m)	링	ring
gong (m)	공	gong
coup (m)	펀치	peon-chi
knock-down (m)	녹다운	nok-da-un
knock-out (m)	녹아웃	no-ga-ut
mettre KO	녹아웃 시키다	no-ga-ut si-ki-da
gant (m) de boxe	권투 글러브	gwon-tu geul-leo-beu
arbitre (m)	부심	bu-sim
poids (m) léger	라이트급	ra-i-teu-geup
poids (m) moyen	미들급	mi-deul-geup
poids (m) lourd	헤비급	he-bi-geup

141. Le sport. Divers

Jeux (m pl) olympiques	올림픽	ol-lim-pik
gagnant (m)	승리자	seung-ni-ja
remporter (vt)	이기고 있다	i-gi-go it-da
gagner (vi)	이기다	i-gi-da
leader (m)	선두	seon-du
prendre la tête	선두를 달리다	seon-du-reul dal-li-da
première place (f)	일등	il-deung
deuxième place (f)	준우승	seu-ko-eo-bo-deu
troisième place (f)	3위	sam-wi
médaille (f)	메달	me-dal
trophée (m)	트로피	teu-ro-pi
coupe (f) (trophée)	우승컵	u-seung-keop
prix (m)	상	sang
prix (m) principal	최고 상품	choe-go sang-pum
record (m)	기록	gi-rok
établir un record	기록을 세우다	gi-ro-geul se-u-da
finale (f)	결승전	gyeol-seung-jeon
final (adj)	마지막의	ma-ji-ma-gui
champion (m)	챔피언	chaem-pi-eon
championnat (m)	선수권	seon-su-gwon
stade (m)	경기장	gyeong-gi-jang
tribune (f)	관람석	gwal-lam-seok
supporteur (m)	서포터	seo-po-teo
adversaire (m)	상대	sang-dae
départ (m)	출발점	chul-bal-jeom
ligne (f) d'arrivée	결승점	gyeol-seung-jeom
défaite (f)	패배	pae-bae
perdre (vi)	지다	ji-da
arbitre (m)	심판	sim-pan
jury (m)	배심원단	bae-si-mwon-dan
score (m)	점수	jeom-su
match (m) nul	무승부	mu-seung-bu
faire match nul	무승부로 끝나다	mu-seung-bu-ro kkeun-na-da
point (m)	점수	jeom-su
résultat (m)	결과	gyeol-gwa
mi-temps (f) (pause)	하프 타임	ha-peu ta-im
dopage (m)	도핑	do-ping
pénaliser (vt)	처벌하다	cheo-beol-ha-da
disqualifier (vt)	실격시키다	sil-gyeok-si-ki-da
agrès (m)	기구	gi-gu
lance (f)	투창	tu-chang

poids (m) (boule de métal)	포환	po-hwan
bille (f) (de billard, etc.)	공	gong
but (cible)	목표	mok-pyo
cible (~ en papier)	과녁	gwa-nyeok
tirer (vi)	쏘다	sso-da
précis (un tir ~)	정확한	jeong-hwak-an
entraîneur (m)	코치	ko-chi
entraîner (vt)	훈련하다	hul-lyeon-ha-da
s'entraîner (vp)	훈련하다	hul-lyeon-ha-da
entraînement (m)	훈련	hul-lyeon
salle (f) de gym	헬스장	hel-seu-jang
exercice (m)	운동, 연습	un-dong, yeon-seup
échauffement (m)	워밍업	wo-ming-eop

L'éducation

142. L'éducation

école (f)	학교	hak-gyo
directeur (m) d'école	교장	gyo-jang
élève (m)	남학생	nam-hak-saeng
élève (f)	여학생	yeo-hak-saeng
écolier (m)	남학생	nam-hak-saeng
écolière (f)	여학생	yeo-hak-saeng
enseigner (vt)	가르치다	ga-reu-chi-da
apprendre (~ l'arabe)	배우다	bae-u-da
apprendre par cœur	암기하다	am-gi-ha-da
apprendre (à faire qch)	배우다	bae-u-da
être étudiant, -e	재학 중이다	jae-hak jung-i-da
aller à l'école	학교에 가다	hak-gyo-e ga-da
alphabet (m)	알파벳	al-pa-bet
matière (f)	과목	gwa-mok
salle (f) de classe	교실	gyo-sil
leçon (f)	수업	su-eop
récréation (f)	쉬는 시간	swi-neun si-gan
sonnerie (f)	수업종	su-eop-jong
pupitre (m)	학교 책상	hak-gyo chaek-sang
tableau (m) noir	칠판	chil-pan
note (f)	성적	seong-jeok
bonne note (f)	좋은 성적	jo-eun seong-jeok
mauvaise note (f)	나쁜 성적	na-ppeun seong-jeok
donner une note	성적을 매기다	seong-jeo-geul mae-gi-da
faute (f)	실수	sil-su
faire des fautes	실수하다	sil-su-ha-da
corriger (une erreur)	고치다	go-chi-da
antisèche (f)	커닝 페이퍼	keo-ning pe-i-peo
devoir (m)	숙제	suk-je
exercice (m)	연습 문제	yeon-seup mun-je
être présent	출석하다	chul-seok-a-da
être absent	결석하다	gyeol-seok-a-da
punir (vt)	처벌하다	cheo-beol-ha-da
punition (f)	벌	beol
conduite (f)	처신	cheo-sin

carnet (m) de notes	성적표	seong-jeok-pyo
crayon (m)	연필	yeon-pil
gomme (f)	지우개	ji-u-gae
craie (f)	분필	bun-pil
plumier (m)	필통	pil-tong
cartable (m)	책가방	chaek-ga-bang
stylo (m)	펜	pen
cahier (m)	노트	no-teu
manuel (m)	교과서	gyo-gwa-seo
compas (m)	컴퍼스	keom-peo-seu
dessiner (~ un plan)	제도하다	je-do-ha-da
dessin (m) technique	건축 도면	geon-chuk do-myeon
poésie (f)	시	si
par cœur (adv)	외워서	oe-wo-seo
apprendre par cœur	암기하다	am-gi-ha-da
vacances (f pl)	학교 방학	bang-hak
être en vacances	방학 중이다	bang-hak jung-i-da
interrogation (f) écrite	필기 시험	pil-gi si-heom
composition (f)	논술	non-sul
dictée (f)	받아쓰기 시험	ba-da-sseu-gi si-heom
examen (m)	시험	si-heom
passer les examens	시험을 보다	si-heo-meul bo-da
expérience (f) (~ de chimie)	실험	sil-heom

143. L'enseignement supérieur

académie (f)	아카데미	a-ka-de-mi
université (f)	대학교	dae-hak-gyo
faculté (f)	교수진	gyo-su-jin
étudiant (m)	대학생	dae-hak-saeng
étudiante (f)	여대생	yeo-dae-saeng
enseignant (m)	강사	gang-sa
salle (f)	교실	gyo-sil
licencié (m)	졸업생	jo-reop-saeng
diplôme (m)	졸업증	jo-reop-jeung
thèse (f)	학위 논문	ha-gwi non-mun
étude (f)	연구	yeon-gu
laboratoire (m)	연구실	yeon-gu-sil
cours (m)	강의	gang-ui
camarade (m) de cours	대학 동급생	dae-hak dong-geup-saeng
bourse (f)	장학금	jang-hak-geum
grade (m) universitaire	학위	ha-gwi

144. Les disciplines scientifiques

mathématiques (f pl)	수학	su-hak
algèbre (f)	대수학	dae-su-hak
géométrie (f)	기하학	gi-ha-hak
astronomie (f)	천문학	cheon-mun-hak
biologie (f)	생물학	saeng-mul-hak
géographie (f)	지리학	ji-ri-hak
géologie (f)	지질학	ji-jil-hak
histoire (f)	역사학	yeok-sa-hak
médecine (f)	의학	ui-hak
pédagogie (f)	교육학	gyo-yuk-ak
droit (m)	법학	beo-pak
physique (f)	물리학	mul-li-hak
chimie (f)	화학	hwa-hak
philosophie (f)	철학	cheol-hak
psychologie (f)	심리학	sim-ni-hak

145. Le système d'écriture et l'orthographe

grammaire (f)	문법	mun-beop
vocabulaire (m)	어휘	eo-hwi
phonétique (f)	음성학	eum-seong-hak
nom (m)	명사	myeong-sa
adjectif (m)	형용사	hyeong-yong-sa
verbe (m)	동사	dong-sa
adverbe (m)	부사	bu-sa
pronom (m)	대명사	dae-myeong-sa
interjection (f)	감탄사	gam-tan-sa
préposition (f)	전치사	jeon-chi-sa
racine (f)	어근	eo-geun
terminaison (f)	어미	eo-mi
préfixe (m)	접두사	jeop-du-sa
syllabe (f)	음절	eum-jeol
suffixe (m)	접미사	jeom-mi-sa
accent (m) tonique	강세	gang-se
apostrophe (f)	아포스트로피	a-po-seu-teu-ro-pi
point (m)	마침표	ma-chim-pyo
virgule (f)	쉼표	swim-pyo
point (m) virgule	세미콜론	se-mi-kol-lon
deux-points (m)	콜론	kol-lon
points (m pl) de suspension	말줄임표	mal-ju-rim-pyo
point (m) d'interrogation	물음표	mu-reum-pyo
point (m) d'exclamation	느낌표	neu-kkim-pyo

guillemets (m pl)	따옴표	tta-om-pyo
entre guillemets	따옴표 안에	tta-om-pyo a-ne
parenthèses (f pl)	괄호	gwal-ho
entre parenthèses	괄호 속에	gwal-ho so-ge
trait (m) d'union	하이픈	ha-i-peun
tiret (m)	대시	jul-pyo
blanc (m)	공백 문자	gong-baek mun-ja
lettre (f)	글자	geul-ja
majuscule (f)	대문자	dae-mun-ja
voyelle (f)	모음	mo-eum
consonne (f)	자음	ja-eum
proposition (f)	문장	mun-jang
sujet (m)	주어	ju-eo
prédicat (m)	서술어	seo-su-reo
ligne (f)	줄	jul
à la ligne	줄을 바꾸어	ju-reul ba-kku-eo
paragraphe (m)	단락	dal-lak
mot (m)	단어	dan-eo
groupe (m) de mots	문구	mun-gu
expression (f)	표현	pyo-hyeon
synonyme (m)	동의어	dong-ui-eo
antonyme (m)	반의어	ban-ui-eo
règle (f)	규칙	gyu-chik
exception (f)	예외	ye-oe
correct (adj)	맞는	man-neun
conjugaison (f)	활용	hwa-ryong
déclinaison (f)	어형 변화	eo-hyeong byeon-hwa
cas (m)	격	gyeok
question (f)	질문	jil-mun
souligner (vt)	밑줄을 긋다	mit-ju-reul geut-da
pointillé (m)	점선	jeom-seon

146. Les langues étrangères

langue (f)	언어	eon-eo
langue (f) étrangère	외국어	oe-gu-geo
étudier (vt)	공부하다	gong-bu-ha-da
apprendre (~ l'arabe)	배우다	bae-u-da
lire (vi, vt)	읽다	ik-da
parler (vi, vt)	말하다	mal-ha-da
comprendre (vt)	이해하다	i-hae-ha-da
écrire (vt)	쓰다	sseu-da
vite (adv)	빨리	ppal-li
lentement (adv)	천천히	cheon-cheon-hi

couramment (adv)	유창하게	yu-chang-ha-ge
règles (f pl)	규칙	gyu-chik
grammaire (f)	문법	mun-beop
vocabulaire (m)	어휘	eo-hwi
phonétique (f)	음성학	eum-seong-hak
manuel (m)	교과서	gyo-gwa-seo
dictionnaire (m)	사전	sa-jeon
manuel (m) autodidacte	자습서	ja-seup-seo
guide (m) de conversation	회화집	hoe-hwa-jip
cassette (f)	테이프	te-i-peu
cassette (f) vidéo	비디오테이프	bi-di-o-te-i-peu
CD (m)	씨디	ssi-di
DVD (m)	디비디	di-bi-di
alphabet (m)	알파벳	al-pa-bet
épeler (vt)	… 의 철자이다	… ui cheol-ja-i-da
prononciation (f)	발음	ba-reum
accent (m)	악센트	ak-sen-teu
avec un accent	사투리로	sa-tu-ri-ro
sans accent	억양 없이	eo-gyang eop-si
mot (m)	단어	dan-eo
sens (m)	의미	ui-mi
cours (m pl)	강좌	gang-jwa
s'inscrire (vp)	등록하다	deung-nok-a-da
professeur (m) (~ d'anglais)	강사	gang-sa
traduction (f) (action)	번역	beo-nyeok
traduction (f) (texte)	번역	beo-nyeok
traducteur (m)	번역가	beo-nyeok-ga
interprète (m)	통역가	tong-yeok-ga
polyglotte (m)	수개 국어를 말하는 사람	su-gae gu-geo-reul mal-ha-neun sa-ram
mémoire (f)	기억력	gi-eong-nyeok

147. Les personnages de contes de fées

Père Noël (m)	산타클로스	san-ta-keul-lo-seu
sirène (f)	인어	in-eo
magicien (m)	마법사	ma-beop-sa
fée (f)	요정	yo-jeong
magique (adj)	마법의	ma-beo-bui
baguette (f) magique	마술 지팡이	ma-sul ji-pang-i
conte (m) de fées	동화	dong-hwa
miracle (m)	기적	gi-jeok
gnome (m)	난쟁이	nan-jaeng-i
se transformer en …	… 으로 변하다	… eu-ro byeon-ha-da

esprit (m) (revenant)	유령, 귀신	yu-ryeong, gwi-sin
fantôme (m)	유령	yu-ryeong
monstre (m)	괴물	goe-mul
dragon (m)	용	yong
géant (m)	거인	geo-in

148. Les signes du zodiaque

Bélier (m)	양자리	yang-ja-ri
Taureau (m)	황소자리	hwang-so-ja-ri
Gémeaux (m pl)	쌍둥이자리	ssang-dung-i-ja-ri
Cancer (m)	게자리	ge-ja-ri
Lion (m)	사자자리	sa-ja-ja-ri
Vierge (f)	처녀자리	cheo-nyeo-ja-ri
Balance (f)	천칭자리	cheon-ching-ja-ri
Scorpion (m)	전갈자리	jeon-gal-ja-ri
Sagittaire (m)	궁수자리	gung-su-ja-ri
Capricorne (m)	염소자리	yeom-so-ja-ri
Verseau (m)	물병자리	mul-byeong-ja-ri
Poissons (m pl)	물고기자리	mul-go-gi-ja-ri
caractère (m)	성격	seong-gyeok
traits (m pl) du caractère	성격특성	seong-gyeok-teuk-seong
conduite (f)	행동	haeng-dong
dire la bonne aventure	점치다	jeom-chi-da
diseuse (f) de bonne aventure	점쟁이	jeom-jaeng-i
horoscope (m)	천궁도	cheon-gung-do

L'art

149. Le théâtre

théâtre (m)	극장	geuk-jang
opéra (m)	오페라	o-pe-ra
opérette (f)	오페레타	o-pe-re-ta
ballet (m)	발레	bal-le
affiche (f)	포스터, 벽보	po-seu-teo, byeok-bo
troupe (f) de théâtre	공연단	gong-yeon-dan
tournée (f)	순회	sun-hoe
être en tournée	투어를 가다	tu-eo-reul ga-da
répéter (vt)	리허설 하다	ri-heo-seol ha-da
répétition (f)	리허설	ri-heo-seol
répertoire (m)	레퍼토리	re-peo-to-ri
représentation (f)	공연	gong-yeon
spectacle (m)	연극 공연	yeon-geuk gong-yeon
pièce (f) de théâtre	연극	yeon-geuk
billet (m)	표, 입장권	pyo, ip-jang-gwon
billetterie (f pl)	매표소	mae-pyo-so
hall (m)	로비	ro-bi
vestiaire (m)	휴대품 보관소	hyu-dae-pum bo-gwan-so
jeton (m) de vestiaire	보관소 꼬리표	bo-gwan-so kko-ri-pyo
jumelles (f pl)	오페라 글라스	o-pe-ra geul-la-seu
placeur (m)	좌석 안내원	jwa-seok gan-nae-won
parterre (m)	일반 객석	il-ban gaek-seok
balcon (m)	발코니석	bal-ko-ni-seok
premier (m) balcon	특등석	teuk-deung-seok
loge (f)	특별석	teuk-byeol-seok
rang (m)	열	yeol
place (f)	자리	ja-ri
public (m)	청중	cheong-jung
spectateur (m)	관중	gwan-jung
applaudir (vi)	박수하다	bak-su-ha-da
applaudissements (m pl)	박수	bak-su
ovation (f)	박수 갈채	bak-su gal-chae
scène (f) (monter sur ~)	무대	mu-dae
rideau (m)	커튼	keo-teun
décor (m)	무대 배경	mu-dae bae-gyeong
coulisses (f pl)	백스테이지	baek-seu-te-i-ji
scène (f) (la dernière ~)	장면	jang-myeon
acte (m)	막	mak
entracte (m)	막간	mak-gan

150. Le cinéma

acteur (m)	배우	bae-u
actrice (f)	여배우	yeo-bae-u
film (m)	영화	yeong-hwa
épisode (m)	부작	bu-jak
film (m) policier	탐정 영화	tam-jeong yeong-hwa
film (m) d'action	액션 영화	aek-syeon nyeong-hwa
film (m) d'aventures	모험 영화	mo-heom myeong-hwa
film (m) de science-fiction	공상과학영화	SF yeong-hwa
film (m) d'horreur	공포 영화	gong-po yeong-hwa
comédie (f)	코미디 영화	ko-mi-di yeong-hwa
mélodrame (m)	멜로드라마	mel-lo-deu-ra-ma
drame (m)	드라마	deu-ra-ma
film (m) de fiction	극영화	geu-gyeong-hwa
documentaire (m)	다큐멘터리	da-kyu-men-teo-ri
dessin (m) animé	만화영화	man-hwa-yeong-hwa
cinéma (m) muet	무성영화	mu-seong-yeong-hwa
rôle (m)	역할	yeok-al
rôle (m) principal	주역	ju-yeok
jouer (vt)	연기하다	yeon-gi-ha-da
vedette (f)	영화 스타	yeong-hwa seu-ta
connu (adj)	유명한	yu-myeong-han
célèbre (adj)	유명한	yu-myeong-han
populaire (adj)	인기 있는	in-gi in-neun
scénario (m)	시나리오	si-na-ri-o
scénariste (m)	시나리오 작가	si-na-ri-o jak-ga
metteur (m) en scène	영화감독	yeong-hwa-gam-dok
producteur (m)	제작자	je-jak-ja
assistant (m)	보조자	bo-jo-ja
opérateur (m)	카메라맨	ka-me-ra-maen
cascadeur (m)	스턴트 맨	seu-teon-teu maen
tourner un film	영화를 촬영하다	yeong-hwa-reul chwa-ryeong-ha-da
audition (f)	오디션	o-di-syeon
tournage (m)	촬영	chwa-ryeong
équipe (f) de tournage	영화 제작팀	yeong-hwa je-jak-tim
plateau (m) de tournage	영화 세트	yeong-hwa se-teu
caméra (f)	카메라	ka-me-ra
cinéma (m)	영화관	yeong-hwa-gwan
écran (m)	스크린	seu-keu-rin
donner un film	영화를 상영하다	yeong-hwa-reul sang-yeong-ha-da
piste (f) sonore	사운드트랙	sa-un-deu-teu-raek
effets (m pl) spéciaux	특수 효과	teuk-su hyo-gwa

sous-titres (m pl)	자막	ja-mak
générique (m)	엔딩 크레딧	en-ding keu-re-dit
traduction (f)	번역	beo-nyeok

151. La peinture

art (m)	예술	ye-sul
beaux-arts (m pl)	미술	mi-sul
galerie (f) d'art	미술관	mi-sul-gwan
exposition (f) d'art	미술 전시회	mi-sul jeon-si-hoe
peinture (f)	회화	hoe-hwa
graphique (f)	그래픽 아트	geu-rae-pik ga-teu
art (m) abstrait	추상파	chu-sang-pa
impressionnisme (m)	인상파	in-sang-pa
tableau (m)	그림	geu-rim
dessin (m)	선화	seon-hwa
poster (m)	포스터	po-seu-teo
illustration (f)	삽화	sa-pwa
miniature (f)	세밀화	se-mil-hwa
copie (f)	복제품	bok-je-pum
reproduction (f)	복사	bok-sa
mosaïque (f)	모자이크	mo-ja-i-keu
vitrail (m)	스테인드 글라스	seu-te-in-deu geul-la-seu
fresque (f)	프레스코화	peu-re-seu-ko-hwa
gravure (f)	판화	pan-hwa
buste (m)	흉상	hyung-sang
sculpture (f)	조각	jo-gak
statue (f)	조상	jo-sang
plâtre (m)	석고	seok-go
en plâtre	석고의	seok-go-ui
portrait (m)	초상화	cho-sang-hwa
autoportrait (m)	자화상	ja-hwa-sang
paysage (m)	풍경화	pung-gyeong-hwa
nature (f) morte	정물화	jeong-mul-hwa
caricature (f)	캐리커처	kae-ri-keo-cheo
peinture (f)	물감	mul-gam
aquarelle (f)	수채 물감	su-chae mul-gam
huile (f)	유화 물감	yu-hwa mul-gam
crayon (m)	연필	yeon-pil
encre (f) de Chine	먹물	meong-mul
fusain (m)	목탄	mok-tan
dessiner (vi, vt)	그리다	geu-ri-da
peindre (vi, vt)	그리다	geu-ri-da
poser (vi)	포즈를 취하다	po-jeu-reul chwi-ha-da
modèle (m)	화가의 모델	hwa-ga-ui mo-del

modèle (f)	화가의 모델	hwa-ga-ui mo-del
peintre (m)	화가	hwa-ga
œuvre (f) d'art	미술 작품	mi-sul jak-pum
chef (m) d'œuvre	걸작	geol-jak
atelier (m) d'artiste	작업실	ja-geop-sil
toile (f)	캔버스	kaen-beo-seu
chevalet (m)	이젤	i-jel
palette (f)	팔레트	pal-le-teu
encadrement (m)	액자	aek-ja
restauration (f)	복원	bo-gwon
restaurer (vt)	복원하다	bo-gwon-ha-da

152. La littérature et la poésie

littérature (f)	문학	mun-hak
auteur (m) (écrivain)	작가	jak-ga
pseudonyme (m)	필명	pil-myeong
livre (m)	책	chaek
volume (m)	권	gwon
table (f) des matières	목차	mok-cha
page (f)	페이지	pe-i-ji
protagoniste (m)	주인공	ju-in-gong
autographe (m)	사인	sa-in
récit (m)	단편 소설	dan-pyeon so-seol
nouvelle (f)	소설	so-seol
roman (m)	장편 소설	jang-pyeon so-seol
œuvre (f) littéraire	작품	jak-pum
fable (f)	우화	u-hwa
roman (m) policier	추리 소설	chu-ri so-seol
vers (m)	시	si
poésie (f)	시	si
poème (m)	서사시	seo-sa-si
poète (m)	시인	si-in
belles-lettres (f pl)	픽션	pik-syeon
science-fiction (f)	공상과학소설	gong-sang-gwa-hak-so-seol
aventures (f pl)	모험 소설	mo-heom so-seol
littérature (f) didactique	교육 문학	gyo-yuk mun-hak
littérature (f) pour enfants	아동 문학	a-dong mun-hak

153. Le cirque

cirque (m)	서커스	seo-keo-seu
chapiteau (m)	순회 서커스	sun-hoe seo-keo-seu
programme (m)	프로그램	peu-ro-geu-raem
représentation (f)	공연	gong-yeon
numéro (m)	공연	gong-yeon

arène (f)	무대	mu-dae
pantomime (f)	판토마임	pan-to-ma-im
clown (m)	어릿광대	eo-rit-gwang-dae
acrobate (m)	곡예사	go-gye-sa
acrobatie (f)	곡예	go-gye
gymnaste (m)	체조선수	che-jo-seon-su
gymnastique (f)	체조	che-jo
salto (m)	공중제비	gong-jung-je-bi
hercule (m)	힘 자랑하는 사나이	him ja-rang-ha-neun sa-na-i
dompteur (m)	조련사	jo-ryeon-sa
écuyer (m)	곡마사	gong-ma-sa
assistant (m)	조수	jo-su
truc (m)	묘기	myo-gi
tour (m) de passe-passe	마술	ma-sul
magicien (m)	마술사	ma-sul-sa
jongleur (m)	저글러	jeo-geul-leo
jongler (vi)	저글링 하다	jeo-geul-ling ha-da
dresseur (m)	조련사	jo-ryeon-sa
dressage (m)	조련	jo-ryeon
dresser (vt)	가르치다	ga-reu-chi-da

154. La musique

musique (f)	음악	eum-ak
musicien (m)	음악가	eum-ak-ga
instrument (m) de musique	악기	ak-gi
jouer de ...	... 을 연주하다	... eul ryeon-ju-ha-da
guitare (f)	기타	gi-ta
violon (m)	바이올린	ba-i-ol-lin
violoncelle (m)	첼로	chel-lo
contrebasse (f)	콘트라베이스	kon-teu-ra-be-i-seu
harpe (f)	하프	ha-peu
piano (m)	피아노	pi-a-no
piano (m) à queue	그랜드 피아노	geu-raen-deu pi-a-no
orgue (m)	오르간	o-reu-gan
instruments (m pl) à vent	관악기	gwan-ak-gi
hautbois (m)	오보에	o-bo-e
saxophone (m)	색소폰	saek-so-pon
clarinette (f)	클라리넷	keul-la-ri-net
flûte (f)	플루트	peul-lu-teu
trompette (f)	트럼펫	teu-reom-pet
accordéon (m)	아코디언	a-ko-di-eon
tambour (m)	북	buk
duo (m)	이중주	i-jung-ju
trio (m)	삼중주	sam-jung-ju

quartette (m)	사중주	sa-jung-ju
chœur (m)	합창단	hap-chang-dan
orchestre (m)	오케스트라	o-ke-seu-teu-ra
musique (f) pop	대중 음악	dae-jung eum-ak
musique (f) rock	록 음악	rok geu-mak
groupe (m) de rock	록 그룹	rok geu-rup
jazz (m)	재즈	jae-jeu
idole (f)	아이돌	a-i-dol
admirateur (m)	팬	paen
concert (m)	콘서트	kon-seo-teu
symphonie (f)	교향곡	gyo-hyang-gok
œuvre (f) musicale	작품	jak-pum
composer (vt)	작곡하다	jak-gok-a-da
chant (m) (~ d'oiseau)	노래	no-rae
chanson (f)	노래	no-rae
mélodie (f)	멜로디	mel-lo-di
rythme (m)	리듬	ri-deum
blues (m)	블루스	beul-lu-seu
notes (f pl)	악보	ak-bo
baguette (f)	지휘봉	ji-hwi-bong
archet (m)	활	hwal
corde (f)	현	hyeon
étui (m)	케이스	ke-i-seu

Les loisirs. Les voyages

155. Les voyages. Les excursions

tourisme (m)	관광	gwan-gwang
touriste (m)	관광객	gwan-gwang-gaek
voyage (m) (à l'étranger)	여행	yeo-haeng
aventure (f)	모험	mo-heom
voyage (m)	여행	yeo-haeng
vacances (f pl)	휴가	hyu-ga
être en vacances	휴가 중이다	hyu-ga jung-i-da
repos (m) (jours de ~)	휴양	hyu-yang
train (m)	기차	gi-cha
en train	기차로	gi-cha-ro
avion (m)	비행기	bi-haeng-gi
en avion	비행기로	bi-haeng-gi-ro
en voiture	자동차로	ja-dong-cha-ro
en bateau	배로	bae-ro
bagage (m)	짐, 수하물	jim, su-ha-mul
malle (f)	여행 가방	yeo-haeng ga-bang
chariot (m)	수하물 카트	su-ha-mul ka-teu
passeport (m)	여권	yeo-gwon
visa (m)	비자	bi-ja
ticket (m)	표	pyo
billet (m) d'avion	비행기표	bi-haeng-gi-pyo
guide (m) (livre)	여행 안내서	yeo-haeng an-nae-seo
carte (f)	지도	ji-do
région (f) (~ rurale)	지역	ji-yeok
endroit (m)	곳	got
exotisme (m)	이국	i-guk
exotique (adj)	이국적인	i-guk-jeo-gin
étonnant (adj)	놀라운	nol-la-un
groupe (m)	무리	mu-ri
excursion (f)	견학, 관광	gyeon-hak, gwan-gwang
guide (m) (personne)	가이드	ga-i-deu

156. L'hôtel

hôtel (m), auberge (f)	호텔	ho-tel
motel (m)	모텔	mo-tel
3 étoiles	3성급	sam-seong-geub

5 étoiles	5성급	o-seong-geub
descendre (à l'hôtel)	머무르다	meo-mu-reu-da
chambre (f)	객실	gaek-sil
chambre (f) simple	일인실	i-rin-sil
chambre (f) double	더블룸	deo-beul-lum
réserver une chambre	방을 예약하다	bang-eul rye-yak-a-da
demi-pension (f)	하숙	ha-suk
pension (f) complète	식사 제공	sik-sa je-gong
avec une salle de bain	욕조가 있는	yok-jo-ga in-neun
avec une douche	샤워가 있는	sya-wo-ga in-neun
télévision (f) par satellite	위성 텔레비전	wi-seong tel-le-bi-jeon
climatiseur (m)	에어컨	e-eo-keon
serviette (f)	수건	su-geon
clé (f)	열쇠	yeol-soe
administrateur (m)	관리자	gwal-li-ja
femme (f) de chambre	객실 청소부	gaek-sil cheong-so-bu
porteur (m)	포터	po-teo
portier (m)	도어맨	do-eo-maen
restaurant (m)	레스토랑	re-seu-to-rang
bar (m)	바	ba
petit déjeuner (m)	아침식사	a-chim-sik-sa
dîner (m)	저녁식사	jeo-nyeok-sik-sa
buffet (m)	뷔페	bwi-pe
hall (m)	로비	ro-bi
ascenseur (m)	엘리베이터	el-li-be-i-teo
PRIÈRE DE NE PAS DÉRANGER	방해하지 마세요	bang-hae-ha-ji ma-se-yo
DÉFENSE DE FUMER	금연	geu-myeon

157. Le livre. La lecture

livre (m)	책	chaek
auteur (m)	저자	jeo-ja
écrivain (m)	작가	jak-ga
écrire (~ un livre)	쓰다	sseu-da
lecteur (m)	독자	dok-ja
lire (vi, vt)	읽다	ik-da
lecture (f)	독서	dok-seo
à part soi	묵독 (~을 하다)	muk-dok
à haute voix	큰소리로	keun-so-ri-ro
éditer (vt)	발행하다	bal-haeng-ha-da
édition (f) (~ des livres)	발행	bal-haeng
éditeur (m)	출판인	chul-pan-in
maison (f) d'édition	출판사	chul-pan-sa

paraître (livre)	출간되다	chul-gan-doe-da
sortie (f) (~ d'un livre)	발표	bal-pyo
tirage (m)	인쇄 부수	in-swae bu-su
librairie (f)	서점	seo-jeom
bibliothèque (f)	도서관	do-seo-gwan
nouvelle (f)	소설	so-seol
récit (m)	단편 소설	dan-pyeon so-seol
roman (m)	장편 소설	jang-pyeon so-seol
roman (m) policier	추리 소설	chu-ri so-seol
mémoires (m pl)	회상록	hoe-sang-nok
légende (f)	전설	jeon-seol
mythe (m)	신화	sin-hwa
vers (m pl)	시	si
autobiographie (f)	자서전	ja-seo-jeon
les œuvres choisies	선집	seon-jip
science-fiction (f)	공상과학소설	gong-sang-gwa-hak-so-seol
titre (m)	제목	je-mok
introduction (f)	서문	seo-mun
page (f) de titre	속표지	sok-pyo-ji
chapitre (m)	장	jang
extrait (m)	발췌	bal-chwe
épisode (m)	장면	jang-myeon
sujet (m)	줄거리	jul-geo-ri
sommaire (m)	내용	nae-yong
table (f) des matières	목차	mok-cha
protagoniste (m)	주인공	ju-in-gong
volume (m)	권	gwon
couverture (f)	표지	pyo-ji
reliure (f)	장정	jang-jeong
marque-page (m)	서표	seo-pyo
page (f)	페이지	pe-i-ji
feuilleter (vt)	페이지를 넘기다	pe-i-ji-reul leom-gi-da
marges (f pl)	여백	yeo-baek
annotation (f)	주석	ju-seok
note (f) de bas de page	각주	gak-ju
texte (m)	본문	bon-mun
police (f)	활자, 서체	hwal-ja, seo-che
faute (f) d'impression	오타	o-ta
traduction (f)	번역	beo-nyeok
traduire (vt)	번역하다	beo-nyeok-a-da
original (m)	원본	won-bon
célèbre (adj)	유명한	yu-myeong-han
inconnu (adj)	잘 알려지지 않은	jal ral-lyeo-ji-ji a-neun
intéressant (adj)	재미있는	jae-mi-in-neun

best-seller (m)	베스트셀러	be-seu-teu-sel-leo
dictionnaire (m)	사전	sa-jeon
manuel (m)	교과서	gyo-gwa-seo
encyclopédie (f)	백과사전	baek-gwa-sa-jeon

158. La chasse. La pêche

chasse (f)	사냥	sa-nyang
chasser (vi, vt)	사냥하다	sa-nyang-ha-da
chasseur (m)	사냥꾼	sa-nyang-kkun
tirer (vi)	쏘다	sso-da
fusil (m)	장총	jang-chong
cartouche (f)	탄환	tan-hwan
grains (m pl) de plomb	산탄	san-tan
piège (m) à mâchoires	덫	deot
piège (m)	덫	deot
mettre un piège	덫을 놓다	deo-cheul lo-ta
braconnier (m)	밀렵자	mil-lyeop-ja
gibier (m)	사냥감	sa-nyang-gam
chien (m) de chasse	사냥개	sa-nyang-gae
safari (m)	사파리	sa-pa-ri
animal (m) empaillé	박제	bak-je
pêcheur (m)	낚시꾼	nak-si-kkun
pêche (f)	낚시	nak-si
pêcher (vi)	낚시질하다	nak-si-jil-ha-da
canne (f) à pêche	낚싯대	nak-sit-dae
ligne (f) de pêche	낚싯줄	nak-sit-jul
hameçon (m)	바늘	ba-neul
flotteur (m)	찌	jji
amorce (f)	미끼	mi-kki
lancer la ligne	낚싯줄을 던지다	nak-sit-ju-reul deon-ji-da
mordre (vt)	미끼를 물다	mi-kki-reul mul-da
pêche (f) (poisson capturé)	어획고	eo-hoek-go
trou (m) dans la glace	얼음구멍	eo-reum-gu-meong
filet (m)	그물	geu-mul
barque (f)	보트	bo-teu
pêcher au filet	그물로 잡다	geu-mul-lo jap-da
jeter un filet	그물을 던지다	geu-mu-reul deon-ji-da
retirer le filet	그물을 끌어당기다	geu-mu-reul kkeu-reo-dang-gi-da
baleinier (m)	포경선원	po-gyeong-seon-won
baleinière (f)	포경선	po-gyeong-seon
harpon (m)	작살	jak-sal

159. Les jeux. Le billard

billard (m)	당구	dang-gu
salle (f) de billard	당구장	dang-gu-jang
bille (f) de billard	공	gong
empocher une bille	공을 넣다	gong-eul leo-ta
queue (f)	큐	kyu
poche (f)	구멍	gu-meong

160. Les jeux de cartes

carreau (m)	스페이드	seu-pe-i-deu
pique (m)	스페이드	seu-pe-i-deu
cœur (m)	하트	ha-teu
trèfle (m)	클럽	keul-leop
as (m)	에이스	e-i-seu
roi (m)	왕	wang
dame (f)	퀸	kwin
valet (m)	잭	jaek
carte (f)	카드	ka-deu
jeu (m) de cartes	카드	ka-deu
atout (m)	으뜸패	eu-tteum-pae
paquet (m) de cartes	카드 한 벌	ka-deu han beol
distribuer (les cartes)	돌리다	dol-li-da
battre les cartes	카드를 섞다	ka-deu-reul seok-da
tour (m) de jouer	차례	cha-rye
tricheur (m)	카드 판의 사기꾼	ka-deu pan-ui sa-gi-kkun

161. Le casino. La roulette

casino (m)	카지노	ka-ji-no
roulette (f)	룰렛	rul-let
mise (f)	내기	nae-gi
miser (vt)	돈을 걸다	do-neul geol-da
rouge (m)	적색	jeok-saek
noir (m)	흑색	heuk-saek
miser sur le rouge	레드에 돈을 걸다	re-deu-e do-neul geol-da
miser sur le noir	블랙에 돈을 걸다	beul-lae-ge do-neul geol-da
croupier (m)	딜러	dil-leo
règles (f pl) du jeu	규칙	gyu-chik
fiche (f)	칩	chip
gagner (vi, vt)	돈을 따다	do-neul tta-da
gain (m)	딴 돈	ttan don
perdre (vi)	잃다	il-ta

perte (f)	손해	son-hae
joueur (m)	플레이어	peul-le-i-eo
black-jack (m)	블랙잭	beul-laek-jaek
jeu (m) de dés	크랩 게임	keu-raep ge-im
machine (f) à sous	슬롯머신	seul-lon-meo-sin

162. Les loisirs. Les jeux

se promener (vp)	산책하다	san-chaek-a-da
promenade (f)	산책	san-chaek
promenade (f) (en voiture)	드라이브	deu-ra-i-beu
aventure (f)	모험	mo-heom
pique-nique (m)	소풍, 피크닉	so-pung, pi-keu-nik
jeu (m)	게임	ge-im
joueur (m)	선수	seon-su
partie (f) (~ de cartes, etc.)	게임	ge-im
collectionneur (m)	수집가	su-jip-ga
collectionner (vt)	수집하다	su-ji-pa-da
collection (f)	수집	su-jip
mots (m pl) croisés	크로스워드	keu-ro-seu-wo-deu
hippodrome (m)	경마장	gyeong-ma-jang
discothèque (f)	클럽	keul-leop
sauna (m)	사우나	sa-u-na
loterie (f)	복권	bok-gwon
trekking (m)	캠핑	kaem-ping
camp (m)	캠프	kaem-peu
tente (f)	텐트	ten-teu
boussole (f)	나침반	na-chim-ban
campeur (m)	야영객	ya-yeong-gaek
regarder (la télé)	시청하다	si-cheong-ha-da
téléspectateur (m)	시청자	si-cheong-ja
émission (f) de télé	방송 프로그램	bang-song peu-ro-geu-raem

163. La photographie

appareil (m) photo	카메라	ka-me-ra
photo (f)	사진	sa-jin
photographe (m)	사진 작가	sa-jin jak-ga
studio (m) de photo	사진관	sa-jin-gwan
album (m) de photos	사진 앨범	sa-jin ael-beom
objectif (m)	카메라 렌즈	ka-me-ra ren-jeu
téléobjectif (m)	망원 렌즈	mang-won len-jeu
filtre (m)	필터	pil-teo
lentille (f)	렌즈	ren-jeu

optique (f)	렌즈	ren-jeu
diaphragme (m)	조리개	jo-ri-gae
temps (m) de pose	셔터 속도	syeo-teo sok-do
viseur (m)	파인더	pa-in-deo
appareil (m) photo numérique	디지털 카메라	di-ji-teol ka-me-ra
trépied (m)	삼각대	sam-gak-dae
flash (m)	플래시	peul-lae-si
photographier (vt)	사진을 찍다	sa-ji-neul jjik-da
prendre en photo	사진을 찍다	sa-ji-neul jjik-da
se faire prendre en photo	사진을 찍다	sa-ji-neul jjik-da
mise (f) au point	포커스	po-keo-seu
mettre au point	초점을 맞추다	cho-jeo-meul mat-chu-da
net (adj)	선명한	seon-myeong-han
netteté (f)	선명성	seon-myeong-seong
contraste (m)	대비	dae-bi
contrasté (adj)	대비의	dae-bi-ui
épreuve (f)	사진	sa-jin
négatif (m)	음화	eum-hwa
pellicule (f)	사진 필름	sa-jin pil-leum
image (f)	한 장면	han jang-myeon
tirer (des photos)	인화하다	in-hwa-ha-da

164. La plage. La baignade

plage (f)	해변, 바닷가	hae-byeon, ba-dat-ga
sable (m)	모래	mo-rae
désert (plage ~e)	황량한	hwang-nyang-han
bronzage (m)	선탠	seon-taen
se bronzer (vp)	선탠을 하다	seon-tae-neul ha-da
bronzé (adj)	햇볕에 탄	haet-byeo-te tan
crème (f) solaire	자외선 차단제	ja-oe-seon cha-dan-je
bikini (m)	비키니	bi-ki-ni
maillot (m) de bain	수영복	su-yeong-bok
slip (m) de bain	수영복	su-yeong-bok
piscine (f)	수영장	su-yeong-jang
nager (vi)	수영하다	su-yeong-ha-da
douche (f)	샤워	sya-wo
se changer (vp)	옷을 갈아입다	os-eul ga-ra-ip-da
serviette (f)	수건	su-geon
barque (f)	보트	bo-teu
canot (m) à moteur	모터보트	mo-teo-bo-teu
ski (m) nautique	수상 스키	su-sang seu-ki
pédalo (m)	수상 자전거	su-sang ja-jeon-geo
surf (m)	서핑	seo-ping

surfeur (m)	서퍼	seo-peo
scaphandre (m) autonome	스쿠버 장비	seu-ku-beo jang-bi
palmes (f pl)	오리발	o-ri-bal
masque (m)	잠수마스크	jam-su-ma-seu-keu
plongeur (m)	잠수부	jam-su-bu
plonger (vi)	잠수하다	jam-su-ha-da
sous l'eau (adv)	수중	su-jung
parasol (m)	파라솔	pa-ra-sol
chaise (f) longue	선베드	seon-be-deu
lunettes (f pl) de soleil	선글라스	seon-geul-la-seu
matelas (m) pneumatique	에어 매트	e-eo mae-teu
jouer (s'amuser)	놀다	nol-da
se baigner (vp)	수영하다	su-yeong-ha-da
ballon (m) de plage	비치볼	bi-chi-bol
gonfler (vt)	부풀리다	bu-pul-li-da
gonflable (adj)	부풀릴 수 있는	bu-pul-lil su in-neun
vague (f)	파도	pa-do
bouée (f)	부표	bu-pyo
se noyer (vp)	익사하다	ik-sa-ha-da
sauver (vt)	구조하다	gu-jo-ha-da
gilet (m) de sauvetage	구명조끼	gu-myeong-jo-kki
observer (vt)	지켜보다	ji-kyeo-bo-da
maître nageur (m)	구조원	gu-jo-won

LE MATÉRIEL TECHNIQUE. LES TRANSPORTS

Le matériel technique

165. L'informatique

ordinateur (m)	컴퓨터	keom-pyu-teo
PC (m) portable	노트북	no-teu-buk
allumer (vt)	켜다	kyeo-da
éteindre (vt)	끄다	kkeu-da
clavier (m)	키보드	ki-bo-deu
touche (f)	키	ki
souris (f)	마우스	ma-u-seu
tapis (m) de souris	마우스 패드	ma-u-seu pae-deu
bouton (m)	버튼	beo-teun
curseur (m)	커서	keo-seo
moniteur (m)	모니터	mo-ni-teo
écran (m)	화면, 스크린	hwa-myeon
disque (m) dur	하드 디스크	ha-deu di-seu-keu
capacité (f) du disque dur	하드 디스크 용량	ha-deu di-seu-keu yong-nyang
mémoire (f)	메모리	me-mo-ri
mémoire (f) vive	램	raem
fichier (m)	파일	pa-il
dossier (m)	폴더	pol-deo
ouvrir (vt)	열다	yeol-da
fermer (vt)	닫다	dat-da
sauvegarder (vt)	저장하다	jeo-jang-ha-da
supprimer (vt)	삭제하다	sak-je-ha-da
copier (vt)	복사하다	bok-sa-ha-da
trier (vt)	정렬하다	jeong-nyeol-ha-da
copier (vt)	전송하다	jeon-song-ha-da
programme (m)	프로그램	peu-ro-geu-raem
logiciel (m)	소프트웨어	so-peu-teu-we-eo
programmeur (m)	프로그래머	peu-ro-geu-rae-meo
programmer (vt)	프로그램을 작성하다	peu-ro-geu-rae-meul jak-seong-ha-da
hacker (m)	해커	hae-keo
mot (m) de passe	비밀번호	bi-mil-beon-ho
virus (m)	바이러스	ba-i-reo-seu

découvrir (détecter)	발견하다	bal-gyeon-ha-da
bit (m)	바이트	ba-i-teu
mégabit (m)	메가바이트	me-ga-ba-i-teu
données (f pl)	데이터	de-i-teo
base (f) de données	데이터베이스	de-i-teo-be-i-seu
câble (m)	케이블	ke-i-beul
déconnecter (vt)	연결해제하다	yeon-gyeol-hae-je-ha-da
connecter (vt)	연결하다	yeon-gyeol-ha-da

166. L'Internet. Le courrier électronique

Internet (m)	인터넷	in-teo-net
navigateur (m)	브라우저	beu-ra-u-jeo
moteur (m) de recherche	검색 엔진	geom-saek gen-jin
fournisseur (m) d'accès	인터넷 서비스 제공자	in-teo-net seo-bi-seu je-gong-ja
administrateur (m) de site	웹마스터	wem-ma-seu-teo
site (m) web	웹사이트	wep-sa-i-teu
page (f) web	웹페이지	wep-pe-i-ji
adresse (f)	주소	ju-so
carnet (m) d'adresses	주소록	ju-so-rok
boîte (f) de réception	우편함	u-pyeon-ham
courrier (m)	메일	me-il
message (m)	메시지	me-si-ji
expéditeur (m)	발송인	bal-song-in
envoyer (vt)	보내다	bo-nae-da
envoi (m)	발송	bal-song
destinataire (m)	수신인	su-sin-in
recevoir (vt)	받다	bat-da
correspondance (f)	서신 교환	seo-sin gyo-hwan
être en correspondance	편지를 주고 받다	pyeon-ji-reul ju-go bat-da
fichier (m)	파일	pa-il
télécharger (vt)	다운받다	da-un-bat-da
créer (vt)	창조하다	chang-jo-ha-da
supprimer (vt)	삭제하다	sak-je-ha-da
supprimé (adj)	삭제된	sak-je-doen
connexion (f) (ADSL, etc.)	연결	yeon-gyeol
vitesse (f)	속도	sok-do
accès (m)	접속	jeop-sok
port (m)	포트	po-teu
connexion (f) (établir la ~)	연결	yeon-gyeol
se connecter à …	… 에 연결하다	… e yeon-gyeol-ha-da
sélectionner (vt)	선택하다	seon-taek-a-da
rechercher (vt)	… 를 검색하다	… reul geom-saek-a-da

167. L'électricité

électricité (f)	전기	jeon-gi
électrique (adj)	전기의	jeon-gi-ui
centrale (f) électrique	발전소	bal-jeon-so
énergie (f)	에너지	e-neo-ji
énergie (f) électrique	전력	jeol-lyeok
ampoule (f)	전구	jeon-gu
torche (f)	손전등	son-jeon-deung
réverbère (m)	가로등	ga-ro-deung
lumière (f)	전깃불	jeon-git-bul
allumer (vt)	켜다	kyeo-da
éteindre (vt)	끄다	kkeu-da
éteindre la lumière	불을 끄다	bu-reul kkeu-da
être grillé	끊어지다	kkeu-neo-ji-da
court-circuit (m)	쇼트	syo-teu
rupture (f)	절단	jeol-dan
contact (m)	접촉	jeop-chok
interrupteur (m)	스위치	seu-wi-chi
prise (f)	소켓	so-ket
fiche (f)	플러그	peul-leo-geu
rallonge (f)	연장 코드	yeon-jang ko-deu
fusible (m)	퓨즈	pyu-jeu
fil (m)	전선	jeon-seon
installation (f) électrique	배선	bae-seon
ampère (m)	암페어	am-pe-eo
intensité (f) du courant	암페어수	am-pe-eo-su
volt (m)	볼트	bol-teu
tension (f)	전압	jeon-ap
appareil (m) électrique	전기기구	jeon-gi-gi-gu
indicateur (m)	센서	sen-seo
électricien (m)	전기 기사	jeon-gi gi-sa
souder (vt)	납땜하다	nap-ttaem-ha-da
fer (m) à souder	납땜인두	nap-ttaem-in-du
courant (m)	전류	jeol-lyu

168. Les outils

outil (m)	공구	gong-gu
outils (m pl)	공구	gong-gu
équipement (m)	장비	jang-bi
marteau (m)	망치	mang-chi
tournevis (m)	나사돌리개	na-sa-dol-li-gae
hache (f)	도끼	do-kki

scie (f)	톱	top
scier (vt)	톱을 켜다	to-beul kyeo-da
rabot (m)	대패	dae-pae
raboter (vt)	대패질하다	dae-pae-jil-ha-da
fer (m) à souder	납땜인두	nap-ttaem-in-du
souder (vt)	납땜하다	nap-ttaem-ha-da
lime (f)	줄	jul
tenailles (f pl)	집게	jip-ge
pince (f) plate	펜치	pen-chi
ciseau (m)	끌	kkeul
foret (m)	드릴 비트	deu-ril bi-teu
perceuse (f)	전동 드릴	jeon-dong deu-ril
percer (vt)	뚫다	ttul-ta
couteau (m)	칼, 나이프	kal, na-i-peu
canif (m)	주머니칼	ju-meo-ni-kal
pliant (adj)	접이식의	jeo-bi-si-gui
lame (f)	칼날	kal-lal
bien affilé (adj)	날카로운	nal-ka-ro-un
émoussé (adj)	무딘	mu-din
s'émousser (vp)	무뎌지다	mu-dyeo-ji-da
affiler (vt)	갈다	gal-da
boulon (m)	볼트	bol-teu
écrou (m)	너트	neo-teu
filetage (m)	나사산	na-sa-san
vis (f) à bois	나사못	na-sa-mot
clou (m)	못	mot
tête (f) de clou	못대가리	mot-dae-ga-ri
règle (f)	자	ja
mètre (m) à ruban	줄자	jul-ja
niveau (m) à bulle	수준기	su-jun-gi
loupe (f)	돋보기	dot-bo-gi
appareil (m) de mesure	계측기	gye-cheuk-gi
mesurer (vt)	측정하다	cheuk-jeong-ha-da
échelle (f) (~ métrique)	눈금	nun-geum
relevé (m)	판독값	pan-dok-gap
compresseur (m)	컴프레서	keom-peu-re-seo
microscope (m)	현미경	hyeon-mi-gyeong
pompe (f)	펌프	peom-peu
robot (m)	로봇	ro-bot
laser (m)	레이저	re-i-jeo
clé (f) de serrage	스패너	seu-pae-neo
ruban (m) adhésif	스카치 테이프	seu-ka-chi te-i-peu
colle (f)	접착제	jeop-chak-je
papier (m) d'émeri	사포	sa-po
aimant (m)	자석	ja-seok

gants (m pl)	장갑	jang-gap
corde (f)	밧줄	bat-jul
cordon (m)	끈	kkeun
fil (m) (~ électrique)	전선	jeon-seon
câble (m)	케이블	ke-i-beul
masse (f)	슬레지해머	seul-le-ji-hae-meo
pic (m)	쇠지레	soe-ji-re
escabeau (m)	사다리	sa-da-ri
échelle (f) double	접사다리	jeop-sa-da-ri
visser (vt)	돌려서 조이다	dol-lyeo-seo jo-i-da
dévisser (vt)	열리다	yeol-li-da
serrer (vt)	조이다	jo-i-da
coller (vt)	붙이다	bu-chi-da
couper (vt)	자르다	ja-reu-da
défaut (m)	고장	go-jang
réparation (f)	수리	su-ri
réparer (vt)	보수하다	bo-su-ha-da
régler (vt)	조절하다	jo-jeol-ha-da
vérifier (vt)	확인하다	hwa-gin-ha-da
vérification (f)	확인	hwa-gin
relevé (m)	판독값	pan-dok-gap
fiable (machine ~)	믿을 만한	mi-deul man-han
complexe (adj)	복잡한	bok-ja-pan
rouiller (vi)	녹이 슬다	no-gi seul-da
rouillé (adj)	녹이 슨	no-gi seun
rouille (f)	녹	nok

Les transports

169. L'avion

avion (m)	비행기	bi-haeng-gi
billet (m) d'avion	비행기표	bi-haeng-gi-pyo
compagnie (f) aérienne	항공사	hang-gong-sa
aéroport (m)	공항	gong-hang
supersonique (adj)	초음속의	cho-eum-so-gui
pilote (m)	비행사	bi-haeng-sa
hôtesse (f) de l'air	승무원	seung-mu-won
navigateur (m)	항법사	hang-beop-sa
ailes (f pl)	날개	nal-gae
queue (f)	꼬리	kko-ri
cabine (f)	조종석	jo-jong-seok
moteur (m)	엔진	en-jin
train (m) d'atterrissage	착륙 장치	chang-nyuk jang-chi
turbine (f)	터빈	teo-bin
hélice (f)	추진기	chu-jin-gi
boîte (f) noire	블랙박스	beul-laek-bak-seu
gouvernail (m)	조종간	jo-jong-gan
carburant (m)	연료	yeol-lyo
consigne (f) de sécurité	안전 안내서	an-jeon an-nae-seo
masque (m) à oxygène	산소 마스크	san-so ma-seu-keu
uniforme (m)	제복	je-bok
gilet (m) de sauvetage	구명조끼	gu-myeong-jo-kki
parachute (m)	낙하산	nak-a-san
décollage (m)	이륙	i-ryuk
décoller (vi)	이륙하다	i-ryuk-a-da
piste (f) de décollage	활주로	hwal-ju-ro
visibilité (f)	시계	si-gye
vol (m) (~ d'oiseau)	비행	bi-haeng
altitude (f)	고도	go-do
trou (m) d'air	에어 포켓	e-eo po-ket
place (f)	자리	ja-ri
écouteurs (m pl)	헤드폰	he-deu-pon
tablette (f)	접는 테이블	jeom-neun te-i-beul
hublot (m)	창문	chang-mun
couloir (m)	통로	tong-no

170. Le train

train (m)	기차, 열차	gi-cha, nyeol-cha
train (m) de banlieue	통근 열차	tong-geun nyeol-cha
TGV (m)	급행 열차	geu-paeng yeol-cha
locomotive (f) diesel	디젤 기관차	di-jel gi-gwan-cha
locomotive (f) à vapeur	증기 기관차	jeung-gi gi-gwan-cha
wagon (m)	객차	gaek-cha
wagon-restaurant (m)	식당차	sik-dang-cha
rails (m pl)	레일	re-il
chemin (m) de fer	철도	cheol-do
traverse (f)	침목	chim-mok
quai (m)	플랫폼	peul-laet-pom
voie (f)	길	gil
sémaphore (m)	신호기	sin-ho-gi
station (f)	역	yeok
conducteur (m) de train	기관사	gi-gwan-sa
porteur (m)	포터	po-teo
steward (m)	차장	cha-jang
passager (m)	승객	seung-gaek
contrôleur (m) de billets	검표원	geom-pyo-won
couloir (m)	통로	tong-no
frein (m) d'urgence	비상 브레이크	bi-sang beu-re-i-keu
compartiment (m)	침대차	chim-dae-cha
couchette (f)	침대	chim-dae
couchette (f) d'en haut	윗침대	wit-chim-dae
couchette (f) d'en bas	아래 침대	a-rae chim-dae
linge (m) de lit	침구	chim-gu
ticket (m)	표	pyo
horaire (m)	시간표	si-gan-pyo
tableau (m) d'informations	안내 전광판	an-nae jeon-gwang-pan
partir (vi)	떠난다	tteo-na-da
départ (m) (du train)	출발	chul-bal
arriver (le train)	도착하다	do-chak-a-da
arrivée (f)	도착	do-chak
arriver en train	기차로 도착하다	gi-cha-ro do-chak-a-da
prendre le train	기차에 타다	gi-cha-e ta-da
descendre du train	기차에서 내리다	gi-cha-e-seo nae-ri-da
accident (m) ferroviaire	기차 사고	gi-cha sa-go
locomotive (f) à vapeur	증기 기관차	jeung-gi gi-gwan-cha
chauffeur (m)	화부	hwa-bu
chauffe (f)	화실	hwa-sil
charbon (m)	석탄	seok-tan

171. Le bateau

bateau (m)	배	bae
navire (m)	배	bae
bateau (m) à vapeur	증기선	jeung-gi-seon
paquebot (m)	강배	gang-bae
bateau (m) de croisière	크루즈선	keu-ru-jeu-seon
croiseur (m)	순양함	su-nyang-ham
yacht (m)	요트	yo-teu
remorqueur (m)	예인선	ye-in-seon
voilier (m)	범선	beom-seon
brigantin (m)	쌍돛대 범선	ssang-dot-dae beom-seon
brise-glace (m)	쇄빙선	swae-bing-seon
sous-marin (m)	잠수함	jam-su-ham
canot (m) à rames	보트	bo-teu
dinghy (m)	종선	jong-seon
canot (m) de sauvetage	구조선	gu-jo-seon
canot (m) à moteur	모터보트	mo-teo-bo-teu
capitaine (m)	선장	seon-jang
matelot (m)	수부	su-bu
marin (m)	선원	seon-won
équipage (m)	승무원	seung-mu-won
maître (m) d'équipage	갑판장	gap-pan-jang
cuisinier (m) du bord	요리사	yo-ri-sa
médecin (m) de bord	선의	seon-ui
pont (m)	갑판	gap-pan
mât (m)	돛대	dot-dae
voile (f)	돛	dot
cale (f)	화물칸	hwa-mul-kan
proue (f)	이물	i-mul
poupe (f)	고물	go-mul
rame (f)	노	no
hélice (f)	스크루	seu-keu-ru
cabine (f)	선실	seon-sil
carré (m) des officiers	사관실	sa-gwan-sil
salle (f) des machines	엔진실	en-jin-sil
cabine (f) de T.S.F.	무전실	mu-jeon-sil
onde (f)	전파	jeon-pa
longue-vue (f)	망원경	mang-won-gyeong
cloche (f)	종	jong
pavillon (m)	기	gi
grosse corde (f) tressée	밧줄	bat-jul
nœud (m) marin	매듭	mae-deup

rampe (f)	난간	nan-gan
passerelle (f)	사다리	sa-da-ri
ancre (f)	닻	dat
lever l'ancre	닻을 올리다	da-cheul rol-li-da
jeter l'ancre	닻을 내리다	da-cheul lae-ri-da
chaîne (f) d'ancrage	닻줄	dat-jul
port (m)	항구	hang-gu
embarcadère (m)	부두	bu-du
accoster (vi)	정박시키다	jeong-bak-si-ki-da
larguer les amarres	출항하다	chul-hang-ha-da
voyage (m) (à l'étranger)	여행	yeo-haeng
croisière (f)	크루즈	keu-ru-jeu
cap (m) (suivre un ~)	항로	hang-no
itinéraire (m)	노선	no-seon
chenal (m)	항로	hang-no
bas-fond (m)	얕은 곳	ya-teun got
échouer sur un bas-fond	좌초하다	jwa-cho-ha-da
tempête (f)	폭풍우	pok-pung-u
signal (m)	신호	sin-ho
sombrer (vi)	가라앉다	ga-ra-an-da
SOS (m)	조난 신호	jo-nan sin-ho
bouée (f) de sauvetage	구명부환	gu-myeong-bu-hwan

172. L'aéroport

aéroport (m)	공항	gong-hang
avion (m)	비행기	bi-haeng-gi
compagnie (f) aérienne	항공사	hang-gong-sa
contrôleur (m) aérien	관제사	gwan-je-sa
départ (m)	출발	chul-bal
arrivée (f)	도착	do-chak
arriver (par avion)	도착하다	do-chak-a-da
temps (m) de départ	출발시간	chul-bal-si-gan
temps (m) d'arrivée	도착시간	do-chak-si-gan
être retardé	연기되다	yeon-gi-doe-da
retard (m) de l'avion	항공기 지연	hang-gong-gi ji-yeon
tableau (m) d'informations	안내 전광판	an-nae jeon-gwang-pan
information (f)	정보	jeong-bo
annoncer (vt)	알리다	al-li-da
vol (m)	비행편	bi-haeng-pyeon
douane (f)	세관	se-gwan
douanier (m)	세관원	se-gwan-won
déclaration (f) de douane	세관신고서	se-gwan-sin-go-seo
remplir la déclaration	세관 신고서를 작성하다	se-gwan sin-go-seo-reul jak-seong-ha-da

contrôle (m) de passeport	여권 검사	yeo-gwon geom-sa
bagage (m)	짐, 수하물	jim, su-ha-mul
bagage (m) à main	휴대 가능 수하물	hyu-dae ga-neung su-ha-mul
chariot (m)	수하물 카트	su-ha-mul ka-teu
atterrissage (m)	착륙	chang-nyuk
piste (f) d'atterrissage	활주로	hwal-ju-ro
atterrir (vi)	착륙하다	chang-nyuk-a-da
escalier (m) d'avion	승강계단	seung-gang-gye-dan
enregistrement (m)	체크인	che-keu-in
comptoir (m) d'enregistrement	체크인 카운터	che-keu-in ka-un-teo
s'enregistrer (vp)	체크인하다	che-keu-in-ha-da
carte (f) d'embarquement	탑승권	tap-seung-gwon
porte (f) d'embarquement	탑승구	tap-seung-gu
transit (m)	트랜싯, 환승	teu-raen-sit, hwan-seung
attendre (vt)	기다리다	gi-da-ri-da
salle (f) d'attente	공항 라운지	gong-hang na-un-ji
raccompagner (à l'aéroport, etc.)	배웅하다	bae-ung-ha-da
dire au revoir	작별인사를 하다	jak-byeo-rin-sa-reul ha-da

173. Le vélo. La moto

vélo (m)	자전거	ja-jeon-geo
scooter (m)	스쿠터	seu-ku-teo
moto (f)	오토바이	o-to-ba-i
faire du vélo	자전거로 가다	ja-jeon-geo-ro ga-da
guidon (m)	핸들	haen-deul
pédale (f)	페달	pe-dal
freins (m pl)	브레이크	beu-re-i-keu
selle (f)	안장	an-jang
pompe (f)	펌프	peom-peu
porte-bagages (m)	짐 선반	jim seon-ban
phare (m)	라이트	ra-i-teu
casque (m)	헬멧	hel-met
roue (f)	바퀴	ba-kwi
garde-boue (m)	펜더	pen-deo
jante (f)	테	te
rayon (m)	바퀴살	ba-kwi-sal

La voiture

174. Les différents types de voiture

automobile (f)	자동차	ja-dong-cha
voiture (f) de sport	스포츠카	seu-po-cheu-ka
limousine (f)	리무진	ri-mu-jin
tout-terrain (m)	오프로드 카	o-peu-ro-deu ka
cabriolet (m)	오픈카	o-peun-ka
minibus (m)	승합차	seung-hap-cha
ambulance (f)	응급차	eung-geup-cha
chasse-neige (m)	제설차	je-seol-cha
camion (m)	트럭	teu-reok
camion-citerne (m)	유조차	yu-jo-cha
fourgon (m)	유개 화물차	yu-gae hwa-mul-cha
tracteur (m) routier	트랙터	teu-raek-teo
remorque (f)	트레일러	teu-re-il-leo
confortable (adj)	편안한	pyeon-an-han
d'occasion (adj)	중고의	jung-go-ui

175. La voiture. La carrosserie

capot (m)	보닛	bo-nit
aile (f)	펜더	pen-deo
toit (m)	지붕	ji-bung
pare-brise (m)	전면 유리	jeon-myeon nyu-ri
rétroviseur (m)	백미러	baeng-mi-reo
lave-glace (m)	워셔	wo-syeo
essuie-glace (m)	와이퍼	wa-i-peo
fenêtre (f) latéral	옆 유리창	yeop pyu-ri-chang
lève-glace (m)	파워윈도우	pa-wo-win-do-u
antenne (f)	안테나	an-te-na
toit (m) ouvrant	선루프	seol-lu-peu
pare-chocs (m)	범퍼	beom-peo
coffre (m)	트렁크	teu-reong-keu
portière (f)	차문	cha-mun
poignée (f)	도어핸들	do-eo-haen-deul
serrure (f)	도어락	do-eo-rak
plaque (f) d'immatriculation	번호판	beon-ho-pan
silencieux (m)	머플러	meo-peul-leo

réservoir (m) d'essence	연료 탱크	yeol-lyo taeng-keu
pot (m) d'échappement	배기관	bae-gi-gwan
accélérateur (m)	액셀	aek-sel
pédale (f)	페달	pe-dal
pédale (f) d'accélérateur	액셀 페달	aek-sel pe-dal
frein (m)	브레이크	beu-re-i-keu
pédale (f) de frein	브레이크 페달	beu-re-i-keu pe-dal
freiner (vi)	브레이크를 밟다	beu-re-i-keu-reul bap-da
frein (m) à main	주차 브레이크	ju-cha beu-re-i-keu
embrayage (m)	클러치	keul-leo-chi
pédale (f) d'embrayage	클러치 페달	keul-leo-chi pe-dal
disque (m) d'embrayage	클러치 디스크	keul-leo-chi di-seu-keu
amortisseur (m)	완충장치	wan-chung-jang-chi
roue (f)	바퀴	ba-kwi
roue (f) de rechange	스페어 타이어	seu-pe-eo ta-i-eo
pneu (m)	타이어	ta-i-eo
enjoliveur (m)	휠캡	hwil-kaep
roues (f pl) motrices	구동륜	gu-dong-nyun
à traction avant	전륜 구동의	jeol-lyun gu-dong-ui
à traction arrière	후륜 구동의	hu-ryun gu-dong-ui
à traction intégrale	사륜 구동의	sa-ryun gu-dong-ui
boîte (f) de vitesses	변속기	byeon-sok-gi
automatique (adj)	자동의	ja-dong-ui
mécanique (adj)	기계식의	gi-gye-si-gui
levier (m) de vitesse	기어	gi-eo
phare (m)	헤드라이트	he-deu-ra-i-teu
feux (m pl)	헤드라이트	he-deu-ra-i-teu
feux (m pl) de croisement	하향등	ha-hyang-deung
feux (m pl) de route	상향등	sang-hyang-deung
feux (m pl) stop	브레이크 등	beu-re-i-keu deung
feux (m pl) de position	미등	mi-deung
feux (m pl) de détresse	비상등	bi-sang-deung
feux (m pl) de brouillard	안개등	an-gae-deung
clignotant (m)	방향지시등	bang-hyang-ji-si-deung
feux (m pl) de recul	후미등	hu-mi-deung

176. La voiture. L'habitacle

habitacle (m)	내부	nae-bu
en cuir (adj)	가죽의	ga-ju-gui
en velours (adj)	벨루어의	bel-lu-eo-ui
revêtement (m)	커버	keo-beo
instrument (m)	계기	gye-gi
tableau (m) de bord	계기반	gye-gi-ban

indicateur (m) de vitesse	속도계	sok-do-gye
aiguille (f)	지침	ji-chim
compteur (m) de kilomètres	주행기록계	ju-haeng-gi-rok-gye
indicateur (m)	센서	sen-seo
niveau (m)	레벨	re-bel
témoin (m)	경고등	gyeong-go-deung
volant (m)	핸들	haen-deul
klaxon (m)	경적	gyeong-jeok
bouton (m)	버튼	beo-teun
interrupteur (m)	스위치	seu-wi-chi
siège (m)	좌석	jwa-seok
dossier (m)	등받이	deung-ba-ji
appui-tête (m)	머리 받침	meo-ri bat-chim
ceinture (f) de sécurité	안전 벨트	an-jeon bel-teu
mettre la ceinture	안전 벨트를 매다	an-jeon bel-teu-reul mae-da
réglage (m)	조절	jo-jeol
airbag (m)	에어백	e-eo-baek
climatiseur (m)	에어컨	e-eo-keon
radio (f)	라디오	ra-di-o
lecteur (m) de CD	씨디 플레이어	ssi-di peul-le-i-eo
allumer (vt)	켜다	kyeo-da
antenne (f)	안테나	an-te-na
boîte (f) à gants	글러브 박스	geul-leo-beu bak-seu
cendrier (m)	재떨이	jae-tteo-ri

177. La voiture. Le moteur

moteur (m)	엔진	en-jin
moteur (m)	모터	mo-teo
diesel (adj)	디젤의	di-je-rui
à essence (adj)	가솔린	ga-sol-lin
capacité (f) du moteur	배기량	bae-gi-ryang
puissance (f)	출력	chul-lyeok
cheval-vapeur (m)	마력	ma-ryeok
piston (m)	피스톤	pi-seu-ton
cylindre (m)	실린더	sil-lin-deo
soupape (f)	밸브	bael-beu
injecteur (m)	연료 분사기	yeol-lyo bun-sa-gi
générateur (m)	발전기	bal-jeon-gi
carburateur (m)	카뷰레터	ka-byu-re-teo
huile (f) moteur	엔진 오일	en-jin o-il
radiateur (m)	라디에이터	ra-di-e-i-teo
liquide (m) de refroidissement	냉매	naeng-mae
ventilateur (m)	냉각팬	paen
batterie (f)	배터리	bae-teo-ri
starter (m)	시동기	si-dong-gi

allumage (m)	점화 장치	jeom-hwa jang-chi
bougie (f) d'allumage	점화플러그	jeom-hwa-peul-leo-geu
borne (f)	전극	jeon-geuk
borne (f) positive	플러스	peul-leo-seu
borne (f) négative	마이너스	ma-i-neo-seu
fusible (m)	퓨즈	pyu-jeu
filtre (m) à air	공기 필터	gong-gi pil-teo
filtre (m) à huile	오일 필터	o-il pil-teo
filtre (m) à essence	연료 필터	yeol-lyo pil-teo

178. La voiture. La réparation

accident (m) de voiture	사고	sa-go
accident (m) de route	교통 사고	gyo-tong sa-go
percuter contre ...	들이받다	deu-ri-bat-da
s'écraser (vp)	부서지다	bu-seo-ji-da
dégât (m)	피해	pi-hae
intact (adj)	손상 없는	son-sang eom-neun
tomber en panne	고장 나다	go-jang na-da
corde (f) de remorquage	견인줄	gyeon-in-jul
crevaison (f)	펑크	peong-keu
crever (vi) (pneu)	펑크 나다	peong-keu na-da
gonfler (vt)	타이어 부풀리다	ta-i-eo bu-pul-li-da
pression (f)	압력	am-nyeok
vérifier (vt)	확인하다	hwa-gin-ha-da
réparation (f)	수리	su-ri
garage (m) (atelier)	정비소	jeong-bi-so
pièce (f) détachée	예비 부품	ye-bi bu-pum
pièce (f)	부품	bu-pum
boulon (m)	볼트	bol-teu
vis (f)	나사	na-sa
écrou (m)	너트	neo-teu
rondelle (f)	와셔	wa-syeo
palier (m)	베어링	be-eo-ring
tuyau (m)	파이프	pa-i-peu
joint (m)	개스킷	gae-seu-kit
fil (m)	전선	jeon-seon
cric (m)	잭	jaek
clé (f) de serrage	스패너	seu-pae-neo
marteau (m)	망치	mang-chi
pompe (f)	펌프	peom-peu
tournevis (m)	나사돌리개	na-sa-dol-li-gae
extincteur (m)	소화기	so-hwa-gi
triangle (m) de signalisation	안전 삼각대	an-jeon sam-gak-dae
caler (vi)	멎다	meot-da

calage (m)	정지	jeong-ji
être en panne	부서지다	bu-seo-ji-da
surchauffer (vi)	과열되다	gwa-yeol-doe-da
se boucher (vp)	막히다	mak-i-da
geler (vi)	얼다	eol-da
éclater (tuyau, etc.)	터지다	teo-ji-da
pression (f)	압력	am-nyeok
niveau (m)	레벨	re-bel
lâche (courroie ~)	느슨한	neu-seun-han
fosse (f)	덴트	den-teu
bruit (m) anormal	똑똑거리는 소음	ttok-ttok-geo-ri-neun so-eum
fissure (f)	균열	gyu-nyeol
égratignure (f)	긁힘	geuk-him

179. La voiture. La route

route (f)	도로	do-ro
grande route (autoroute)	고속도로	go-sok-do-ro
autoroute (f)	고속도로	go-sok-do-ro
direction (f)	방향	bang-hyang
distance (f)	거리	geo-ri
pont (m)	다리	da-ri
parking (m)	주차장	ju-cha-jang
place (f)	광장	gwang-jang
échangeur (m)	인터체인지	in-teo-che-in-ji
tunnel (m)	터널	teo-neol
station-service (f)	주유소	ju-yu-so
parking (m)	주차장	ju-cha-jang
poste (m) d'essence	가솔린 펌프	ga-sol-lin peom-peu
garage (m) (atelier)	정비소	jeong-bi-so
se ravitailler (vp)	기름을 넣다	gi-reu-meul leo-ta
carburant (m)	연료	yeol-lyo
jerrycan (m)	통	tong
asphalte (m)	아스팔트	a-seu-pal-teu
marquage (m)	노면 표지	no-myeon pyo-ji
bordure (f)	도로 경계석	do-ro gyeong-gye-seok
barrière (f) de sécurité	가드레일	ga-deu-re-il
fossé (m)	도랑	do-rang
bas-côté (m)	길가	gil-ga
réverbère (m)	가로등	ga-ro-deung
conduire (une voiture)	운전하다	un-jeon-ha-da
tourner (~ à gauche)	돌다	dol-da
faire un demi-tour	유턴하다	yu-teon-ha-da
marche (f) arrière	후진 기어	hu-jin gi-eo
klaxonner (vi)	경적을 울리다	gyeong-jeo-geul rul-li-da
coup (m) de klaxon	경적	gyeong-jeok

s'embourber (vp)	빠지다	ppa-ji-da
déraper (vi)	미끄러지다	mi-kkeu-reo-ji-da
couper (le moteur)	멈추다	meom-chu-da
vitesse (f)	속도	sok-do
dépasser la vitesse	과속으로 달리다	gwa-so-geu-ro dal-li-da
mettre une amende	딱지를 떼다	ttak-ji-reul tte-da
feux (m pl) de circulation	신호등	sin-ho-deung
permis (m) de conduire	운전 면허증	un-jeon myeon-heo-jeung
passage (m) à niveau	십자로	sip-ja-ro
carrefour (m)	교차로	gyo-cha-ro
passage (m) piéton	횡단 보도	hoeng-dan bo-do
virage (m)	커브	keo-beu
zone (f) piétonne	보행자 공간	bo-haeng-ja gong-gan

180. Les panneaux de signalisation

code (m) de la route	교통 규칙	gyo-tong gyu-chik
signe (m)	도로 표지	do-ro pyo-ji
dépassement (m)	추월	chu-wol
virage (m)	커브	keo-beu
demi-tour (m)	유턴	yu-teon
sens (m) giratoire	로터리	ro-teo-ri
sens interdit	진입 금지	ji-nip geum-ji
circulation interdite	통행금지	tong-haeng-geum-ji
interdiction de dépasser	추월 금지	chu-wol geum-ji
stationnement interdit	주차금지	ju-cha-geum-ji
arrêt interdit	정차 금지	jeong-cha geum-ji
virage dangereux	급커브	geup-keo-beu
descente dangereuse	내리막경사	nae-ri-mak-gyeong-sa
sens unique	일방통행	il-bang-tong-haeng
passage (m) piéton	횡단 보도	hoeng-dan bo-do
chaussée glissante	미끄러운 도로	mi-kkeu-reo-un do-ro
cédez le passage	양보	yang-bo

LES GENS. LES ÉVÉNEMENTS

Les grands événements de la vie

181. Les fêtes et les événements

fête (f)	휴일	hyu-il
fête (f) nationale	국경일	guk-gyeong-il
jour (m) férié	공휴일	gong-hyu-il
fêter (vt)	기념하다	gi-nyeom-ha-da
événement (m) (~ du jour)	사건	sa-geon
événement (m) (soirée, etc.)	이벤트	i-ben-teu
banquet (m)	연회	yeon-hoe
réception (f)	리셉션	ri-sep-syeon
festin (m)	연회	yeon-hoe
anniversaire (m)	기념일	gi-nyeom-il
jubilé (m)	기념일	gi-nyeom-il
célébrer (vt)	경축하다	gyeong-chuk-a-da
Nouvel An (m)	새해	sae-hae
Bonne année!	새해 복 많이 받으세요!	sae-hae bok ma-ni ba-deu-se-yo!
Père Noël (m)	산타클로스	san-ta-keul-lo-seu
Noël (m)	크리스마스	keu-ri-seu-ma-seu
Joyeux Noël!	성탄을 축하합니다!	seong-ta-neul chuk-a-ham-ni-da!
arbre (m) de Noël	크리스마스트리	keu-ri-seu-ma-seu-teu-ri
feux (m pl) d'artifice	불꽃놀이	bul-kkon-no-ri
mariage (m)	결혼식	gyeol-hon-sik
fiancé (m)	신랑	sil-lang
fiancée (f)	신부	sin-bu
inviter (vt)	초대하다	cho-dae-ha-da
lettre (f) d'invitation	초대장	cho-dae-jang
invité (m)	손님	son-nim
visiter (~ les amis)	방문하다	bang-mun-ha-da
accueillir les invités	손님을 맞이하다	son-ni-meul ma-ji-ha-da
cadeau (m)	선물	seon-mul
offrir (un cadeau)	선물 하다	seon-mul ha-da
recevoir des cadeaux	선물 받다	seon-mul bat-da
bouquet (m)	꽃다발	kkot-da-bal
félicitations (f pl)	축하를	chuk-a-reul
féliciter (vt)	축하하다	chuk-a-ha-da

carte (f) de veux	축하 카드	chuk-a ka-deu
envoyer une carte	카드를 보내다	ka-deu-reul bo-nae-da
recevoir une carte	카드 받다	ka-deu bat-da
toast (m)	축배	chuk-bae
offrir (un verre, etc.)	대접하다	dae-jeo-pa-da
champagne (m)	샴페인	syam-pe-in
s'amuser (vp)	즐기다	jeul-gi-da
gaieté (f)	즐거움	jeul-geo-um
joie (f) (émotion)	기쁜, 즐거움	gi-ppeun, jeul-geo-um
danse (f)	춤	chum
danser (vi, vt)	춤추다	chum-chu-da
valse (f)	왈츠	wal-cheu
tango (m)	탱고	taeng-go

182. L'enterrement. Le deuil

cimetière (m)	묘지	myo-ji
tombe (f)	무덤	mu-deom
croix (f)	십자가	sip-ja-ga
pierre (f) tombale	묘석	myo-seok
clôture (f)	울타리	ul-ta-ri
chapelle (f)	채플	chae-peul
mort (f)	죽음	ju-geum
mourir (vi)	죽다	juk-da
défunt (m)	고인	go-in
deuil (m)	상	sang
enterrer (vt)	묻다	mut-da
maison (f) funéraire	장례식장	jang-nye-sik-jang
enterrement (m)	장례식	jang-nye-sik
couronne (f)	화환	hwa-hwan
cercueil (m)	관	gwan
corbillard (m)	영구차	yeong-gu-cha
linceul (m)	수의	su-ui
urne (f) funéraire	유골 단지	yu-gol dan-ji
crématoire (m)	화장장	hwa-jang-jang
nécrologue (m)	부고	bu-go
pleurer (vi)	울다	ul-da
sangloter (vi)	흐느껴 울다	heu-neu-kkyeo ul-da

183. La guerre. Les soldats

section (f)	소대	so-dae
compagnie (f)	중대	jung-dae

régiment (m)	연대	yeon-dae
armée (f)	군대	gun-dae
division (f)	사단	sa-dan
détachement (m)	분대	bun-dae
armée (f) (Moyen Âge)	군대	gun-dae
soldat (m) (un militaire)	군인	gun-in
officier (m)	장교	jang-gyo
soldat (m) (grade)	일병	il-byeong
sergent (m)	병장	byeong-jang
lieutenant (m)	중위	jung-wi
capitaine (m)	대위	dae-wi
commandant (m)	소령	so-ryeong
colonel (m)	대령	dae-ryeong
général (m)	장군	jang-gun
marin (m)	선원	seon-won
capitaine (m)	대위	dae-wi
maître (m) d'équipage	갑판장	gap-pan-jang
artilleur (m)	포병	po-byeong
parachutiste (m)	낙하산 부대원	nak-a-san bu-dae-won
pilote (m)	조종사	jo-jong-sa
navigateur (m)	항법사	hang-beop-sa
mécanicien (m)	정비공	jeong-bi-gong
démineur (m)	공병대원	gong-byeong-dae-won
parachutiste (m)	낙하산병	nak-a-san-byeong
éclaireur (m)	정찰대	jeong-chal-dae
tireur (m) d'élite	저격병	jeo-gyeok-byeong
patrouille (f)	순찰	sun-chal
patrouiller (vi)	순찰하다	sun-chal-ha-da
sentinelle (f)	경비병	gyeong-bi-byeong
guerrier (m)	전사	jeon-sa
héros (m)	영웅	yeong-ung
héroïne (f)	여걸	yeo-geol
patriote (m)	애국자	ae-guk-ja
traître (m)	매국노	mae-gung-no
déserteur (m)	탈영병	ta-ryeong-byeong
déserter (vt)	탈영하다	ta-ryeong-ha-da
mercenaire (m)	용병	yong-byeong
recrue (f)	훈련병	hul-lyeon-byeong
volontaire (m)	지원병	ji-won-byeong
mort (m)	사망자	sa-mang-ja
blessé (m)	부상자	bu-sang-ja
prisonnier (m) de guerre	포로	po-ro

184. La guerre. Partie 1

guerre (f)	전쟁	jeon-jaeng
faire la guerre	참전하다	cham-jeon-ha-da
guerre (f) civile	내전	nae-jeon
perfidement (adv)	비겁하게	bi-geo-pa-ge
déclaration (f) de guerre	선전 포고	seon-jeon po-go
déclarer (la guerre)	선포하다	seon-po-ha-da
agression (f)	침략	chim-nyak
attaquer (~ un pays)	공격하다	gong-gyeo-ka-da
envahir (vt)	침략하다	chim-nyak-a-da
envahisseur (m)	침략자	chim-nyak-ja
conquérant (m)	정복자	jeong-bok-ja
défense (f)	방어	bang-eo
défendre (vt)	방어하다	bang-eo-ha-da
se défendre (vp)	… 를 방어하다	… reul bang-eo-ha-da
ennemi (m)	적	jeok
adversaire (m)	원수	won-su
ennemi (adj) (territoire ~)	적의	jeo-gui
stratégie (f)	전략	jeol-lyak
tactique (f)	전술	jeon-sul
ordre (m)	명령	myeong-nyeong
commande (f)	명령	myeong-nyeong
ordonner (vt)	명령하다	myeong-nyeong-ha-da
mission (f)	임무	im-mu
secret (adj)	비밀의	bi-mi-rui
bataille (f)	전투	jeon-tu
bataille (f)	전투	jeon-tu
combat (m)	전투	jeon-tu
attaque (f)	공격	gong-gyeok
assaut (m)	돌격	dol-gyeok
prendre d'assaut	습격하다	seup-gyeok-a-da
siège (m)	포위 공격	po-wi gong-gyeok
offensive (f)	공세	gong-se
passer à l'offensive	공격하다	gong-gyeo-ka-da
retraite (f)	퇴각	toe-gak
faire retraite	퇴각하다	toe-gak-a-da
encerclement (m)	포위	po-wi
encercler (vt)	둘러싸다	dul-leo-ssa-da
bombardement (m)	폭격	pok-gyeok
lancer une bombe	폭탄을 투하하다	pok-ta-neul tu-ha-ha-da
bombarder (vt)	폭격하다	pok-gyeok-a-da
explosion (f)	폭발	pok-bal

coup (m) de feu	발포	bal-po
tirer un coup de feu	쏘다	sso-da
fusillade (f)	사격	sa-gyeok
viser ... (cible)	겨냥대다	gyeo-nyang-dae-da
pointer (sur ...)	총을 겨누다	chong-eul gyeo-nu-da
atteindre (cible)	맞히다	ma-chi-da
faire sombrer	가라앉히다	ga-ra-an-chi-da
trou (m) (dans un bateau)	구멍	gu-meong
sombrer (navire)	가라앉히다	ga-ra-an-chi-da
front (m)	전선	jeon-seon
évacuation (f)	철수	cheol-su
évacuer (vt)	대피시키다	dae-pi-si-ki-da
tranchée (f)	참호	cham-ho
barbelés (m pl)	가시철사	ga-si-cheol-sa
barrage (m) (~ antichar)	장애물	jang-ae-mul
tour (f) de guet	감시탑	gam-si-tap
hôpital (m)	군 병원	gun byeong-won
blesser (vt)	부상을 입히다	bu-sang-eul ri-pi-da
blessure (f)	부상	bu-sang
blessé (m)	부상자	bu-sang-ja
être blessé	부상을 입다	bu-sang-eul rip-da
grave (blessure)	심각한	sim-gak-an

185. La guerre. Partie 2

captivité (f)	사로잡힘	sa-ro-ja-pim
captiver (vt)	포로로 하다	po-ro-ro ha-da
être prisonnier	사로잡히어	sa-ro-ja-pi-eo
être fait prisonnier	포로가 되다	po-ro-ga doe-da
camp (m) de concentration	강제 수용소	gang-je su-yong-so
prisonnier (m) de guerre	포로	po-ro
s'enfuir (vp)	탈출하다	tal-chul-ha-da
trahir (vt)	팔아먹다	pa-ra-meok-da
traître (m)	배반자	bae-ban-ja
trahison (f)	배반	bae-ban
fusiller (vt)	총살하다	chong-sal-ha-da
fusillade (f) (exécution)	총살형	chong-sal-hyeong
équipement (m) (uniforme, etc.)	군장	gun-jang
épaulette (f)	계급 견장	gye-geup gyeon-jang
masque (m) à gaz	가스 마스크	ga-seu ma-seu-keu
émetteur (m) radio	군용무전기	gu-nyong-mu-jeon-gi
chiffre (m) (code)	암호	am-ho
conspiration (f)	비밀 유지	bi-mil ryu-ji

mot (m) de passe	비밀번호	bi-mil-beon-ho
mine (f) terrestre	지뢰	ji-roe
miner (poser des mines)	지뢰를 매설하다	ji-roe-reul mae-seol-ha-da
champ (m) de mines	지뢰밭	ji-roe-bat
alerte (f) aérienne	공습 경보	gong-seup gyeong-bo
signal (m) d'alarme	경보	gyeong-bo
signal (m)	신호	sin-ho
fusée signal (f)	신호탄	sin-ho-tan
état-major (m)	본부	bon-bu
reconnaissance (f)	정찰	jeong-chal
situation (f)	정세	jeong-se
rapport (m)	보고	bo-go
embuscade (f)	기습	gi-seup
renfort (m)	강화	gang-hwa
cible (f)	과녁	gwa-nyeok
polygone (m)	성능 시험장	seong-neung si-heom-jang
manœuvres (f pl)	군사 훈련	gun-sa hul-lyeon
panique (f)	공황	gong-hwang
dévastation (f)	파멸	pa-myeol
destructions (f pl) (ruines)	파괴	pa-goe
détruire (vt)	파괴하다	pa-goe-ha-da
survivre (vi)	살아남다	sa-ra-nam-da
désarmer (vt)	무장해제하다	mu-jang-hae-je-ha-da
manier (une arme)	다루다	da-ru-da
Garde-à-vous! Fixe!	차려!	cha-ryeo!
Repos!	쉬어!	swi-eo!
exploit (m)	무훈	mu-hun
serment (m)	맹세	maeng-se
jurer (de faire qch)	맹세하다	maeng-se-ha-da
décoration (f)	훈장	hun-jang
décorer (de la médaille)	훈장을 주다	hun-jang-eul ju-da
médaille (f)	메달	me-dal
ordre (m) (~ du Mérite)	훈장	hun-jang
victoire (f)	승리	seung-ni
défaite (f)	패배	pae-bae
armistice (m)	휴전	hyu-jeon
drapeau (m)	기	gi
gloire (f)	영광	yeong-gwang
défilé (m)	퍼레이드	peo-re-i-deu
marcher (défiler)	행진하다	haeng-jin-ha-da

186. Les armes

arme (f)	무기	mu-gi
armes (f pl) à feu	화기	hwa-gi

arme (f) chimique	화학 병기	hwa-hak byeong-gi
nucléaire (adj)	핵의	hae-gui
arme (f) nucléaire	핵무기	haeng-mu-gi
bombe (f)	폭탄	pok-tan
bombe (f) atomique	원자폭탄	won-ja-pok-tan
pistolet (m)	권총	gwon-chong
fusil (m)	장총	jang-chong
mitraillette (f)	기관단총	gi-gwan-dan-chong
mitrailleuse (f)	기관총	gi-gwan-chong
bouche (f)	총구	chong-gu
canon (m)	총열	chong-yeol
calibre (m)	구경	gu-gyeong
gâchette (f)	방아쇠	bang-a-soe
mire (f)	가늠자	ga-neum-ja
crosse (f)	개머리	gae-meo-ri
grenade (f) à main	수류탄	su-ryu-tan
explosif (m)	폭약	po-gyak
balle (f)	총알	chong-al
cartouche (f)	탄약통	ta-nyak-tong
charge (f)	화약	hwa-yak
munitions (f pl)	탄약	ta-nyak
bombardier (m)	폭격기	pok-gyeok-gi
avion (m) de chasse	전투기	jeon-tu-gi
hélicoptère (m)	헬리콥터	hel-li-kop-teo
pièce (f) de D.C.A.	대공포	dae-gong-po
char (m)	전차	jeon-cha
artillerie (f)	대포	dae-po
canon (m)	대포	dae-po
pointer (~ l'arme)	총을 겨누다	chong-eul gyeo-nu-da
obus (m)	탄피	tan-pi
obus (m) de mortier	박격포탄	bak-gyeok-po-tan
mortier (m)	박격포	bak-gyeok-po
éclat (m) d'obus	포탄파편	po-tan-pa-pyeon
sous-marin (m)	잠수함	jam-su-ham
torpille (f)	어뢰	eo-roe
missile (m)	미사일	mi-sa-il
charger (arme)	장탄하다	jang-tan-ha-da
tirer (vi)	쏘다	sso-da
viser ... (cible)	총을 겨누다	chong-eul gyeo-nu-da
baïonnette (f)	총검	chong-geom
épée (f)	레이피어	re-i-pi-eo
sabre (m)	군도	gun-do
lance (f)	창	chang

arc (m)	활	hwal
flèche (f)	화살	hwa-sal
mousquet (m)	머스킷	meo-seu-kit
arbalète (f)	석궁	seok-gung

187. Les hommes préhistoriques

primitif (adj)	원시적인	won-si-jeo-gin
préhistorique (adj)	선사시대의	seon-sa-si-dae-ui
ancien (adj)	고대의	go-dae-ui
Âge (m) de pierre	석기 시대	seok-gi si-dae
Âge (m) de bronze	청동기 시대	cheong-dong-gi si-dae
période (f) glaciaire	빙하 시대	bing-ha si-dae
tribu (f)	부족	bu-jok
cannibale (m)	식인종	si-gin-jong
chasseur (m)	사냥꾼	sa-nyang-kkun
chasser (vi, vt)	사냥하다	sa-nyang-ha-da
mammouth (m)	매머드	mae-meo-deu
caverne (f)	동굴	dong-gul
feu (m)	불	bul
feu (m) de bois	모닥불	mo-dak-bul
dessin (m) rupestre	동굴 벽화	dong-gul byeok-wa
outil (m)	도구	do-gu
lance (f)	창	chang
hache (f) en pierre	돌도끼	dol-do-kki
faire la guerre	참전하다	cham-jeon-ha-da
domestiquer (vt)	길들이다	gil-deu-ri-da
idole (f)	우상	u-sang
adorer, vénérer (vt)	숭배하다	sung-bae-ha-da
superstition (f)	미신	mi-sin
évolution (f)	진화	jin-hwa
développement (m)	개발	gae-bal
disparition (f)	멸종	myeol-jong
s'adapter (vp)	적응하다	jeo-geung-ha-da
archéologie (f)	고고학	go-go-hak
archéologue (m)	고고학자	go-go-hak-ja
archéologique (adj)	고고학의	go-go-ha-gui
site (m) d'excavation	발굴 현장	bal-gul hyeon-jang
fouilles (f pl)	발굴	bal-gul
trouvaille (f)	발견물	bal-gyeon-mul
fragment (m)	파편	pa-pyeon

188. Le Moyen Âge

peuple (m)	민족	min-jok
peuples (m pl)	민족	min-jok

tribu (f)	부족	bu-jok
tribus (f pl)	부족들	bu-jok-deul
Barbares (m pl)	오랑캐	o-rang-kae
Gaulois (m pl)	갈리아인	gal-li-a-in
Goths (m pl)	고트족	go-teu-jok
Slaves (m pl)	슬라브족	seul-la-beu-jok
Vikings (m pl)	바이킹	ba-i-king
Romains (m pl)	로마 사람	ro-ma sa-ram
romain (adj)	로마의	ro-ma-ui
byzantins (m pl)	비잔티움 사람들	bi-jan-ti-um sa-ram-deul
Byzance (f)	비잔티움	bi-jan-ti-um
byzantin (adj)	비잔틴의	bi-jan-tin-ui
empereur (m)	황제	hwang-je
chef (m)	추장	chu-jang
puissant (adj)	강력한	gang-nyeo-kan
roi (m)	왕	wang
gouverneur (m)	통치자	tong-chi-ja
chevalier (m)	기사	gi-sa
féodal (m)	봉건 영주	bong-geon nyeong-ju
féodal (adj)	봉건적인	bong-geon-jeo-gin
vassal (m)	봉신	bong-sin
duc (m)	공작	gong-jak
comte (m)	백작	baek-jak
baron (m)	남작	nam-jak
évêque (m)	주교	ju-gyo
armure (f)	갑옷	ga-bot
bouclier (m)	방패	bang-pae
glaive (m)	검	geom
visière (f)	얼굴 가리개	eol-gul ga-ri-gae
cotte (f) de mailles	미늘 갑옷	mi-neul ga-bot
croisade (f)	십자군	sip-ja-gun
croisé (m)	십자군 전사	sip-ja-gun jeon-sa
territoire (m)	영토	yeong-to
attaquer (~ un pays)	공격하다	gong-gyeo-ka-da
conquérir (vt)	정복하다	jeong-bok-a-da
occuper (envahir)	점령하다	jeom-nyeong-ha-da
siège (m)	포위 공격	po-wi gong-gyeok
assiégé (adj)	포위당한	po-wi-dang-han
assiéger (vt)	포위하다	po-wi-ha-da
inquisition (f)	이단심문	i-dan-sim-mun
inquisiteur (m)	종교 재판관	jong-gyo jae-pan-gwan
torture (f)	고문	go-mun
cruel (adj)	잔혹한	jan-hok-an
hérétique (m)	이단자	i-dan-ja
hérésie (f)	이단으로	i-da-neu-ro

navigation (f) en mer	항해	hang-hae
pirate (m)	해적	hae-jeok
piraterie (f)	해적 행위	hae-jeok aeng-wi
abordage (m)	널판장	neol-pan-jang
butin (m)	노획물	no-hoeng-mul
trésor (m)	보물	bo-mul
découverte (f)	발견	bal-gyeon
découvrir (vt)	발견하다	bal-gyeon-ha-da
expédition (f)	탐험	tam-heom
mousquetaire (m)	총병	chong-byeong
cardinal (m)	추기경	chu-gi-gyeong
héraldique (f)	문장학	mun-jang-hak
héraldique (adj)	문장학의	mun-jang-ha-gui

189. Les dirigeants. Les responsables. Les autorités

roi (m)	왕	wang
reine (f)	여왕	yeo-wang
royal (adj)	왕족의	wang-jo-gui
royaume (m)	왕국	wang-guk
prince (m)	왕자	wang-ja
princesse (f)	공주	gong-ju
président (m)	대통령	dae-tong-nyeong
vice-président (m)	부통령	bu-tong-nyeong
sénateur (m)	상원의원	sang-won-ui-won
monarque (m)	군주	gun-ju
gouverneur (m)	통치자	tong-chi-ja
dictateur (m)	독재자	dok-jae-ja
tyran (m)	폭군	pok-gun
magnat (m)	거물	geo-mul
directeur (m)	사장	sa-jang
chef (m)	추장	chu-jang
gérant (m)	지배인	ji-bae-in
boss (m)	상사	sang-sa
patron (m)	소유자	so-yu-ja
chef (m) (~ d'une délégation)	책임자	chae-gim-ja
autorités (f pl)	당국	dang-guk
supérieurs (m pl)	상사	sang-sa
gouverneur (m)	주지사	ju-ji-sa
consul (m)	영사	yeong-sa
diplomate (m)	외교관	oe-gyo-gwan
maire (m)	시장	si-jang
shérif (m)	보안관	bo-an-gwan
empereur (m)	황제	hwang-je
tsar (m)	황제	hwang-je

pharaon (m)	파라오	pa-ra-o
khan (m)	칸	kan

190. L'itinéraire. La direction. Le chemin

route (f)	도로	do-ro
voie (f)	길	gil
autoroute (f)	고속도로	go-sok-do-ro
grande route (autoroute)	고속도로	go-sok-do-ro
route (f) nationale	광역	gwang-yeok
route (f) principale	대로	dae-ro
route (f) de campagne	비포장도로	bi-po-jang-do-ro
chemin (m) (sentier)	길	gil
sentier (m)	오솔길	o-sol-gil
Où?	어디?	eo-di?
Où? (~ vas-tu?)	어디로?	eo-di-ro?
D'où?	어디로부터?	eo-di-ro-bu-teo?
direction (f)	방향	bang-hyang
indiquer (le chemin)	가리키다	ga-ri-ki-da
à gauche (tournez ~)	왼쪽으로	oen-jjo-geu-ro
à droite (tournez ~)	오른쪽으로	o-reun-jjo-geu-ro
tout droit (adv)	똑바로	ttok-ba-ro
en arrière (adv)	뒤로	dwi-ro
virage (m)	커브	keo-beu
tourner (~ à gauche)	돌다	dol-da
faire un demi-tour	유턴하다	yu-teon-ha-da
se dessiner (vp)	보이다	bo-i-da
apparaître (vi)	나타나다	na-ta-na-da
halte (f)	정지	jeong-ji
se reposer (vp)	쉬다	swi-da
repos (m)	휴양	hyu-yang
s'égarer (vp)	길을 잃다	gi-reul ril-ta
mener à ... (le chemin)	... 로 이어지다	... ro i-eo-ji-da
arriver à ...	나가다	na-ga-da
tronçon (m) (de chemin)	구간	gu-gan
asphalte (m)	아스팔트	a-seu-pal-teu
bordure (f)	도로 경계석	do-ro gyeong-gye-seok
fossé (m)	도랑	do-rang
bouche (f) d'égout	맨홀	maen-hol
bas-côté (m)	길가	gil-ga
nid-de-poule (m)	패인 곳	pae-in got
aller (à pied)	가다	ga-da
dépasser (vt)	추월하다	chu-wol-ha-da

pas (m)	걸음	geo-reum
à pied	도보로	do-bo-ro
barrer (vt)	길을 막다	gi-reul mak-da
barrière (f)	차단기	cha-dan-gi
impasse (f)	막다른길	mak-da-reun-gil

191. Les crimes. Les criminels. Partie 1

bandit (m)	산적	san-jeok
crime (m)	범죄	beom-joe
criminel (m)	범죄자	beom-joe-ja
voleur (m)	도둑	do-duk
voler (qch à qn)	훔치다	hum-chi-da
vol (m) (activité)	절도	jeol-do
vol (m) (~ à la tire)	도둑질	do-duk-jil
kidnapper (vt)	납치하다	nap-chi-ha-da
kidnapping (m)	유괴	yu-goe
kidnappeur (m)	유괴범	yu-goe-beom
rançon (f)	몸값	mom-gap
exiger une rançon	몸값을 요구하다	mom-gap-seul ryo-gu-ha-da
cambrioler (vt)	뺏다	ppaet-da
cambrioleur (m)	강도	gang-do
extorquer (vt)	갈취하다	gal-chwi-ha-da
extorqueur (m)	갈취자	gal-chwi-ja
extorsion (f)	갈취	gal-chwi
tuer (vt)	죽이다	ju-gi-da
meurtre (m)	살인	sa-rin
meurtrier (m)	살인자	sa-rin-ja
coup (m) de feu	발포	bal-po
tirer un coup de feu	쏘다	sso-da
abattre (par balle)	쏘아 죽이다	sso-a ju-gi-da
tirer (vi)	쏘다	sso-da
coups (m pl) de feu	발사	bal-sa
incident (m)	사건	sa-geon
bagarre (f)	몸싸움	mom-ssa-um
victime (f)	희생자	hui-saeng-ja
endommager (vt)	해치다	hae-chi-da
dommage (m)	피해	pi-hae
cadavre (m)	시신	si-sin
grave (~ crime)	중대한	jung-dae-han
attaquer (vt)	공격하다	gong-gyeo-ka-da
battre (frapper)	때리다	ttae-ri-da
passer à tabac	조지다	jo-ji-da

prendre (voler)	훔치다	hum-chi-da
poignarder (vt)	찔러 죽이다	jjil-leo ju-gi-da
mutiler (vt)	불구로 만들다	bul-gu-ro man-deul-da
blesser (vt)	부상을 입히다	bu-sang-eul ri-pi-da
chantage (m)	공갈	gong-gal
faire chanter	공갈하다	gong-gal-ha-da
maître (m) chanteur	공갈범	gong-gal-beom
racket (m) de protection	폭력단의 갈취 행위	pong-nyeok-dan-ui gal-chwi haeng-wi
racketteur (m)	모리배	mo-ri-bae
gangster (m)	갱	gaeng
mafia (f)	마피아	ma-pi-a
pickpocket (m)	소매치기	so-mae-chi-gi
cambrioleur (m)	빈집털이범	bin-jip-teo-ri-beom
contrebande (f) (trafic)	밀수입	mil-su-ip
contrebandier (m)	밀수입자	mil-su-ip-ja
contrefaçon (f)	위조	wi-jo
falsifier (vt)	위조하다	wi-jo-ha-da
faux (falsifié)	가짜의	ga-jja-ui

192. Les crimes. Les criminels. Partie 2

viol (m)	강간	gang-gan
violer (vt)	강간하다	gang-gan-ha-da
violeur (m)	강간범	gang-gan-beom
maniaque (m)	미치광이	mi-chi-gwang-i
prostituée (f)	매춘부	mae-chun-bu
prostitution (f)	매춘	mae-chun
souteneur (m)	포주	po-ju
drogué (m)	마약 중독자	ma-yak jung-dok-ja
trafiquant (m) de drogue	마약 밀매자	ma-yak mil-mae-ja
faire exploser	폭발하다	pok-bal-ha-da
explosion (f)	폭발	pok-bal
mettre feu	방화하다	bang-hwa-ha-da
incendiaire (m)	방화범	bang-hwa-beom
terrorisme (m)	테러리즘	te-reo-ri-jeum
terroriste (m)	테러리스트	te-reo-ri-seu-teu
otage (m)	볼모	bol-mo
escroquer (vt)	속이다	so-gi-da
escroquerie (f)	사기	sa-gi
escroc (m)	사기꾼	sa-gi-kkun
soudoyer (vt)	뇌물을 주다	noe-mu-reul ju-da
corruption (f)	뇌물 수수	noe-mul su-su
pot-de-vin (m)	뇌물	noe-mul

poison (m)	독	dok
empoisonner (vt)	독살하다	dok-sal-ha-da
s'empoisonner (vp)	음독하다	eum-dok-a-da
suicide (m)	자살	ja-sal
suicidé (m)	자살자	ja-sal-ja
menacer (vt)	협박하다	hyeop-bak-a-da
menace (f)	협박	hyeop-bak
attenter (vt)	살해를 꾀하다	sal-hae-reul kkoe-ha-da
attentat (m)	미수	mi-su
voler (un auto)	훔치는	hum-chi-da
détourner (un avion)	납치하다	nap-chi-ha-da
vengeance (f)	복수	bok-su
se venger (vp)	복수하다	bok-su-ha-da
torturer (vt)	고문하다	go-mun-ha-da
torture (f)	고문	go-mun
tourmenter (vt)	피롭히다	goe-ro-pi-da
pirate (m)	해적	hae-jeok
voyou (m)	난동꾼	nan-dong-kkun
armé (adj)	무장한	mu-jang-han
violence (f)	폭력	pong-nyeok
espionnage (m)	간첩행위	gan-cheo-paeng-wi
espionner (vt)	간첩 행위를 하다	gan-cheop paeng-wi-reul ha-da

193. La police. La justice. Partie 1

justice (f)	정의	jeong-ui
tribunal (m)	법정	beop-jeong
juge (m)	판사	pan-sa
jury (m)	배심원	bae-sim-won
cour (f) d'assises	배심 재판	bae-sim jae-pan
juger (vt)	재판에 부치다	jae-pan-e bu-chi-da
avocat (m)	변호사	byeon-ho-sa
accusé (m)	피고	pi-go
banc (m) des accusés	피고인석	pi-go-in-seok
inculpation (f)	혐의	hyeom-ui
inculpé (m)	형사 피고인	pi-go-in
condamnation (f)	형량	hyeong-nyang
condamner (vt)	선고하다	seon-go-ha-da
coupable (m)	유죄	yu-joe
punir (vt)	처벌하다	cheo-beol-ha-da
punition (f)	벌	beol

amende (f)	벌금	beol-geum
détention (f) à vie	종신형	jong-sin-hyeong
peine (f) de mort	사형	sa-hyeong
chaise (f) électrique	전기 의자	jeon-gi ui-ja
potence (f)	교수대	gyo-su-dae
exécuter (vt)	집행하다	ji-paeng-ha-da
exécution (f)	처형	cheo-hyeong
prison (f)	교도소	gyo-do-so
cellule (f)	감방	gam-bang
escorte (f)	호송	ho-song
gardien (m) de prison	간수	gan-su
prisonnier (m)	죄수	joe-su
menottes (f pl)	수갑	su-gap
mettre les menottes	수갑을 채우다	su-ga-beul chae-u-da
évasion (f)	탈옥	ta-rok
s'évader (vp)	탈옥하다	ta-rok-a-da
disparaître (vi)	사라지다	sa-ra-ji-da
libérer (vt)	출옥하다	chu-rok-a-da
amnistie (f)	사면	sa-myeon
police (f)	경찰	gyeong-chal
policier (m)	경찰관	gyeong-chal-gwan
commissariat (m) de police	경찰서	gyeong-chal-seo
matraque (f)	경찰봉	gyeong-chal-bong
haut parleur (m)	메가폰	me-ga-pon
voiture (f) de patrouille	순찰차	sun-chal-cha
sirène (f)	사이렌	sa-i-ren
enclencher la sirène	사이렌을 켜다	sa-i-re-neul kyeo-da
hurlement (m) de la sirène	사이렌 소리	sa-i-ren so-ri
lieu (m) du crime	범죄현장	beom-joe-hyeon-jang
témoin (m)	목격자	mok-gyeok-ja
liberté (f)	자유	ja-yu
complice (m)	공범자	gong-beom-ja
s'enfuir (vp)	달아나다	da-ra-na-da
trace (f)	흔적	heun-jeok

194. La police. La justice. Partie 2

recherche (f)	조사	jo-sa
rechercher (vt)	··· 를 찾다	... reul chat-da
suspicion (f)	혐의	hyeom-ui
suspect (adj)	의심스러운	ui-sim-seu-reo-un
arrêter (dans la rue)	멈추다	meom-chu-da
détenir (vt)	구류하다	gu-ryu-ha-da
affaire (f) (~ pénale)	판례	pal-lye
enquête (f)	조사	jo-sa

détective (m)	형사	hyeong-sa
enquêteur (m)	조사관	jo-sa-gwan
hypothèse (f)	가설	ga-seol
motif (m)	동기	dong-gi
interrogatoire (m)	심문	sim-mun
interroger (vt)	신문하다	sin-mun-ha-da
interroger (~ les voisins)	심문하다	sim-mun-ha-da
inspection (f)	확인	hwa-gin
rafle (f)	일제 검거	il-je geom-geo
perquisition (f)	수색	su-saek
poursuite (f)	추적	chu-jeok
poursuivre (vt)	추적하다	chu-jeok-a-da
dépister (vt)	추적하다	chu-jeok-a-da
arrestation (f)	체포	che-po
arrêter (vt)	체포하다	che-po-ha-da
attraper (~ un criminel)	붙잡다	but-jap-da
capture (f)	체포	che-po
document (m)	서류	seo-ryu
preuve (f)	증거	jeung-geo
prouver (vt)	증명하다	jeung-myeong-ha-da
empreinte (f) de pied	발자국	bal-ja-guk
empreintes (f pl) digitales	지문	ji-mun
élément (m) de preuve	증거물	jeung-geo-mul
alibi (m)	알리바이	al-li-ba-i
innocent (non coupable)	무죄인	mu-joe-in
injustice (f)	부정	bu-jeong
injuste (adj)	부당한	bu-dang-han
criminel (adj)	범죄의	beom-joe-ui
confisquer (vt)	몰수하다	mol-su-ha-da
drogue (f)	마약	ma-yak
arme (f)	무기	mu-gi
désarmer (vt)	무장해제하다	mu-jang-hae-je-ha-da
ordonner (vt)	명령하다	myeong-nyeong-ha-da
disparaître (vi)	사라지다	sa-ra-ji-da
loi (f)	법률	beom-nyul
légal (adj)	합법적인	hap-beop-jeo-gin
illégal (adj)	불법적인	bul-beop-jeo-gin
responsabilité (f)	책임	chae-gim
responsable (adj)	책임 있는	chae-gim in-neun

LA NATURE

La Terre. Partie 1

195. L'espace cosmique

cosmos (m)	우주	u-ju
cosmique (adj)	우주의	u-ju-ui
espace (m) cosmique	우주 공간	u-ju gong-gan
monde (m)	세계	se-gye
univers (m)	우주	u-ju
galaxie (f)	은하	eun-ha
étoile (f)	별, 항성	byeol, hang-seong
constellation (f)	별자리	byeol-ja-ri
planète (f)	행성	haeng-seong
satellite (m)	인공위성	in-gong-wi-seong
météorite (m)	운석	un-seok
comète (f)	혜성	hye-seong
astéroïde (m)	소행성	so-haeng-seong
orbite (f)	궤도	gwe-do
tourner (vi)	회전한다	hoe-jeon-han-da
atmosphère (f)	대기	dae-gi
Soleil (m)	태양	tae-yang
système (m) solaire	태양계	tae-yang-gye
éclipse (f) de soleil	일식	il-sik
Terre (f)	지구	ji-gu
Lune (f)	달	dal
Mars (m)	화성	hwa-seong
Vénus (f)	금성	geum-seong
Jupiter (m)	목성	mok-seong
Saturne (m)	토성	to-seong
Mercure (m)	수성	su-seong
Uranus (m)	천왕성	cheon-wang-seong
Neptune	해왕성	hae-wang-seong
Pluton (m)	명왕성	myeong-wang-seong
la Voie Lactée	은하수	eun-ha-su
la Grande Ours	큰곰자리	keun-gom-ja-ri
la Polaire	북극성	buk-geuk-seong
martien (m)	화성인	hwa-seong-in
extraterrestre (m)	외계인	oe-gye-in

alien (m)	외계인	oe-gye-in
soucoupe (f) volante	비행 접시	bi-haeng jeop-si
vaisseau (m) spatial	우주선	u-ju-seon
station (f) orbitale	우주 정거장	u-ju jeong-nyu-jang
moteur (m)	엔진	en-jin
tuyère (f)	노즐	no-jeul
carburant (m)	연료	yeol-lyo
cabine (f)	조종석	jo-jong-seok
antenne (f)	안테나	an-te-na
hublot (m)	현창	hyeon-chang
batterie (f) solaire	태양 전지	tae-yang jeon-ji
scaphandre (m)	우주복	u-ju-bok
apesanteur (f)	무중력	mu-jung-nyeok
oxygène (m)	산소	san-so
arrimage (m)	도킹	do-king
s'arrimer à …	도킹하다	do-king-ha-da
observatoire (m)	천문대	cheon-mun-dae
télescope (m)	망원경	mang-won-gyeong
observer (vt)	관찰하다	gwan-chal-ha-da
explorer (un cosmos)	탐험하다	tam-heom-ha-da

196. La Terre

Terre (f)	지구	ji-gu
globe (m) terrestre	지구	ji-gu
planète (f)	행성	haeng-seong
atmosphère (f)	대기	dae-gi
géographie (f)	지리학	ji-ri-hak
nature (f)	자연	ja-yeon
globe (m) de table	지구의	ji-gu-ui
carte (f)	지도	ji-do
atlas (m)	지도첩	ji-do-cheop
Europe (f)	유럽	yu-reop
Asie (f)	아시아	a-si-a
Afrique (f)	아프리카	a-peu-ri-ka
Australie (f)	호주	ho-ju
Amérique (f)	아메리카 대륙	a-me-ri-ka dae-ryuk
Amérique (f) du Nord	북아메리카	bu-ga-me-ri-ka
Amérique (f) du Sud	남아메리카	nam-a-me-ri-ka
l'Antarctique (m)	남극 대륙	nam-geuk dae-ryuk
l'Arctique (m)	극지방	geuk-ji-bang

197. Les quatre parties du monde

nord (m)	북쪽	buk-jjok
vers le nord	북쪽으로	buk-jjo-geu-ro
au nord	북쪽에	buk-jjo-ge
du nord (adj)	북쪽의	buk-jjo-gui
sud (m)	남쪽	nam-jjok
vers le sud	남쪽으로	nam-jjo-geu-ro
au sud	남쪽에	nam-jjo-ge
du sud (adj)	남쪽의	nam-jjo-gui
ouest (m)	서쪽	seo-jjok
vers l'occident	서쪽으로	seo-jjo-geu-ro
à l'occident	서쪽에	seo-jjo-ge
occidental (adj)	서쪽의	seo-jjo-gui
est (m)	동쪽	dong-jjok
vers l'orient	동쪽으로	dong-jjo-geu-ro
à l'orient	동쪽에	dong-jjo-ge
oriental (adj)	동쪽의	dong-jjo-gui

198. Les océans et les mers

mer (f)	바다	ba-da
océan (m)	대양	dae-yang
golfe (m)	만	man
détroit (m)	해협	hae-hyeop
continent (m)	대륙	dae-ryuk
île (f)	섬	seom
presqu'île (f)	반도	ban-do
archipel (m)	군도	gun-do
baie (f)	만	man
port (m)	항구	hang-gu
lagune (f)	석호	seok-o
cap (m)	곶	got
atoll (m)	환초	hwan-cho
récif (m)	암초	am-cho
corail (m)	산호	san-ho
récif (m) de corail	산호초	san-ho-cho
profond (adj)	깊은	gi-peun
profondeur (f)	깊이	gi-pi
fosse (f) océanique	해구	hae-gu
courant (m)	해류	hae-ryu
baigner (vt) (mer)	둘러싸다	dul-leo-ssa-da
littoral (m)	해변	hae-byeon
côte (f)	바닷가	ba-dat-ga

marée (f) haute	밀물	mil-mul
marée (f) basse	썰물	sseol-mul
banc (m) de sable	모래톱	mo-rae-top
fond (m)	해저	hae-jeo
vague (f)	파도	pa-do
crête (f) de la vague	물마루	mul-ma-ru
mousse (f)	거품	geo-pum
ouragan (m)	허리케인	heo-ri-ke-in
tsunami (m)	해일	hae-il
calme (m)	고요함	go-yo-ham
calme (tranquille)	고요한	go-yo-han
pôle (m)	극	geuk
polaire (adj)	극지의	geuk-ji-ui
latitude (f)	위도	wi-do
longitude (f)	경도	gyeong-do
parallèle (f)	위도선	wi-do-seon
équateur (m)	적도	jeok-do
ciel (m)	하늘	ha-neul
horizon (m)	수평선	su-pyeong-seon
air (m)	공기	gong-gi
phare (m)	등대	deung-dae
plonger (vi)	뛰어들다	ttwi-eo-deul-da
sombrer (vi)	가라앉다	ga-ra-an-da
trésor (m)	보물	bo-mul

199. Les noms des mers et des océans

océan (m) Atlantique	대서양	dae-seo-yang
océan (m) Indien	인도양	in-do-yang
océan (m) Pacifique	태평양	tae-pyeong-yang
océan (m) Glacial	북극해	buk-geuk-ae
mer (f) Noire	흑해	heuk-ae
mer (f) Rouge	홍해	hong-hae
mer (f) Jaune	황해	hwang-hae
mer (f) Blanche	백해	baek-ae
mer (f) Caspienne	카스피 해	ka-seu-pi hae
mer (f) Morte	사해	sa-hae
mer (f) Méditerranée	지중해	ji-jung-hae
mer (f) Égée	에게 해	e-ge hae
mer (f) Adriatique	아드리아 해	a-deu-ri-a hae
mer (f) Arabique	아라비아 해	a-ra-bi-a hae
mer (f) du Japon	동해	dong-hae
mer (f) de Béring	베링 해	be-ring hae
mer (f) de Chine Méridionale	남중국해	nam-jung-guk-ae

mer (f) de Corail	산호해	san-ho-hae
mer (f) de Tasman	태즈먼 해	tae-jeu-meon hae
mer (f) Caraïbe	카리브 해	ka-ri-beu hae
mer (f) de Barents	바렌츠 해	ba-ren-cheu hae
mer (f) de Kara	카라 해	ka-ra hae
mer (f) du Nord	북해	buk-ae
mer (f) Baltique	발트 해	bal-teu hae
mer (f) de Norvège	노르웨이 해	no-reu-we-i hae

200. Les montagnes

montagne (f)	산	san
chaîne (f) de montagnes	산맥	san-maek
crête (f)	능선	neung-seon
sommet (m)	정상	jeong-sang
pic (m)	봉우리	bong-u-ri
pied (m)	기슭	gi-seuk
pente (f)	경사면	gyeong-sa-myeon
volcan (m)	화산	hwa-san
volcan (m) actif	활화산	hwal-hwa-san
volcan (m) éteint	사화산	sa-hwa-san
éruption (f)	폭발	pok-bal
cratère (m)	분화구	bun-hwa-gu
magma (m)	마그마	ma-geu-ma
lave (f)	용암	yong-am
en fusion (lave ~)	녹은	no-geun
canyon (m)	협곡	hyeop-gok
défilé (m) (gorge)	협곡	hyeop-gok
crevasse (f)	갈라진	gal-la-jin
col (m) de montagne	산길	san-gil
plateau (m)	고원	go-won
rocher (m)	절벽	jeol-byeok
colline (f)	언덕, 작은 산	eon-deok, ja-geun san
glacier (m)	빙하	bing-ha
chute (f) d'eau	폭포	pok-po
geyser (m)	간헐천	gan-heol-cheon
lac (m)	호수	ho-su
plaine (f)	평원	pyeong-won
paysage (m)	경관	gyeong-gwan
écho (m)	메아리	me-a-ri
alpiniste (m)	등산가	deung-san-ga
varappeur (m)	암벽 등반가	am-byeok deung-ban-ga
conquérir (vt)	정복하다	jeong-bok-a-da
ascension (f)	등반	deung-ban

201. Les noms des chaînes de montagne

Alpes (f pl)	알프스 산맥	al-peu-seu san-maek
Mont Blanc (m)	몽블랑 산	mong-beul-lang san
Pyrénées (f pl)	피레네 산맥	pi-re-ne san-maek
Carpates (f pl)	카르파티아 산맥	ka-reu-pa-ti-a san-maek
Monts Oural (m pl)	우랄 산맥	u-ral san-maek
Caucase (m)	코카서스 산맥	ko-ka-seo-seu san-maek
Elbrous (m)	엘브루스 산	el-beu-ru-seu san
Altaï (m)	알타이 산맥	al-ta-i san-maek
Tian Chan (m)	톈샨 산맥	ten-syan san-maek
Pamir (m)	파미르 고원	pa-mi-reu go-won
Himalaya (m)	히말라야 산맥	hi-mal-la-ya san-maek
Everest (m)	에베레스트 산	e-be-re-seu-teu san
Andes (f pl)	안데스 산맥	an-de-seu san-maek
Kilimandjaro (m)	킬리만자로 산	kil-li-man-ja-ro san

202. Les fleuves

rivière (f), fleuve (m)	강	gang
source (f)	샘	saem
lit (m) (d'une rivière)	강바닥	gang-ba-dak
bassin (m)	유역	yu-yeok
se jeter dans ...	... 로 흘러가다	... ro heul-leo-ga-da
affluent (m)	지류	ji-ryu
rive (f)	둑	duk
courant (m)	흐름	heu-reum
en aval	하류로	gang ha-ryu-ro
en amont	상류로	sang-nyu-ro
inondation (f)	홍수	hong-su
les grandes crues	홍수	hong-su
déborder (vt)	범람하다	beom-nam-ha-da
inonder (vt)	범람하다	beom-nam-ha-da
bas-fond (m)	얕은 곳	ya-teun got
rapide (m)	여울	yeo-ul
barrage (m)	댐	daem
canal (m)	운하	un-ha
lac (m) de barrage	저수지	jeo-su-ji
écluse (f)	수문	su-mun
plan (m) d'eau	저장 수량	jeo-jang su-ryang
marais (m)	늪, 소택지	neup, so-taek-ji
fondrière (f)	수렁	su-reong
tourbillon (m)	소용돌이	so-yong-do-ri
ruisseau (m)	개울, 시내	gae-ul, si-nae

potable (adj)	마실 수 있는	ma-sil su in-neun
douce (l'eau ~)	민물의	min-mu-rui
glace (f)	얼음	eo-reum
être gelé	얼다	eol-da

203. Les noms des fleuves

Seine (f)	센 강	sen gang
Loire (f)	루아르 강	ru-a-reu gang
Tamise (f)	템스 강	tem-seu gang
Rhin (m)	라인 강	ra-in gang
Danube (m)	도나우 강	do-na-u gang
Volga (f)	볼가 강	bol-ga gang
Don (m)	돈 강	don gang
Lena (f)	레나 강	re-na gang
Huang He (m)	황허강	hwang-heo-gang
Yangzi Jiang (m)	양자강	yang-ja-gang
Mékong (m)	메콩 강	me-kong gang
Gange (m)	갠지스 강	gaen-ji-seu gang
Nil (m)	나일 강	na-il gang
Congo (m)	콩고 강	kong-go gang
Okavango (m)	오카방고 강	o-ka-bang-go gang
Zambèze (m)	잠베지 강	jam-be-ji gang
Limpopo (m)	림포포 강	rim-po-po gang

204. La forêt

forêt (f)	숲	sup
forestier (adj)	산림의	sal-li-mui
fourré (m)	밀림	mil-lim
bosquet (m)	작은 숲	ja-geun sup
clairière (f)	빈터	bin-teo
broussailles (f pl)	덤불	deom-bul
taillis (m)	관목지	gwan-mok-ji
sentier (m)	오솔길	o-sol-gil
ravin (m)	도랑	do-rang
arbre (m)	나무	na-mu
feuille (f)	잎	ip
feuillage (m)	나뭇잎	na-mun-nip
chute (f) de feuilles	낙엽	na-gyeop
tomber (feuilles)	떨어지다	tteo-reo-ji-da
rameau (m)	가지	ga-ji

branche (f)	큰 가지	keun ga-ji
bourgeon (m)	잎눈	im-nun
aiguille (f)	바늘	ba-neul
pomme (f) de pin	솔방울	sol-bang-ul
creux (m)	구멍	gu-meong
nid (m)	둥지	dung-ji
terrier (m) (~ d'un renard)	굴	gul
tronc (m)	몸통	mom-tong
racine (f)	뿌리	ppu-ri
écorce (f)	껍질	kkeop-jil
mousse (f)	이끼	i-kki
déraciner (vt)	수목을 통째 뽑다	su-mo-geul tong-jjae ppop-da
abattre (un arbre)	자르다	ja-reu-da
déboiser (vt)	삼림을 없애다	sam-ni-meul reop-sae-da
souche (f)	그루터기	geu-ru-teo-gi
feu (m) de bois	모닥불	mo-dak-bul
incendie (m)	산불	san-bul
éteindre (feu)	끄다	kkeu-da
garde (m) forestier	산림경비원	sal-lim-gyeong-bi-won
protection (f)	보호	bo-ho
protéger (vt)	보호하다	bo-ho-ha-da
braconnier (m)	밀렵자	mil-lyeop-ja
piège (m) à mâchoires	덫	deot
cueillir (vt)	따다	tta-da
s'égarer (vp)	길을 잃다	gi-reul ril-ta

205. Les ressources naturelles

ressources (f pl) naturelles	천연 자원	cheo-nyeon ja-won
gisement (m)	매장량	mae-jang-nyang
champ (m) (~ pétrolifère)	지역	ji-yeok
extraire (vt)	채광하다	chae-gwang-ha-da
extraction (f)	막장일	mak-jang-il
minerai (m)	광석	gwang-seok
mine (f) (site)	광산	gwang-san
puits (m) de mine	갱도	gaeng-do
mineur (m)	광부	gwang-bu
gaz (m)	가스	ga-seu
gazoduc (m)	가스관	ga-seu-gwan
pétrole (m)	석유	seo-gyu
pipeline (m)	석유 파이프라인	seo-gyu pa-i-peu-ra-in
tour (f) de forage	유정	yu-jeong
derrick (m)	유정탑	yu-jeong-tap
pétrolier (m)	유조선	yu-jo-seon
sable (m)	모래	mo-rae

calcaire (m)	석회석	seok-oe-seok
gravier (m)	자갈	ja-gal
tourbe (f)	토탄	to-tan
argile (f)	점토	jeom-to
charbon (m)	석탄	seok-tan
fer (m)	철	cheol
or (m)	금	geum
argent (m)	은	eun
nickel (m)	니켈	ni-kel
cuivre (m)	구리	gu-ri
zinc (m)	아연	a-yeon
manganèse (m)	망간	mang-gan
mercure (m)	수은	su-eun
plomb (m)	납	nap
minéral (m)	광물	gwang-mul
cristal (m)	수정	su-jeong
marbre (m)	대리석	dae-ri-seok
uranium (m)	우라늄	u-ra-nyum

La Terre. Partie 2

206. Le temps

temps (m)	날씨	nal-ssi
météo (f)	일기 예보	il-gi ye-bo
température (f)	온도	on-do
thermomètre (m)	온도계	on-do-gye
baromètre (m)	기압계	gi-ap-gye
humidité (f)	습함, 습기	seu-pam, seup-gi
chaleur (f) (canicule)	더위	deo-wi
torride (adj)	더운	deo-un
il fait très chaud	덥다	deop-da
il fait chaud	따뜻하다	tta-tteu-ta-da
chaud (modérément)	따뜻한	tta-tteu-tan
il fait froid	춥다	chup-da
froid (adj)	추운	chu-un
soleil (m)	해	hae
briller (soleil)	빛나다	bin-na-da
ensoleillé (jour ~)	화창한	hwa-chang-han
se lever (vp)	뜨다	tteu-da
se coucher (vp)	지다	ji-da
nuage (m)	구름	gu-reum
nuageux (adj)	구름의	gu-reum-ui
sombre (adj)	흐린	heu-rin
pluie (f)	비	bi
il pleut	비가 오다	bi-ga o-da
pluvieux (adj)	비가 오는	bi-ga o-neun
bruiner (v imp)	이슬비가 내리다	i-seul-bi-ga nae-ri-da
pluie (f) torrentielle	억수	eok-su
averse (f)	호우	ho-u
forte (la pluie ~)	심한	sim-han
flaque (f)	웅덩이	ung-deong-i
se faire mouiller	젖다	jeot-da
brouillard (m)	안개	an-gae
brumeux (adj)	안개가 자욱한	an-gae-ga ja-uk-an
neige (f)	눈	nun
il neige	눈이 오다	nun-i o-da

207. Les intempéries. Les catastrophes naturelles

orage (m)	뇌우	noe-u
éclair (m)	번개	beon-gae
éclater (foudre)	번쩍이다	beon-jjeo-gi-da
tonnerre (m)	천둥	cheon-dung
gronder (tonnerre)	천둥이 치다	cheon-dung-i chi-da
le tonnerre gronde	천둥이 치다	cheon-dung-i chi-da
grêle (f)	싸락눈	ssa-rang-nun
il grêle	싸락눈이 내리다	ssa-rang-nun-i nae-ri-da
inonder (vt)	범람하다	beom-nam-ha-da
inondation (f)	홍수	hong-su
tremblement (m) de terre	지진	ji-jin
secousse (f)	진동	jin-dong
épicentre (m)	진앙	jin-ang
éruption (f)	폭발	pok-bal
lave (f)	용암	yong-am
tourbillon (m)	회오리바람	hoe-o-ri-ba-ram
tornade (f)	토네이도	to-ne-i-do
typhon (m)	태풍	tae-pung
ouragan (m)	허리케인	heo-ri-ke-in
tempête (f)	폭풍우	pok-pung-u
tsunami (m)	해일	hae-il
incendie (m)	불	bul
catastrophe (f)	재해	jae-hae
météorite (m)	운석	un-seok
avalanche (f)	눈사태	nun-sa-tae
éboulement (m)	눈사태	nun-sa-tae
blizzard (m)	눈보라	nun-bo-ra
tempête (f) de neige	눈보라	nun-bo-ra

208. Les bruits. Les sons

silence (m)	고요함	go-yo-ham
son (m)	소리	so-ri
bruit (m)	소음	so-eum
faire du bruit	소리를 내다	so-ri-reul lae-da
bruyant (adj)	시끄러운	si-kkeu-reo-un
fort (adv)	큰 소리로	keun so-ri-ro
fort (voix ~e)	시끄러운	si-kkeu-reo-un
constant (bruit, etc.)	끊임없는	kkeu-nim-eom-neun
cri (m)	고함	go-ha-meul
crier (vi)	소리를 치다	so-ri-reul chi-da

chuchotement (m)	속삭임	sok-sa-gim
chuchoter (vi, vt)	속삭이다	sok-sa-gi-da
aboiement (m)	짖는 소리	jin-neun so-ri
aboyer (vi)	짖다	jit-da
gémissement (m)	신음 소리	si-neum so-ri
gémir (vi)	신음하다	si-neum-ha-da
toux (f)	기침	gi-chim
tousser (vi)	기침을 하다	gi-chi-meul ha-da
sifflement (m)	휘파람	hwi-pa-ram
siffler (vi)	휘파람을 불다	hwi-pa-ra-meul bul-da
coups (m pl) à la porte	노크	no-keu
frapper (~ à la porte)	두드리다	du-deu-ri-da
craquer (vi)	날카로운 소리가 나다	nal-ka-ro-un so-ri-ga na-da
craquement (m)	딱딱 튀는 소리	ttak-ttak twi-neun so-ri
sirène (f)	사이렌	sa-i-ren
sifflement (m) (de train)	경적	gyeong-jeok
siffler (train, etc.)	기적을 울리다	gi-jeo-geul rul-li-da
coup (m) de klaxon	경적	gyeong-jeok
klaxonner (vi)	경적을 울리다	gyeong-jeo-geul rul-li-da

209. L'hiver

hiver (m)	겨울	gyeo-ul
d'hiver (adj)	겨울의	gyeo-ul
en hiver	겨울에	gyeo-u-re
neige (f)	눈	nun
il neige	눈이 오다	nun-i o-da
chute (f) de neige	강설	gang-seol
congère (f)	눈더미	nun-deo-mi
flocon (m) de neige	눈송이	nun-song-i
boule (f) de neige	눈뭉치	nun-mung-chi
bonhomme (m) de neige	눈사람	nun-sa-ram
glaçon (m)	고드름	go-deu-reum
décembre (m)	십이월	si-bi-wol
janvier (m)	일월	i-rwol
février (m)	이월	i-wol
gel (m)	지독한 서리	ji-dok-an seo-ri
glacial (nuit ~)	서리가 내리는	seo-ri-ga nae-ri-neun
au-dessous de zéro	영하	yeong-ha
givre (m)	서리	seo-ri
froid (m)	추위	chu-wi
il fait froid	춥다	chup-da
manteau (m) de fourrure	모피 외투	mo-pi oe-tu

moufles (f pl)	벙어리장갑	beong-eo-ri-jang-gap
tomber malade	병에 걸리다	byeong-e geol-li-da
refroidissement (m)	감기	gam-gi
prendre froid	감기에 걸리다	gam-gi-e geol-li-da
glace (f)	얼음	eo-reum
verglas (m)	빙판	bing-pan
être gelé	얼다	eol-da
bloc (m) de glace	부빙	bu-bing
skis (m pl)	스키	seu-ki
skieur (m)	스키 타는 사람	seu-ki ta-neun sa-ram
faire du ski	스키를 타다	seu-ki-reul ta-da
patiner (vi)	스케이트를 타다	seu-ke-i-teu-reul ta-da

La faune

210. Les mammifères. Les prédateurs

prédateur (m)	육식 동물	yuk-sik dong-mul
tigre (m)	호랑이	ho-rang-i
lion (m)	사자	sa-ja
loup (m)	이리	i-ri
renard (m)	여우	yeo-u
jaguar (m)	재규어	jae-gyu-eo
léopard (m)	표범	pyo-beom
guépard (m)	치타	chi-ta
puma (m)	퓨마	pyu-ma
léopard (m) de neiges	눈표범	nun-pyo-beom
lynx (m)	스라소니	seu-ra-so-ni
coyote (m)	코요테	ko-yo-te
chacal (m)	재칼	jae-kal
hyène (f)	하이에나	ha-i-e-na

211. Les animaux sauvages

animal (m)	동물	dong-mul
bête (f)	짐승	jim-seung
écureuil (m)	다람쥐	da-ram-jwi
hérisson (m)	고슴도치	go-seum-do-chi
lièvre (m)	토끼	to-kki
lapin (m)	굴토끼	gul-to-kki
blaireau (m)	오소리	o-so-ri
raton (m)	너구리	neo-gu-ri
hamster (m)	햄스터	haem-seu-teo
marmotte (f)	마멋	ma-meot
taupe (f)	두더지	du-deo-ji
souris (f)	생쥐	saeng-jwi
rat (m)	시궁쥐	si-gung-jwi
chauve-souris (f)	박쥐	bak-jwi
hermine (f)	북방족제비	buk-bang-jok-je-bi
zibeline (f)	검은담비	geo-meun-dam-bi
martre (f)	담비	dam-bi
vison (m)	밍크	ming-keu
castor (m)	비버	bi-beo
loutre (f)	수달	su-dal

cheval (m)	말	mal
élan (m)	엘크, 무스	el-keu, mu-seu
cerf (m)	사슴	sa-seum
chameau (m)	낙타	nak-ta
bison (m)	미국들소	mi-guk-deul-so
aurochs (m)	유럽들소	yu-reop-deul-so
buffle (m)	물소	mul-so
zèbre (m)	얼룩말	eol-lung-mal
antilope (f)	영양	yeong-yang
chevreuil (m)	노루	no-ru
biche (f)	다마사슴	da-ma-sa-seum
chamois (m)	샤모아	sya-mo-a
sanglier (m)	멧돼지	met-dwae-ji
baleine (f)	고래	go-rae
phoque (m)	바다표범	ba-da-pyo-beom
morse (m)	바다코끼리	ba-da-ko-kki-ri
ours (m) de mer	물개	mul-gae
dauphin (m)	돌고래	dol-go-rae
ours (m)	곰	gom
ours (m) blanc	북극곰	buk-geuk-gom
panda (m)	판다	pan-da
singe (m)	원숭이	won-sung-i
chimpanzé (m)	침팬지	chim-paen-ji
orang-outang (m)	오랑우탄	o-rang-u-tan
gorille (m)	고릴라	go-ril-la
macaque (m)	마카크	ma-ka-keu
gibbon (m)	긴팔원숭이	gin-pa-rwon-sung-i
éléphant (m)	코끼리	ko-kki-ri
rhinocéros (m)	코뿔소	ko-ppul-so
girafe (f)	기린	gi-rin
hippopotame (m)	하마	ha-ma
kangourou (m)	캥거루	kaeng-geo-ru
koala (m)	코알라	ko-al-la
mangouste (f)	몽구스	mong-gu-seu
chinchilla (m)	친칠라	chin-chil-la
mouffette (f)	스컹크	seu-keong-keu
porc-épic (m)	호저	ho-jeo

212. Les animaux domestiques

chat (m) (femelle)	고양이	go-yang-i
chat (m) (mâle)	수고양이	su-go-yang-i
cheval (m)	말	mal
étalon (m)	수말, 종마	su-mal, jong-ma
jument (f)	암말	am-mal

vache (f)	암소	am-so
taureau (m)	황소	hwang-so
bœuf (m)	수소	su-so
brebis (f)	양, 암양	yang, a-myang
mouton (m)	수양	su-yang
chèvre (f)	염소	yeom-so
bouc (m)	숫염소	sun-nyeom-so
âne (m)	당나귀	dang-na-gwi
mulet (m)	노새	no-sae
cochon (m)	돼지	dwae-ji
pourceau (m)	돼지 새끼	dwae-ji sae-kki
lapin (m)	집토끼	jip-to-kki
poule (f)	암탉	am-tak
coq (m)	수탉	su-tak
canard (m)	집오리	ji-bo-ri
canard (m) mâle	수오리	su-o-ri
oie (f)	집거위	jip-geo-wi
dindon (m)	수칠면조	su-chil-myeon-jo
dinde (f)	칠면조	chil-myeon-jo
animaux (m pl) domestiques	가축	ga-chuk
apprivoisé (adj)	길들여진	gil-deu-ryeo-jin
apprivoiser (vt)	길들이다	gil-deu-ri-da
élever (vt)	사육하다, 기르다	sa-yuk-a-da, gi-reu-da
ferme (f)	농장	nong-jang
volaille (f)	가금	ga-geum
bétail (m)	가축	ga-chuk
troupeau (m)	떼	tte
écurie (f)	마구간	ma-gu-gan
porcherie (f)	돼지 우리	dwae-ji u-ri
vacherie (f)	외양간	oe-yang-gan
cabane (f) à lapins	토끼장	to-kki-jang
poulailler (m)	닭장	dak-jang

213. Le chien. Les races

chien (m)	개	gae
berger (m)	양치기 개	yang-chi-gi gae
caniche (f)	푸들	pu-deul
teckel (m)	닥스훈트	dak-seu-hun-teu
bouledogue (m)	불독	bul-dok
boxer (m)	복서	bok-seo
mastiff (m)	매스티프	mae-seu-ti-peu
rottweiler (m)	로트와일러	ro-teu-wa-il-leo
doberman (m)	도베르만	do-be-reu-man

basset (m)	바셋 하운드	ba-set ta-un-deu
bobtail (m)	밥테일	bap-te-il
dalmatien (m)	달마시안	dal-ma-si-an
cocker (m)	코커 스패니얼	ko-keo seu-pae-ni-eol
terre-neuve (m)	뉴펀들랜드	nyu-peon-deul-laen-deu
saint-bernard (m)	세인트버나드	se-in-teu-beo-na-deu
husky (m)	허스키	heo-seu-ki
spitz (m)	스피츠	seu-pi-cheu
carlin (m)	퍼그	peo-geu

214. Les cris des animaux

aboiement (m)	짖는 소리	jin-neun so-ri
aboyer (vi)	짖다	jit-da
miauler (vi)	야옹 하고 울다	ya-ong ha-go ul-da
ronronner (vi)	목을 가르랑거리다	mo-geul ga-reu-rang-geo-ri-da
meugler (vi)	음매 울다	eum-mae ul-da
beugler (taureau)	우렁찬 소리를 내다	u-reong-chan so-ri-reul lae-da
rugir (chien)	으르렁거리다	eu-reu-reong-geo-ri-da
hurlement (m)	울부짖음	ul-bu-ji-jeum
hurler (loup)	울다	ul-da
geindre (vi)	낑낑거리다	kking-kking-geo-ri-da
bêler (vi)	매애하고 울다	mae-ae-ha-go ul-da
grogner (cochon)	꿀꿀거리다	kkul-kkul-geo-ri-da
glapir (cochon)	하는 소리를 내다	ha-neun so-ri-reul lae-da
coasser (vi)	개골개골하다	gae-gol-gae-gol-ha-da
bourdonner (vi)	윙윙거리다	wing-wing-geo-ri-da
striduler (vi)	찌르찌르 울다	jji-reu-jji-reu ul-da

215. Les jeunes animaux

bébé (m) (~ lapin)	새끼	sae-kki
chaton (m)	새끼고양이	sae-kki-go-yang-i
souriceau (m)	아기 생쥐	a-gi saeng-jwi
chiot (m)	강아지	gang-a-ji
levraut (m)	토끼의 새끼	to-kki-ui sae-kki
lapereau (m)	집토끼의 새끼	jip-to-kki-ui sae-kki
louveteau (m)	이리 새끼	i-ri sae-kki
renardeau (m)	여우 새끼	yeo-u sae-kki
ourson (m)	곰 새끼	gom sae-kki
lionceau (m)	사자의 새끼	sa-ja-ui sae-kki
bébé (m) tigre	호랑이 새끼	ho-rang-i sae-kki

éléphanteau (m)	코끼리의 새끼	ko-kki-ri-ui sae-kki
pourceau (m)	돼지 새끼	dwae-ji sae-kki
veau (m)	송아지	song-a-ji
chevreau (m)	염소의 새끼	yeom-so-ui sae-kki
agneau (m)	어린 양	eo-rin nyang
faon (m)	새끼 사슴	sae-kki sa-seum
bébé (m) chameau	낙타새끼	nak-ta-sae-kki
serpenteau (m)	새끼 뱀	sae-kki baem
bébé (m) grenouille	새끼 개구리	sae-kki gae-gu-ri
oisillon (m)	새 새끼	sae sae-kki
poussin (m)	병아리	byeong-a-ri
canardeau (m)	오리새끼	o-ri-sae-kki

216. Les oiseaux

oiseau (m)	새	sae
pigeon (m)	비둘기	bi-dul-gi
moineau (m)	참새	cham-sae
mésange (f)	박새	bak-sae
pie (f)	까치	kka-chi
corbeau (m)	갈가마귀	gal-ga-ma-gwi
corneille (f)	까마귀	kka-ma-gwi
choucas (m)	갈가마귀	gal-ga-ma-gwi
freux (m)	떼까마귀	ttae-kka-ma-gwi
canard (m)	오리	o-ri
oie (f)	거위	geo-wi
faisan (m)	꿩	kkwong
aigle (m)	독수리	dok-su-ri
épervier (m)	매	mae
faucon (m)	매	mae
vautour (m)	독수리, 콘도르	dok-su-ri, kon-do-reu
condor (m)	콘도르	kon-do-reu
cygne (m)	백조	baek-jo
grue (f)	두루미	du-ru-mi
cigogne (f)	황새	hwang-sae
perroquet (m)	앵무새	aeng-mu-sae
colibri (m)	벌새	beol-sae
paon (m)	공작	gong-jak
autruche (f)	타조	ta-jo
héron (m)	왜가리	wae-ga-ri
flamant (m)	플라밍고	peul-la-ming-go
pélican (m)	펠리컨	pel-li-keon
rossignol (m)	나이팅게일	na-i-ting-ge-il
hirondelle (f)	제비	je-bi
merle (m)	지빠귀	ji-ppa-gwi

| grive (f) | 노래지빠귀 | no-rae-ji-ppa-gwi |
| merle (m) noir | 대륙검은지빠귀 | dae-ryuk-geo-meun-ji-ppa-gwi |

martinet (m)	칼새	kal-sae
alouette (f) des champs	종다리	jong-da-ri
caille (f)	메추라기	me-chu-ra-gi

pivert (m)	딱따구리	ttak-tta-gu-ri
coucou (m)	뻐꾸기	ppeo-kku-gi
chouette (f)	올빼미	ol-ppae-mi
hibou (m)	수리부엉이	su-ri-bu-eong-i
tétras (m)	큰뇌조	keun-noe-jo
tétras-lyre (m)	멧닭	met-dak
perdrix (f)	자고	ja-go

étourneau (m)	찌르레기	jji-reu-re-gi
canari (m)	카나리아	ka-na-ri-a
pinson (m)	되새	doe-sae
bouvreuil (m)	피리새	pi-ri-sae

mouette (f)	갈매기	gal-mae-gi
albatros (m)	신천옹	sin-cheon-ong
pingouin (m)	펭귄	peng-gwin

217. Les oiseaux. Le chant, les cris

chanter (vi)	노래하다	no-rae-ha-da
crier (vi)	울다	ul-da
chanter (le coq)	꼬끼오 하고 울다	kko-kki-o ha-go ul-da
cocorico (m)	꼬끼오	kko-kki-o

glousser (vi)	꼬꼬댁거리다	kko-kko-daek-geo-ri-da
croasser (vi)	까악까악 울다	kka-ak-kka-ak gul-da
cancaner (vi)	꽥꽥 울다	kkwaek-kkwaek gul-da
piauler (vi)	삐약삐약 울다	ppi-yak-ppi-yak gul-da
pépier (vi)	짹짹 울다	jjaek-jjaek gul-da

218. Les poissons. Les animaux marins

brème (f)	도미류	do-mi-ryu
carpe (f)	잉어	ing-eo
perche (f)	농어의 일종	nong-eo-ui il-jong
silure (m)	메기	me-gi
brochet (m)	북부민물꼬치고기	buk-bu-min-mul-kko-chi-go-gi

| saumon (m) | 연어 | yeon-eo |
| esturgeon (m) | 철갑상어 | cheol-gap-sang-eo |

hareng (m)	청어	cheong-eo
saumon (m) atlantique	대서양 연어	dae-seo-yang yeon-eo
maquereau (m)	고등어	go-deung-eo

flet (m)	넙치	neop-chi
morue (f)	대구	dae-gu
thon (m)	참치	cham-chi
truite (f)	송어	song-eo
anguille (f)	뱀장어	baem-jang-eo
torpille (f)	시끈가오리	si-kkeun-ga-o-ri
murène (f)	곰치	gom-chi
piranha (m)	피라니아	pi-ra-ni-a
requin (m)	상어	sang-eo
dauphin (m)	돌고래	dol-go-rae
baleine (f)	고래	go-rae
crabe (m)	게	ge
méduse (f)	해파리	hae-pa-ri
pieuvre (f), poulpe (m)	낙지	nak-ji
étoile (f) de mer	불가사리	bul-ga-sa-ri
oursin (m)	성게	seong-ge
hippocampe (m)	해마	hae-ma
huître (f)	굴	gul
crevette (f)	새우	sae-u
homard (m)	바닷가재	ba-dat-ga-jae
langoustine (f)	대하	dae-ha

219. Les amphibiens. Les reptiles

serpent (m)	뱀	baem
venimeux (adj)	독이 있는	do-gi in-neun
vipère (f)	살무사	sal-mu-sa
cobra (m)	코브라	ko-beu-ra
python (m)	비단뱀	bi-dan-baem
boa (m)	보아	bo-a
couleuvre (f)	풀뱀	pul-baem
serpent (m) à sonnettes	방울뱀	bang-ul-baem
anaconda (m)	아나콘다	a-na-kon-da
lézard (m)	도마뱀	do-ma-baem
iguane (m)	이구아나	i-gu-a-na
salamandre (f)	도롱뇽	do-rong-nyong
caméléon (m)	카멜레온	ka-mel-le-on
scorpion (m)	전갈	jeon-gal
tortue (f)	거북	geo-buk
grenouille (f)	개구리	gae-gu-ri
crapaud (m)	두꺼비	du-kkeo-bi
crocodile (m)	악어	a-geo

220. Les insectes

insecte (m)	곤충	gon-chung
papillon (m)	나비	na-bi
fourmi (f)	개미	gae-mi
mouche (f)	파리	pa-ri
moustique (m)	모기	mo-gi
scarabée (m)	딱정벌레	ttak-jeong-beol-le
guêpe (f)	말벌	mal-beol
abeille (f)	꿀벌	kkul-beol
bourdon (m)	호박벌	ho-bak-beol
œstre (m)	쇠파리	soe-pa-ri
araignée (f)	거미	geo-mi
toile (f) d'araignée	거미줄	geo-mi-jul
libellule (f)	잠자리	jam-ja-ri
sauterelle (f)	메뚜기	me-ttu-gi
papillon (m)	나방	na-bang
cafard (m)	바퀴벌레	ba-kwi-beol-le
tique (f)	진드기	jin-deu-gi
puce (f)	벼룩	byeo-ruk
moucheron (m)	깔따구	kkal-tta-gu
criquet (m)	메뚜기	me-ttu-gi
escargot (m)	달팽이	dal-paeng-i
grillon (m)	귀뚜라미	gwi-ttu-ra-mi
luciole (f)	개똥벌레	gae-ttong-beol-le
coccinelle (f)	무당벌레	mu-dang-beol-le
hanneton (m)	왕풍뎅이	wang-pung-deng-i
sangsue (f)	거머리	geo-meo-ri
chenille (f)	애벌레	ae-beol-le
ver (m)	지렁이	ji-reong-i
larve (f)	애벌레	ae-beol-le

221. Les parties du corps des animaux

bec (m)	부리	bu-ri
ailes (f pl)	날개	nal-gae
patte (f)	다리	da-ri
plumage (m)	깃털	git-teol
plume (f)	깃털	git-teol
houppe (f)	볏	byeot
ouïes (f pl)	아가미	a-ga-mi
œufs (m pl)	알을 낳다	a-reul la-ta
larve (f)	애벌레	ae-beol-le
nageoire (f)	지느러미	ji-neu-reo-mi
écaille (f)	비늘	bi-neul
croc (m)	송곳니	song-gon-ni

patte (f)	발	bal
museau (m)	주둥이	ju-dung-i
gueule (f)	입	ip
queue (f)	꼬리	kko-ri
moustaches (f pl)	수염	su-yeom
sabot (m)	발굽	bal-gup
corne (f)	뿔	ppul
carapace (f)	등딱지	deung-ttak-ji
coquillage (m)	조개 껍질	jo-gae kkeop-jil
coquille (f) d'œuf	달걀 껍질	dal-gyal kkeop-jil
poil (m)	털	teol
peau (f)	가죽	ga-juk

222. Les mouvements des animaux

voler (vi)	날다	nal-da
faire des cercles	선회하다	seon-hoe-ha-da
s'envoler (vp)	날아가버리다	na-ra-ga-beo-ri-da
battre des ailes	날개를 치다	nal-gae-reul chi-da
picorer (vt)	쪼다	jjo-da
couver (vt)	알을 품다	a-reul pum-da
éclore (vi)	까다	kka-da
faire un nid	보금자리를 짓다	bo-geum-ja-ri-reul jit-da
ramper (vi)	기다	gi-da
piquer (insecte)	물다	mul-da
mordre (animal)	물다	mul-da
flairer (vt)	냄새맡다	naem-sae-mat-da
aboyer (vi)	짖다	jit-da
siffler (serpent)	쉬익하는 소리를 내다	swi-ik-a-neun so-ri-reul lae-da
effrayer (vt)	겁주다	geop-ju-da
attaquer (vt)	공격하다	gong-gyeo-ka-da
ronger (vt)	쏠다	ssol-da
griffer (vt)	할퀴다	hal-kwi-da
se cacher (vp)	숨기다	sum-gi-da
jouer (chatons, etc.)	놀다	nol-da
chasser (vi, vt)	사냥하다	sa-nyang-ha-da
être en hibernation	동면하다	dong-myeon-ha-da
disparaître (dinosaures)	멸종하다	myeol-jong-ha-da

223. Les habitats des animaux

habitat (m) naturel	서식지	seo-sik-ji
migration (f)	이동	i-dong

montagne (f)	산	san
récif (m)	암초	am-cho
rocher (m)	절벽	jeol-byeok
forêt (f)	숲	sup
jungle (f)	정글	jeong-geul
savane (f)	대초원	dae-cho-won
toundra (f)	툰드라	tun-deu-ra
steppe (f)	스텝 지대	seu-tep ji-dae
désert (m)	사막	sa-mak
oasis (f)	오아시스	o-a-si-seu
mer (f)	바다	ba-da
lac (m)	호수	ho-su
océan (m)	대양	dae-yang
marais (m)	늪, 소택지	neup, so-taek-ji
d'eau douce (adj)	민물의	min-mu-rui
étang (m)	연못	yeon-mot
rivière (f), fleuve (m)	강	gang
tanière (f)	굴	gul
nid (m)	둥지	dung-ji
creux (m)	구멍	gu-meong
terrier (m) (~ d'un renard)	굴	gul
fourmilière (f)	개미탑	gae-mi-tap

224. Les soins aux animaux

zoo (m)	동물원	dong-mu-rwon
réserve (f) naturelle	자연 보호구역	ja-yeon bo-ho-gu-yeok
pépinière (f)	사육장	sa-yuk-jang
volière (f)	야외 사육장	ya-oe sa-yuk-jang
cage (f)	우리	u-ri
niche (f)	개집	gae-jip
pigeonnier (m)	비둘기장	bi-dul-gi-jang
aquarium (m)	어항	eo-hang
élever (vt)	사육하다, 기르다	sa-yuk-a-da, gi-reu-da
nichée (f), portée (f)	한 배 새끼	han bae sae-kki
apprivoiser (vt)	길들이다	gil-deu-ri-da
aliments (pl) pour animaux	먹이	meo-gi
nourrir (vt)	먹이다	meo-gi-da
dresser (un chien)	가르치다	ga-reu-chi-da
magasin (m) d'animaux	애완 동물 상점	ae-wan dong-mul sang-jeom
muselière (f)	입마개	im-ma-gae
collier (m)	개목걸이	gae-mok-geo-ri
nom (m) (d'un animal)	이름	i-reum
pedigree (m)	족보	gye-tong yeon-gu

225. Les animaux. Divers

meute (f) (~ de loups)	떼	tte
volée (f) d'oiseaux	새 떼	sae tte
banc (m) de poissons	떼	tte
troupeau (m)	무리	mu-ri
mâle (m)	수컷	su-keot
femelle (f)	암컷	am-keot
affamé (adj)	배고픈	bae-go-peun
sauvage (adj)	야생의	ya-saeng-ui
dangereux (adj)	위험한	wi-heom-han

226. Les chevaux

race (f)	품종	pum-jong
poulain (m)	망아지	mang-a-ji
jument (f)	암말	am-mal
mustang (m)	무스탕	mu-seu-tang
poney (m)	조랑말	jo-rang-mal
cheval (m) de trait	짐수레말	jim-su-re-mal
crin (m)	갈기	gal-gi
queue (f)	꼬리	kko-ri
sabot (m)	발굽	bal-gup
fer (m) à cheval	편자	pyeon-ja
ferrer (vt)	편자를 박다	pyeon-ja-reul bak-da
maréchal-ferrant (m)	편자공	pyeon-ja-gong
selle (f)	안장	an-jang
étrier (m)	등자	deung-ja
bride (f)	굴레	gul-le
rênes (f pl)	고삐	go-ppi
fouet (m)	채찍	chae-jjik
cavalier (m)	기수는	gi-su-neun
seller (vt)	안장을 얹다	an-jang-eul reon-da
se mettre en selle	말에 타다	ma-re ta-da
galop (m)	갤럽	gael-leop
aller au galop	전속력으로 달리다	jeon-song-nyeo-geu-ro dal-li-da
trot (m)	속보	sok-bo
au trot (adv)	속보로	sok-bo-ro
cheval (m) de course	경마용 말	gyeong-ma-yong mal
courses (f pl) à chevaux	경마	gyeong-ma
écurie (f)	마구간	ma-gu-gan
nourrir (vt)	먹이다	meo-gi-da

foin (m)	건초	geon-cho
abreuver (vt)	물을 먹이다	mu-reul meo-gi-da
laver (le cheval)	씻기다	ssit-gi-da
paître (vi)	풀을 뜯다	pu-reul tteut-da
hennir (vi)	울다	ul-da
ruer (vi)	걷어차다	geo-deo-cha-da

La flore

227. Les arbres

arbre (m)	나무	na-mu
à feuilles caduques	낙엽수의	na-gyeop-su-ui
conifère (adj)	침엽수의	chi-myeop-su-ui
à feuilles persistantes	상록의	sang-no-gui
pommier (m)	사과나무	sa-gwa-na-mu
poirier (m)	배나무	bae-na-mu
merisier (m), cerisier (m)	벚나무	beon-na-mu
prunier (m)	자두나무	ja-du-na-mu
bouleau (m)	자작나무	ja-jang-na-mu
chêne (m)	오크	o-keu
tilleul (m)	보리수	bo-ri-su
tremble (m)	사시나무	sa-si-na-mu
érable (m)	단풍나무	dan-pung-na-mu
épicéa (m)	가문비나무	ga-mun-bi-na-mu
pin (m)	소나무	so-na-mu
mélèze (m)	낙엽송	na-gyeop-song
sapin (m)	전나무	jeon-na-mu
cèdre (m)	시다	si-da
peuplier (m)	포플러	po-peul-leo
sorbier (m)	마가목	ma-ga-mok
saule (m)	버드나무	beo-deu-na-mu
aune (m)	오리나무	o-ri-na-mu
hêtre (m)	너도밤나무	neo-do-bam-na-mu
orme (m)	느릅나무	neu-reum-na-mu
frêne (m)	물푸레나무	mul-pu-re-na-mu
marronnier (m)	밤나무	bam-na-mu
magnolia (m)	목련	mong-nyeon
palmier (m)	야자나무	ya-ja-na-mu
cyprès (m)	사이프러스	sa-i-peu-reo-seu
palétuvier (m)	맹그로브	maeng-geu-ro-beu
baobab (m)	바오밥나무	ba-o-bam-na-mu
eucalyptus (m)	유칼립투스	yu-kal-lip-tu-seu
séquoia (m)	세쿼이아	se-kwo-i-a

228. Les arbustes

buisson (m)	덤불	deom-bul
arbrisseau (m)	관목	gwan-mok

vigne (f)	포도 덩굴	po-do deong-gul
vigne (f) (vignoble)	포도밭	po-do-bat
framboise (f)	라즈베리	ra-jeu-be-ri
groseille (f) rouge	레드커런트 나무	re-deu-keo-reon-teu na-mu
groseille (f) verte	구스베리 나무	gu-seu-be-ri na-mu
acacia (m)	아카시아	a-ka-si-a
berbéris (m)	매자나무	mae-ja-na-mu
jasmin (m)	재스민	jae-seu-min
genévrier (m)	두송	du-song
rosier (m)	장미 덤불	jang-mi deom-bul
églantier (m)	찔레나무	jjil-le-na-mu

229. Les champignons

champignon (m)	버섯	beo-seot
champignon (m) comestible	식용 버섯	si-gyong beo-seot
champignon (m) vénéneux	독버섯	dok-beo-seot
chapeau (m)	버섯의 갓	beo-seos-ui gat
pied (m)	줄기	jul-gi
bolet (m) orangé	등색껄이그물버섯	deung-saek-kkeol-kkeo-ri-geu-mul-beo-seot
bolet (m) bai	거친껄이그물버섯	geo-chin-kkeol-kkeo-ri-geu-mul-beo-seot
girolle (f)	살구버섯	sal-gu-beo-seot
russule (f)	무당버섯	mu-dang-beo-seot
morille (f)	곰보버섯	gom-bo-beo-seot
amanite (f) tue-mouches	광대버섯	gwang-dae-beo-seot
oronge (f) verte	알광대버섯	al-gwang-dae-beo-seot

230. Les fruits. Les baies

pomme (f)	사과	sa-gwa
poire (f)	배	bae
prune (f)	자두	ja-du
fraise (f)	딸기	ttal-gi
cerise (f)	신양	si-nyang
merise (f)	양벚나무	yang-beon-na-mu
raisin (m)	포도	po-do
framboise (f)	라즈베리	ra-jeu-be-ri
cassis (m)	블랙커렌트	beul-laek-keo-ren-teu
groseille (f) rouge	레드커렌트	re-deu-keo-ren-teu
groseille (f) verte	구스베리	gu-seu-be-ri
canneberge (f)	크랜베리	keu-raen-be-ri
orange (f)	오렌지	o-ren-ji
mandarine (f)	귤	gyul

ananas (m)	파인애플	pa-in-ae-peul
banane (f)	바나나	ba-na-na
datte (f)	대추야자	dae-chu-ya-ja
citron (m)	레몬	re-mon
abricot (m)	살구	sal-gu
pêche (f)	복숭아	bok-sung-a
kiwi (m)	키위	ki-wi
pamplemousse (m)	자몽	ja-mong
baie (f)	장과	jang-gwa
baies (f pl)	장과류	jang-gwa-ryu
airelle (f) rouge	월귤나무	wol-gyul-la-mu
fraise (f) des bois	야생딸기	ya-saeng-ttal-gi
myrtille (f)	빌베리	bil-be-ri

231. Les fleurs. Les plantes

fleur (f)	꽃	kkot
bouquet (m)	꽃다발	kkot-da-bal
rose (f)	장미	jang-mi
tulipe (f)	튤립	tyul-lip
oeillet (m)	카네이션	ka-ne-i-syeon
glaïeul (m)	글라디올러스	geul-la-di-ol-leo-seu
bleuet (m)	수레국화	su-re-guk-wa
campanule (f)	실잔대	sil-jan-dae
dent-de-lion (f)	민들레	min-deul-le
marguerite (f)	캐모마일	kae-mo-ma-il
aloès (m)	알로에	al-lo-e
cactus (m)	선인장	seon-in-jang
ficus (m)	고무나무	go-mu-na-mu
lis (m)	백합	baek-ap
géranium (m)	제라늄	je-ra-nyum
jacinthe (f)	히아신스	hi-a-sin-seu
mimosa (m)	미모사	mi-mo-sa
jonquille (f)	수선화	su-seon-hwa
capucine (f)	한련	hal-lyeon
orchidée (f)	난초	nan-cho
pivoine (f)	모란	mo-ran
violette (f)	바이올렛	ba-i-ol-let
pensée (f)	팬지	paen-ji
myosotis (m)	물망초	mul-mang-cho
pâquerette (f)	데이지	de-i-ji
coquelicot (m)	양귀비	yang-gwi-bi
chanvre (m)	삼	sam
menthe (f)	박하	bak-a

muguet (m)	은방울꽃	eun-bang-ul-kkot
perce-neige (f)	스노드롭	seu-no-deu-rop
ortie (f)	쐐기풀	sswae-gi-pul
oseille (f)	수영	su-yeong
nénuphar (m)	수련	su-ryeon
fougère (f)	고사리	go-sa-ri
lichen (m)	이끼	i-kki
serre (f) tropicale	온실	on-sil
gazon (m)	잔디	jan-di
parterre (m) de fleurs	꽃밭	kkot-bat
plante (f)	식물	sing-mul
herbe (f)	풀	pul
brin (m) d'herbe	풀잎	pu-rip
feuille (f)	잎	ip
pétale (m)	꽃잎	kko-chip
tige (f)	줄기	jul-gi
tubercule (m)	구근	gu-geun
pousse (f)	새싹	sae-ssak
épine (f)	가시	ga-si
fleurir (vi)	피우다	pi-u-da
se faner (vp)	시들다	si-deul-da
odeur (f)	향기	hyang-gi
couper (vt)	자르다	ja-reu-da
cueillir (fleurs)	따다	tta-da

232. Les céréales

grains (m pl)	곡물	gong-mul
céréales (f pl) (plantes)	곡류	gong-nyu
épi (m)	이삭	i-sak
blé (m)	밀	mil
seigle (m)	호밀	ho-mil
avoine (f)	귀리	gwi-ri
millet (m)	수수, 기장	su-su, gi-jang
orge (f)	보리	bo-ri
maïs (m)	옥수수	ok-su-su
riz (m)	쌀	ssal
sarrasin (m)	메밀	me-mil
pois (m)	완두	wan-du
haricot (m)	강낭콩	gang-nang-kong
soja (m)	콩	kong
lentille (f)	렌즈콩	ren-jeu-kong
fèves (f pl)	콩	kong

233. Les légumes

légumes (m pl)	채소	chae-so
verdure (f)	녹황색 채소	nok-wang-saek chae-so
tomate (f)	토마토	to-ma-to
concombre (m)	오이	o-i
carotte (f)	당근	dang-geun
pomme (f) de terre	감자	gam-ja
oignon (m)	양파	yang-pa
ail (m)	마늘	ma-neul
chou (m)	양배추	yang-bae-chu
chou-fleur (m)	컬리플라워	keol-li-peul-la-wo
chou (m) de Bruxelles	방울다다기 양배추	bang-ul-da-da-gi yang-bae-chu
betterave (f)	비트	bi-teu
aubergine (f)	가지	ga-ji
courgette (f)	애호박	ae-ho-bak
potiron (m)	호박	ho-bak
navet (m)	순무	sun-mu
persil (m)	파슬리	pa-seul-li
fenouil (m)	딜	dil
laitue (f) (salade)	양상추	yang-sang-chu
céleri (m)	셀러리	sel-leo-ri
asperge (f)	아스파라거스	a-seu-pa-ra-geo-seu
épinard (m)	시금치	si-geum-chi
pois (m)	완두	wan-du
fèves (f pl)	콩	kong
maïs (m)	옥수수	ok-su-su
haricot (m)	강낭콩	gang-nang-kong
poivron (m)	피망	pi-mang
radis (m)	무	mu
artichaut (m)	아티초크	a-ti-cho-keu

LA GÉOGRAPHIE RÉGIONALE

Les pays du monde. Les nationalités

234. L'Europe de l'Ouest

Europe (f)	유럽	yu-reop
Union (f) européenne	유럽 연합	yu-reop byeon-hap
européen (m)	유럽 사람	yu-reop sa-ram
européen (adj)	유럽의	yu-reo-bui
Autriche (f)	오스트리아	o-seu-teu-ri-a
Autrichien (m)	오스트리아 사람	o-seu-teu-ri-a sa-ram
Autrichienne (f)	오스트리아 사람	o-seu-teu-ri-a sa-ram
autrichien (adj)	오스트리아의	o-seu-teu-ri-a-ui
Grande-Bretagne (f)	영국	yeong-guk
Angleterre (f)	잉글랜드	ing-geul-laen-deu
Anglais (m)	영국 남자	yeong-guk nam-ja
Anglaise (f)	영국 여성	yeong-guk gyeo-ja
anglais (adj)	영국의	yeong-gu-gui
Belgique (f)	벨기에	bel-gi-e
Belge (m)	벨기에 사람	bel-gi-e sa-ram
Belge (f)	벨기에 사람	bel-gi-e sa-ram
belge (adj)	벨기에의	bel-gi-e-ui
Allemagne (f)	독일	do-gil
Allemand (m)	독일 사람	do-gil sa-ram
Allemande (f)	독일 사람	do-gil sa-ram
allemand (adj)	독일의	do-gi-rui
Pays-Bas (m)	네덜란드	ne-deol-lan-deu
Hollande (f)	네덜란드	ne-deol-lan-deu
Hollandais (m)	네덜란드 사람	ne-deol-lan-deu sa-ram
Hollandaise (f)	네덜란드 사람	ne-deol-lan-deu sa-ram
hollandais (adj)	네덜란드의	ne-deol-lan-deu-ui
Grèce (f)	그리스	geu-ri-seu
Grec (m)	그리스 사람	geu-ri-seu sa-ram
Grecque (f)	그리스 사람	geu-ri-seu sa-ram
grec (adj)	그리스의	geu-ri-seu-ui
Danemark (m)	덴마크	den-ma-keu
Danois (m)	덴마크 사람	den-ma-keu sa-ram
Danoise (f)	덴마크 사람	den-ma-keu sa-ram
danois (adj)	덴마크의	den-ma-keu-ui
Irlande (f)	아일랜드	a-il-laen-deu
Irlandais (m)	아일랜드 사람	a-il-laen-deu sa-ram

Irlandaise (f)	아일랜드 사람	a-il-laen-deu sa-ram
irlandais (adj)	아일랜드의	a-il-laen-deu-ui
Islande (f)	아이슬란드	a-i-seul-lan-deu
Islandais (m)	아이슬란드 사람	a-i-seul-lan-deu sa-ram
Islandaise (f)	아이슬란드 사람	a-i-seul-lan-deu sa-ram
islandais (adj)	아이슬란드의	a-i-seul-lan-deu-ui
Espagne (f)	스페인	seu-pe-in
Espagnol (m)	스페인 사람	seu-pe-in sa-ram
Espagnole (f)	스페인 사람	seu-pe-in sa-ram
espagnol (adj)	스페인의	seu-pe-in-ui
Italie (f)	이탈리아	i-tal-li-a
Italien (m)	이탈리아 사람	i-tal-li-a sa-ram
Italienne (f)	이탈리아 사람	i-tal-li-a sa-ram
italien (adj)	이탈리아의	i-tal-li-a-ui
Chypre (m)	키프로스	ki-peu-ro-seu
Chypriote (m)	키프로스 사람	ki-peu-ro-seu sa-ram
Chypriote (f)	키프로스 사람	ki-peu-ro-seu sa-ram
chypriote (adj)	키프로스의	ki-peu-ro-seu-ui
Malte (f)	몰타	mol-ta
Maltais (m)	몰타 사람	mol-ta sa-ram
Maltaise (f)	몰타 사람	mol-ta sa-ram
maltais (adj)	몰타의	mol-ta-ui
Norvège (f)	노르웨이	no-reu-we-i
Norvégien (m)	노르웨이 사람	no-reu-we-i sa-ram
Norvégienne (f)	노르웨이사람	no-reu-we-i sa-ram
norvégien (adj)	노르웨이의	no-reu-we-i-ui
Portugal (m)	포르투갈	po-reu-tu-gal
Portugais (m)	포르투갈 사람	po-reu-tu-gal sa-ram
Portugaise (f)	포르투갈 사람	po-reu-tu-gal sa-ram
portugais (adj)	포르투갈의	po-reu-tu-ga-rui
Finlande (f)	핀란드	pil-lan-deu
Finlandais (m)	핀란드 사람	pil-lan-deu sa-ram
Finlandaise (f)	핀란드사람	pil-lan-deu-sa-ram
finlandais (adj)	핀란드의	pil-lan-deu-ui
France (f)	프랑스	peu-rang-seu
Français (m)	프랑스 사람	peu-rang-seu sa-ram
Française (f)	프랑스 사람	peu-rang-seu sa-ram
français (adj)	프랑스의	peu-rang-seu-ui
Suède (f)	스웨덴	seu-we-den
Suédois (m)	스웨덴 사람	seu-we-den sa-ram
Suédoise (f)	스웨덴 사람	seu-we-den sa-ram
suédois (adj)	스웨덴의	seu-we-den-ui
Suisse (f)	스위스	seu-wi-seu
Suisse (m)	스위스 사람	seu-wi-seu sa-ram
Suissesse (f)	스위스 사람	seu-wi-seu sa-ram

suisse (adj)	스위스의	seu-wi-seu-ui
Écosse (f)	스코틀랜드	seu-ko-teul-laen-deu
Écossais (m)	스코틀랜드 사람	seu-ko-teul-laen-deu sa-ram
Écossaise (f)	스코틀랜드 사람	seu-ko-teul-laen-deu sa-ram
écossais (adj)	스코틀랜드의	seu-ko-teul-laen-deu-ui
Vatican (m)	바티칸	ba-ti-kan
Liechtenstein (m)	리히텐슈타인	ri-hi-ten-syu-ta-in
Luxembourg (m)	룩셈부르크	ruk-sem-bu-reu-keu
Monaco (m)	모나코	mo-na-ko

235. L'Europe Centrale et l'Europe de l'Est

Albanie (f)	알바니아	al-ba-ni-a
Albanais (m)	알바니아 사람	al-ba-ni-a sa-ram
Albanaise (f)	알바니아 사람	al-ba-ni-a sa-ram
albanais (adj)	알바니아의	al-ba-ni-a-ui
Bulgarie (f)	불가리아	bul-ga-ri-a
Bulgare (m)	불가리아 사람	bul-ga-ri-a sa-ram
Bulgare (f)	불가리아 사람	bul-ga-ri-a sa-ram
bulgare (adj)	불가리아의	bul-ga-ri-a-ui
Hongrie (f)	헝가리	heong-ga-ri
Hongrois (m)	헝가리 사람	heong-ga-ri sa-ram
Hongroise (f)	헝가리 사람	heong-ga-ri sa-ram
hongrois (adj)	헝가리의	heong-ga-ri-ui
Lettonie (f)	라트비아	ra-teu-bi-a
Letton (m)	라트비아 사람	ra-teu-bi-a sa-ram
Lettonne (f)	라트비아 사람	ra-teu-bi-a sa-ram
letton (adj)	라트비아의	ra-teu-bi-a-ui
Lituanie (f)	리투아니아	ri-tu-a-ni-a
Lituanien (m)	리투아니아 사람	ri-tu-a-ni-a sa-ram
Lituanienne (f)	리투아니아 사람	ri-tu-a-ni-a sa-ram
lituanien (adj)	리투아니아의	ri-tu-a-ni-a-ui
Pologne (f)	폴란드	pol-lan-deu
Polonais (m)	폴란드 사람	pol-lan-deu sa-ram
Polonaise (f)	폴란드 사람	pol-lan-deu sa-ram
polonais (adj)	폴란드의	pol-lan-deu-ui
Roumanie (f)	루마니아	ru-ma-ni-a
Roumain (m)	루마니아 사람	ru-ma-ni-a sa-ram
Roumaine (f)	루마니아 사람	ru-ma-ni-a sa-ram
roumain (adj)	루마니아의	ru-ma-ni-a-ui
Serbie (f)	세르비아	se-reu-bi-a
Serbe (m)	세르비아 사람	se-reu-bi-a sa-ram
Serbe (f)	세르비아 사람	se-reu-bi-a sa-ram
serbe (adj)	세르비아의	se-reu-bi-a-ui
Slovaquie (f)	슬로바키아	seul-lo-ba-ki-a
Slovaque (m)	슬로바키아 사람	seul-lo-ba-ki-a sa-ram

Slovaque (f)	슬로바키아 사람	seul-lo-ba-ki-a sa-ram
slovaque (adj)	슬로바키아의	seul-lo-ba-ki-a-ui
Croatie (f)	크로아티아	keu-ro-a-ti-a
Croate (m)	크로아티아 사람	keu-ro-a-ti-a sa-ram
Croate (f)	크로아티아 사람	keu-ro-a-ti-a sa-ram
croate (adj)	크로아티아의	keu-ro-a-ti-a-ui
République (f) Tchèque	체코	che-ko
Tchèque (m)	체코 사람	che-ko sa-ram
Tchèque (f)	체코 사람	che-ko sa-ram
tchèque (adj)	체코의	che-ko-ui
Estonie (f)	에스토니아	e-seu-to-ni-a
Estonien (m)	에스토니아 사람	e-seu-to-ni-a sa-ram
Estonienne (f)	에스토니아 사람	e-seu-to-ni-a sa-ram
estonien (adj)	에스토니아의	e-seu-to-ni-a-ui
Bosnie (f)	보스니아 헤르체코비나	bo-seu-ni-a he-reu-che-ko-bi-na
Macédoine (f)	마케도니아	ma-ke-do-ni-a
Slovénie (f)	슬로베니아	seul-lo-be-ni-a
Monténégro (m)	몬테네그로	mon-te-ne-geu-ro

236. Les pays de l'ex-U.R.S.S.

Azerbaïdjan (m)	아제르바이잔	a-je-reu-ba-i-jan
Azerbaïdjanais (m)	아제르바이잔 사람	a-je-reu-ba-i-jan sa-ram
Azerbaïdjanaise (f)	아제르바이잔 사람	a-je-reu-ba-i-jan sa-ram
azerbaïdjanais (adj)	아제르바이잔의	a-je-reu-ba-i-jan-ui
Arménie (f)	아르메니아	a-reu-me-ni-a
Arménien (m)	아르메니아 사람	a-reu-me-ni-a sa-ram
Arménienne (f)	아르메니아 사람	a-reu-me-ni-a sa-ram
arménien (adj)	아르메니아의	a-reu-me-ni-a-ui
Biélorussie (f)	벨로루시	bel-lo-ru-si
Biélorusse (m)	벨로루시 사람	bel-lo-ru-si sa-ram
Biélorusse (f)	벨로루시 사람	bel-lo-ru-si sa-ram
biélorusse (adj)	벨로루시의	bel-lo-ru-si-ui
Géorgie (f)	그루지야	geu-ru-ji-ya
Géorgien (m)	그루지야 사람	geu-ru-ji-ya sa-ram
Géorgienne (f)	그루지야 사람	geu-ru-ji-ya sa-ram
géorgien (adj)	그루지야의	geu-ru-ji-ya-ui
Kazakhstan (m)	카자흐스탄	ka-ja-heu-seu-tan
Kazakh (m)	카자흐스탄 사람	ka-ja-heu-seu-tan sa-ram
Kazakhe (f)	카자흐스탄 사람	ka-ja-heu-seu-tan sa-ram
kazakh (adj)	카자흐스탄의	ka-ja-heu-seu-tan-ui
Kirghizistan (m)	키르기스스탄	ki-reu-gi-seu-seu-tan
Kirghiz (m)	키르기스스탄 사람	ki-reu-gi-seu-seu-tan sa-ram
Kirghize (f)	키르기스스탄 사람	ki-reu-gi-seu-seu-tan sa-ram

kirghiz (adj)	키르기스스탄의	ki-reu-gi-seu-seu-tan-ui
Moldavie (f)	몰도바	mol-do-ba
Moldave (m)	몰도바 사람	mol-do-ba sa-ram
Moldave (f)	몰도바 사람	mol-do-ba sa-ram
moldave (adj)	몰도바의	mol-do-ba-ui
Russie (f)	러시아	reo-si-a
Russe (m)	러시아 사람	reo-si-a sa-ram
Russe (f)	러시아 사람	reo-si-a sa-ram
russe (adj)	러시아의	reo-si-a-ui
Tadjikistan (m)	타지키스탄	ta-ji-ki-seu-tan
Tadjik (m)	타지키스탄 사람	ta-ji-ki-seu-tan sa-ram
Tadjik (f)	타지키스탄 사람	ta-ji-ki-seu-tan sa-ram
tadjik (adj)	타지키스탄의	ta-ji-ki-seu-tan-ui
Turkménistan (m)	투르크메니스탄	tu-reu-keu-me-ni-seu-tan
Turkmène (m)	투르크메니스탄 사람	tu-reu-keu-me-ni-seu-tan sa-ram
Turkmène (f)	투르크메니스탄 사람	tu-reu-keu-me-ni-seu-tan sa-ram
turkmène (adj)	투르크메니스탄의	tu-reu-keu-me-ni-seu-tan-ui
Ouzbékistan (m)	우즈베키스탄	u-jeu-be-ki-seu-tan
Ouzbek (m)	우즈베키스탄 사람	u-jeu-be-ki-seu-tan sa-ram
Ouzbek (f)	우즈베키스탄 사람	u-jeu-be-ki-seu-tan sa-ram
ouzbek (adj)	우즈베키스탄의	u-jeu-be-ki-seu-tan-ui
Ukraine (f)	우크라이나	u-keu-ra-i-na
Ukrainien (m)	우크라이나 사람	u-keu-ra-i-na sa-ram
Ukrainienne (f)	우크라이나 사람	u-keu-ra-i-na sa-ram
ukrainien (adj)	우크라이나의	u-keu-ra-i-na-ui

237. L'Asie

Asie (f)	아시아	a-si-a
asiatique (adj)	아시아의	a-si-a-ui
Vietnam (m)	베트남	be-teu-nam
Vietnamien (m)	베트남 사람	be-teu-nam sa-ram
Vietnamienne (f)	베트남 사람	be-teu-nam sa-ram
vietnamien (adj)	베트남의	be-teu-nam-ui
Inde (f)	인도	in-do
Indien (m)	인도 사람	in-do sa-ram
Indienne (f)	인도 사람	in-do sa-ram
indien (adj)	인도의	in-do-ui
Israël (m)	이스라엘	i-seu-ra-el
Israélien (m)	이스라엘 사람	i-seu-ra-el sa-ram
Israélienne (f)	이스라엘 사람	i-seu-ra-el sa-ram
israélien (adj)	이스라엘의	i-seu-ra-e-rui
Juif (m)	유대인	yu-dae-in
Juive (f)	유대인 여자	yu-dae-in nyeo-ja

juif (adj)	유대인의	yu-dae-in-ui
Chine (f)	중국	jung-guk
Chinois (m)	중국 사람	jung-guk sa-ram
Chinoise (f)	중국 사람	jung-guk sa-ram
chinois (adj)	중국의	jung-gu-gui
Coréen (m)	한국 사람	han-guk sa-ram
Coréenne (f)	한국 사람	han-guk sa-ram
coréen (adj)	한국의	han-gu-gui
Liban (m)	레바논	re-ba-non
Libanais (m)	레바논 사람	re-ba-non sa-ram
Libanaise (f)	레바논 사람	re-ba-non sa-ram
libanais (adj)	레바논의	re-ba-non-ui
Mongolie (f)	몽골	mong-gol
Mongole (m)	몽골 사람	mong-gol sa-ram
Mongole (f)	몽골 사람	mong-gol sa-ram
mongole (adj)	몽골의	mong-go-rui
Malaisie (f)	말레이시아	mal-le-i-si-a
Malaisien (m)	말레이시아 사람	mal-le-i-si-a sa-ram
Malaisienne (f)	말레이시아 사람	mal-le-i-si-a sa-ram
malais (adj)	말레이시아의	mal-le-i-si-a-ui
Pakistan (m)	파키스탄	pa-ki-seu-tan
Pakistanais (m)	파키스탄 사람	pa-ki-seu-tan sa-ram
Pakistanaise (f)	파키스탄 사람	pa-ki-seu-tan sa-ram
pakistanais (adj)	파키스탄의	pa-ki-seu-tan-ui
Arabie (f) Saoudite	사우디아라비아	sa-u-di-a-ra-bi-a
Arabe (m)	아랍 사람	a-rap sa-ram
Arabe (f)	아랍 사람	a-rap sa-ram
arabe (adj)	아랍인의	sa-u-di-a-ra-bi-a-ui
Thaïlande (f)	태국	tae-guk
Thaïlandais (m)	태국 사람	tae-guk sa-ram
Thaïlandaise (f)	태국 사람	tae-guk sa-ram
thaïlandais (adj)	태국의	tae-gu-gui
Taïwan (m)	대만	dae-man
Taïwanais (m)	대만 사람	dae-man sa-ram
Taïwanaise (f)	대만 사람	dae-man sa-ram
taïwanais (adj)	대만의	dae-man-ui
Turquie (f)	터키	teo-ki
Turc (m)	터키 사람	teo-ki sa-ram
Turque (f)	터키 사람	teo-ki sa-ram
turc (adj)	터키의	teo-ki-ui
Japon (m)	일본	il-bon
Japonais (m)	일본 사람	il-bon sa-ram
Japonaise (f)	일본 사람	il-bon sa-ram
japonais (adj)	일본의	il-bon-ui
Afghanistan (m)	아프가니스탄	a-peu-ga-ni-seu-tan
Bangladesh (m)	방글라데시	bang-geul-la-de-si

Indonésie (f)	인도네시아	in-do-ne-si-a
Jordanie (f)	요르단	yo-reu-dan
Iraq (m)	이라크	i-ra-keu
Iran (m)	이란	i-ran
Cambodge (m)	캄보디아	kam-bo-di-a
Koweït (m)	쿠웨이트	ku-we-i-teu
Laos (m)	라오스	ra-o-seu
Myanmar (m)	미얀마	mi-yan-ma
Népal (m)	네팔	ne-pal
Fédération (f) des Émirats Arabes Unis	아랍에미리트	a-ra-be-mi-ri-teu
Syrie (f)	시리아	si-ri-a
Palestine (f)	팔레스타인	pal-le-seu-ta-in
Corée (f) du Sud	한국	han-guk
Corée (f) du Nord	북한	buk-an

238. L'Amérique du Nord

Les États Unis	미국	mi-guk
Américain (m)	미국 사람	mi-guk sa-ram
Américaine (f)	미국 사람	mi-guk sa-ram
américain (adj)	미국의	mi-gu-gui
Canada (m)	캐나다	kae-na-da
Canadien (m)	캐나다 사람	kae-na-da sa-ram
Canadienne (f)	캐나다 사람	kae-na-da sa-ram
canadien (adj)	캐나다의	kae-na-da-ui
Mexique (m)	멕시코	mek-si-ko
Mexicain (m)	멕시코 사람	mek-si-ko sa-ram
Mexicaine (f)	멕시코 사람	mek-si-ko sa-ram
mexicain (adj)	멕시코의	mek-si-ko-ui

239. L'Amérique Centrale et l'Amérique du Sud

Argentine (f)	아르헨티나	a-reu-hen-ti-na
Argentin (m)	아르헨티나 사람	a-reu-hen-ti-na sa-ram
Argentine (f)	아르헨티나 사람	a-reu-hen-ti-na sa-ram
argentin (adj)	아르헨티나의	a-reu-hen-ti-na-ui
Brésil (m)	브라질	beu-ra-jil
Brésilien (m)	브라질 사람	beu-ra-jil sa-ram
Brésilienne (f)	브라질 사람	beu-ra-jil sa-ram
brésilien (adj)	브라질의	beu-ra-ji-rui
Colombie (f)	콜롬비아	kol-lom-bi-a
Colombien (m)	콜롬비아 사람	kol-lom-bi-a sa-ram
Colombienne (f)	콜롬비아 사람	kol-lom-bi-a sa-ram
colombien (adj)	콜롬비아의	kol-lom-bi-a-ui

Cuba (f)	쿠바	ku-ba
Cubain (m)	쿠바 사람	ku-ba sa-ram
Cubaine (f)	쿠바 사람	ku-ba sa-ram
cubain (adj)	쿠바의	ku-ba-ui
Chili (m)	칠레	chil-le
Chilien (m)	칠레 사람	chil-le sa-ram
Chilienne (f)	칠레 사람	chil-le sa-ram
chilien (adj)	칠레의	chil-le-ui
Bolivie (f)	볼리비아	bol-li-bi-a
Venezuela (f)	베네수엘라	be-ne-su-el-la
Paraguay (m)	파라과이	pa-ra-gwa-i
Pérou (m)	페루	pe-ru
Surinam (m)	수리남	su-ri-nam
Uruguay (m)	우루과이	u-ru-gwa-i
Équateur (m)	에콰도르	e-kwa-do-reu
Bahamas (f pl)	바하마	ba-ha-ma
Haïti (m)	아이티	a-i-ti
République (f) Dominicaine	도미니카 공화국	do-mi-ni-ka gong-hwa-guk
Panamá (m)	파나마	pa-na-ma
Jamaïque (f)	자메이카	ja-me-i-ka

240. L'Afrique

Égypte (f)	이집트	i-jip-teu
Égyptien (m)	이집트 사람	i-jip-teu sa-ram
Égyptienne (f)	이집트 사람	i-jip-teu sa-ram
égyptien (adj)	이집트의	i-jip-teu-ui
Maroc (m)	모로코	mo-ro-ko
Marocain (m)	모로코 사람	mo-ro-ko sa-ram
Marocaine (f)	모로코 사람	mo-ro-ko sa-ram
marocain (adj)	모로코의	mo-ro-ko-ui
Tunisie (f)	튀니지	twi-ni-ji
Tunisien (m)	튀니지 사람	twi-ni-ji sa-ram
Tunisienne (f)	튀니지 사람	twi-ni-ji sa-ram
tunisien (adj)	튀니지의	twi-ni-ji-ui
Ghana (m)	가나	ga-na
Zanzibar (m)	잔지바르	jan-ji-ba-reu
Kenya (m)	케냐	ke-nya
Libye (f)	리비아	ri-bi-a
Madagascar (f)	마다가스카르	ma-da-ga-seu-ka-reu
Namibie (f)	나미비아	na-mi-bi-a
Sénégal (m)	세네갈	se-ne-gal
Tanzanie (f)	탄자니아	tan-ja-ni-a
République (f) Sud-africaine	남아프리카 공화국	nam-a-peu-ri-ka gong-hwa-guk
Africain (m)	아프리카 사람	a-peu-ri-ka sa-ram

| Africaine (f) | 아프리카 사람 | a-peu-ri-ka sa-ram |
| africain (adj) | 아프리카의 | a-peu-ri-ka-ui |

241. L'Australie et Océanie

Australie (f)	호주	ho-ju
Australien (m)	호주 사람	ho-ju sa-ram
Australienne (f)	호주 사람	ho-ju sa-ram
australien (adj)	호주의	ho-ju-ui

Nouvelle Zélande (f)	뉴질랜드	nyu-jil-laen-deu
Néo-Zélandais (m)	뉴질랜드 사람	nyu-jil-laen-deu sa-ram
Néo-Zélandaise (f)	뉴질랜드 사람	nyu-jil-laen-deu sa-ram
néo-zélandais (adj)	뉴질랜드의	nyu-jil-laen-deu-ui

| Tasmanie (f) | 태즈메이니아 | tae-jeu-me-i-ni-a |
| Polynésie (f) Française | 폴리네시아 | pol-li-ne-si-a |

242. Les grandes villes

Amsterdam (f)	암스테르담	am-seu-te-reu-dam
Ankara (m)	앙카라	ang-ka-ra
Athènes (m)	아테네	a-te-ne

Bagdad (m)	바그다드	ba-geu-da-deu
Bangkok (m)	방콕	bang-kok
Barcelone (f)	바르셀로나	ba-reu-sel-lo-na
Berlin (m)	베를린	be-reul-lin
Beyrouth (m)	베이루트	be-i-ru-teu

Bombay (m)	봄베이, 뭄바이	bom-be-i, mum-ba-i
Bonn (f)	본	bon
Bordeaux (f)	보르도	bo-reu-do
Bratislava (m)	브라티슬라바	beu-ra-ti-seul-la-ba
Bruxelles (m)	브뤼셀	beu-rwi-sel
Bucarest (m)	부쿠레슈티	bu-ku-re-syu-ti
Budapest (m)	부다페스트	bu-da-pe-seu-teu

Caire (m)	카이로	ka-i-ro
Calcutta (f)	켈커타	kael-keo-ta
Chicago (f)	시카고	si-ka-go
Copenhague (f)	코펜하겐	ko-pen-ha-gen

Dar es-Salaam (m)	다르에스살람	da-reu-e-seu-sal-lam
Delhi (f)	델리	del-li
Dubaï (f)	두바이	du-ba-i
Dublin (f)	더블린	deo-beul-lin
Düsseldorf (f)	뒤셀도르프	dwi-sel-do-reu-peu

Florence (f)	플로렌스	peul-lo-ren-seu
Francfort (f)	프랑크푸르트	peu-rang-keu-pu-reu-teu
Genève (f)	제네바	je-ne-ba

Hague (f)	헤이그	he-i-geu
Hambourg (f)	함부르크	ham-bu-reu-keu
Hanoi (f)	하노이	ha-no-i
Havane (f)	아바나	a-ba-na
Helsinki (f)	헬싱키	hel-sing-ki
Hiroshima (f)	히로시마	hi-ro-si-ma
Hong Kong (m)	홍콩	hong-kong
Istanbul (f)	이스탄불	i-seu-tan-bul
Jérusalem (f)	예루살렘	ye-ru-sal-lem
Kiev (f)	키예프	ki-ye-peu
Kuala Lumpur (f)	콸라룸푸르	kwal-la-rum-pu-reu
Lisbonne (f)	리스본	ri-seu-bon
Londres (m)	런던	reon-deon
Los Angeles (f)	로스앤젤레스	ro-seu-aen-jel-le-seu
Lyon (f)	리옹	ri-ong
Madrid (f)	마드리드	ma-deu-ri-deu
Marseille (f)	마르세유	ma-reu-se-yu
Mexico (f)	멕시코시티	mek-si-ko-si-ti
Miami (f)	마이애미	ma-i-ae-mi
Montréal (f)	몬트리올	mon-teu-ri-ol
Moscou (f)	모스크바	mo-seu-keu-ba
Munich (f)	뮌헨	mwin-hen
Nairobi (f)	나이로비	na-i-ro-bi
Naples (f)	나폴리	na-pol-li
New York (f)	뉴욕	nyu-yok
Nice (f)	니스	ni-seu
Oslo (m)	오슬로	o-seul-lo
Ottawa (m)	오타와	o-ta-wa
Paris (m)	파리	pa-ri
Pékin (m)	베이징	be-i-jing
Prague (m)	프라하	peu-ra-ha
Rio de Janeiro (m)	리우데자네이루	ri-u-de-ja-ne-i-ru
Rome (f)	로마	ro-ma
Saint-Pétersbourg (m)	상트페테르부르크	sang-teu-pe-te-reu-bu-reu-keu
Séoul (m)	서울	seo-ul
Shanghai (m)	상하이	sang-ha-i
Sidney (m)	시드니	si-deu-ni
Singapour (f)	싱가포르	sing-ga-po-reu
Stockholm (m)	스톡홀름	seu-tok-ol-leum
Taipei (m)	타이베이	ta-i-be-i
Tokyo (m)	도쿄	do-kyo
Toronto (m)	토론토	to-ron-to
Varsovie (f)	바르샤바	ba-reu-sya-ba
Venise (f)	베니스	be-ni-seu
Vienne (f)	빈	bin
Washington (f)	워싱턴	wo-sing-teon

243. La politique. Le gouvernement. Partie 1

politique (f)	정치	jeong-chi
politique (adj)	정치의	jeong-chi-ui
homme (m) politique	정치가	jeong-chi-ga
état (m)	국가	guk-ga
citoyen (m)	시민	si-min
citoyenneté (f)	시민권	si-min-gwon
armoiries (f pl) nationales	국장	guk-jang
hymne (m) national	국가	guk-ga
gouvernement (m)	정부	jeong-bu
chef (m) d'état	국가 수장	guk-ga su-jang
parlement (m)	의회	ui-hoe
parti (m)	정당	jeong-dang
capitalisme (m)	자본주의	ja-bon-ju-ui
capitaliste (adj)	자본주의의	ja-bon-ju-ui-ui
socialisme (m)	사회주의	sa-hoe-ju-ui
socialiste (adj)	사회주의의	sa-hoe-ju-ui-ui
communisme (m)	공산주의	gong-san-ju-ui
communiste (adj)	공산주의의	gong-san-ju-ui-ui
communiste (m)	공산주의자	gong-san-ju-ui-ja
démocratie (f)	민주주의	min-ju-ju-ui
démocrate (m)	민주주의자	min-ju-ju-ui-ja
démocratique (adj)	민주주의의	min-ju-ju-ui-ui
parti (m) démocratique	민주당	min-ju-dang
libéral (m)	자유주의자	ja-yu-ju-ui-ja
libéral (adj)	자유주의의	ja-yu-ju-ui-ui
conservateur (m)	보수주의자	bo-su-ju-ui-ja
conservateur (adj)	보수적인	bo-su-jeo-gin
république (f)	공화국	gong-hwa-guk
républicain (m)	공화당원	gong-hwa-dang-won
parti (m) républicain	공화당	gong-hwa-dang
élections (f pl)	선거	seon-geo
élire (vt)	선거하다	seon-geo-ha-da
électeur (m)	유권자	yu-gwon-ja
campagne (f) électorale	선거 운동	seon-geo un-dong
vote (m)	선거	seon-geo
voter (vi)	투표하다	tu-pyo-ha-da
droit (m) de vote	투표권	tu-pyo-gwon
candidat (m)	후보자	hu-bo-ja
poser sa candidature	입후보하다	i-pu-bo-ha-da
campagne (f)	캠페인	kaem-pe-in
d'opposition (adj)	반대의	ban-dae-ui

opposition (f)	반대	ban-dae
visite (f)	방문	bang-mun
visite (f) officielle	공식 방문	gong-sik bang-mun
international (adj)	국제적인	guk-je-jeo-gin
négociations (f pl)	협상	hyeop-sang
négocier (vi)	협상하다	hyeop-sang-ha-da

244. La politique. Le gouvernement. Partie 2

société (f)	사회	sa-hoe
constitution (f)	헌법	heon-beop
pouvoir (m)	권력	gwol-lyeok
corruption (f)	부패	bu-pae
loi (f)	법률	beom-nyul
légal (adj)	합법적인	hap-beop-jeo-gin
justice (f)	정의	jeong-ui
juste (adj)	공정한	gong-jeong-han
comité (m)	위원회	wi-won-hoe
projet (m) de loi	법안	beo-ban
budget (m)	예산	ye-san
politique (f)	정책	jeong-chaek
réforme (f)	개혁	gae-hyeok
radical (adj)	급진적인	geup-jin-jeo-gin
puissance (f)	힘	him
puissant (adj)	강력한	gang-nyeo-kan
partisan (m)	지지자	ji-ji-ja
influence (f)	영향	yeong-hyang
régime (m)	정권	jeong-gwon
conflit (m)	갈등	gal-deung
complot (m)	음모	eum-mo
provocation (f)	도발	do-bal
renverser (le régime)	타도하다	ta-do-ha-da
renversement (m)	전복	jeon-bok
révolution (f)	혁명	hyeong-myeong
coup (m) d'État	쿠데타	ku-de-ta
coup (m) d'État militaire	군사 쿠데타	gun-sa ku-de-ta
crise (f)	위기	wi-gi
baisse (f) économique	경기침체	gyeong-gi-chim-che
manifestant (m)	시위자	si-wi-ja
manifestation (f)	데모	de-mo
loi (f) martiale	계엄령	gye-eom-nyeong
base (f) militaire	군사 거점	gun-sa geo-jeom
stabilité (f)	안정	an-jeong
stable (adj)	안정된	an-jeong-doen

exploitation (f)	착취	chak-chwi
exploiter (vt)	착취하다	chak-chwi-ha-da
racisme (m)	인종차별주의	in-jong-cha-byeol-ju-ui
raciste (m)	인종차별주의자	in-jong-cha-byeol-ju-ui-ja
fascisme (m)	파시즘	pa-si-jeum
fasciste (m)	파시스트	pa-si-seu-teu

245. Les différents pays du monde. Divers

étranger (m)	외국인	oe-gu-gin
étranger (adj)	외국의	oe-gu-gui
à l'étranger (adv)	해외로	hae-oe-ro
émigré (m)	이민자	i-min-ja
émigration (f)	이민	i-min
émigrer (vi)	이주하다	i-ju-ha-da
Ouest (m)	서양	seo-yang
Est (m)	동양	dong-yang
Extrême Orient (m)	극동	geuk-dong
civilisation (f)	문명	mun-myeong
humanité (f)	인류	il-lyu
monde (m)	세계	se-gye
paix (f)	평화	pyeong-hwa
mondial (adj)	세계의	se-gye-ui
patrie (f)	고향	go-hyang
peuple (m)	국민	gung-min
population (f)	인구	in-gu
gens (m pl)	사람들	sa-ram-deul
nation (f)	국가	guk-ga
génération (f)	세대	se-dae
territoire (m)	영토	yeong-to
région (f)	지방, 지역	ji-bang, ji-yeok
état (m) (partie du pays)	주	ju
tradition (f)	전통	jeon-tong
coutume (f)	풍습	pung-seup
écologie (f)	생태학	saeng-tae-hak
indien (m)	인디언	in-di-eon
bohémien (m)	집시	jip-si
bohémienne (f)	집시	jip-si
bohémien (adj)	집시의	jip-si-ui
empire (m)	제국	je-guk
colonie (f)	식민지	sing-min-ji
esclavage (m)	노예제도	no-ye-je-do
invasion (f)	침략	chim-nyak
famine (f)	기근	gi-geun

246. Les groupes religieux. Les confessions

religion (f)	종교	jong-gyo
religieux (adj)	종교의	jong-gyo-ui
foi (f)	믿음	mi-deum
croire (en Dieu)	믿다	mit-da
croyant (m)	신자	sin-ja
athéisme (m)	무신론	mu-sin-non
athée (m)	무신론자	mu-sin-non-ja
christianisme (m)	기독교	gi-dok-gyo
chrétien (m)	기독교도	gi-dok-gyo-do
chrétien (adj)	기독교의	gi-dok-gyo-ui
catholicisme (m)	가톨릭	ga-tol-lik
catholique (m)	가톨릭 신자	ga-tol-lik sin-ja
catholique (adj)	가톨릭의	ga-tol-li-gui
protestantisme (m)	개신교	gae-sin-gyo
Église (f) protestante	개신교 교회	gae-sin-gyo gyo-hoe
protestant (m)	개신교도	gae-sin-gyo-do
Orthodoxie (f)	동방정교	dong-bang-jeong-gyo
Église (f) orthodoxe	동방정교회	dong-bang-jeong-gyo-hoe
orthodoxe (m)	동방정교 신자	dong-bang-jeong-gyo sin-ja
Presbytérianisme (m)	장로교	jang-no-gyo
Église (f) presbytérienne	장로교회	jang-no-gyo-hoe
presbytérien (m)	장로교 교인	jang-no-gyo gyo-in
Église (f) luthérienne	루터교회	ru-teo-gyo-hoe
luthérien (m)	루터 교회 신자	ru-teo gyo-hoe sin-ja
Baptisme (m)	침례교	chim-nye-gyo
baptiste (m)	침례교도	chim-nye-gyo-do
Église (f) anglicane	성공회	seong-gong-hoe
anglican (m)	성공회 신자	seong-gong-hoe sin-ja
Mormonisme (m)	모르몬교	mo-reu-mon-gyo
mormon (m)	모르몬 교도	mo-reu-mon gyo-do
judaïsme (m)	유대교	yu-dae-gyo
juif (m)	유대인	yu-dae-in
Bouddhisme (m)	불교	bul-gyo
bouddhiste (m)	불교도	bul-gyo-do
hindouisme (m)	힌두교	hin-du-gyo
hindouiste (m)	힌두교도	hin-du-gyo-do
islam (m)	이슬람교	i-seul-lam-gyo
musulman (m)	이슬람교도	i-seul-lam-gyo-ui
musulman (adj)	이슬람의	i-seul-la-mui

Chiisme (m)	시아파 이슬람	si-a-pa i-seul-lam
chiite (m)	시아파 신도	si-a-pa sin-do
Sunnisme (m)	수니파 이슬람	su-ni-pa i-seul-lam
sunnite (m)	수니파 신도	su-ni-pa sin-do

247. Les principales religions. Le clergé

prêtre (m)	사제	sa-je
Pape (m)	교황	gyo-hwang
moine (m)	수도사	su-do-sa
bonne sœur (f)	수녀	su-nyeo
abbé (m)	수도원장	su-do-won-jang
vicaire (m)	교구 목사	gyo-gu mok-sa
évêque (m)	주교	ju-gyo
cardinal (m)	추기경	chu-gi-gyeong
prédicateur (m)	전도사	jeon-do-sa
sermon (m)	설교	seol-gyo
paroissiens (m pl)	교구민	gyo-gu-min
croyant (m)	신자	sin-ja
athée (m)	무신론자	mu-sin-non-ja

248. La foi. Le Christianisme. L'Islam

Adam	아담	a-dam
Ève	이브	i-beu
Dieu (m)	신	sin
le Seigneur	하나님	ha-na-nim
le Tout-Puissant	전능의 신	jeon-neung-ui sin
péché (m)	죄	joe
pécher (vi)	죄를 범하다	joe-reul beom-ha-da
pécheur (m)	죄인	joe-in
pécheresse (f)	죄인	joe-in
enfer (m)	지옥	ji-ok
paradis (m)	천국	cheon-guk
Jésus	예수	ye-su
Jésus Christ	예수 그리스도	ye-su geu-ri-seu-do
le Saint-Esprit	성령	seong-nyeong
le Sauveur	구세주	gu-se-ju
la Sainte Vierge	성모 마리아	seong-mo ma-ri-a
le Diable	악마	ang-ma
diabolique (adj)	악마의	ang-ma-ui
Satan	사탄	sa-tan

satanique (adj)	사탄의	sa-tan-ui
ange (m)	천사	cheon-sa
ange (m) gardien	수호천사	su-ho-cheon-sa
angélique (adj)	천사의	cheon-sa-ui
apôtre (m)	사도	sa-do
archange (m)	대천사	dae-cheon-sa
antéchrist (m)	적그리스도	jeok-geu-ri-seu-do
Église (f)	교회	gyo-hoe
Bible (f)	성경	seong-gyeong
biblique (adj)	성경의	seong-gyeong-ui
Ancien Testament (m)	구약성서	gu-yak-seong-seo
Nouveau Testament (m)	신약성서	si-nyak-seong-seo
Évangile (m)	복음	bo-geum
Sainte Écriture (f)	성서	seong-seo
Cieux (m pl)	하늘나라	ha-neul-la-ra
commandement (m)	율법	yul-beop
prophète (m)	예언자	ye-eon-ja
prophétie (f)	예언	ye-eon
Allah	알라	al-la
Mahomet	마호메트	ma-ho-me-teu
le Coran	코란	ko-ran
mosquée (f)	모스크	mo-seu-keu
mulla (m)	물라	mul-la
prière (f)	기도	gi-do
prier (~ Dieu)	기도하다	gi-do-ha-da
pèlerinage (m)	순례 여행	sul-lye yeo-haeng
pèlerin (m)	순례자	sul-lye-ja
La Mecque	메카	me-ka
église (f)	교회	gyo-hoe
temple (m)	사원, 신전	sa-won, sin-jeon
cathédrale (f)	대성당	dae-seong-dang
gothique (adj)	고딕 양식의	go-dik gyang-si-gui
synagogue (f)	유대교 회당	yu-dae-gyo hoe-dang
mosquée (f)	모스크	mo-seu-keu
chapelle (f)	채플	chae-peul
abbaye (f)	수도원	su-do-won
couvent (m)	수녀원	su-nyeo-won
monastère (m)	수도원	su-do-won
cloche (f)	종	jong
clocher (m)	종루	jong-nu
sonner (vi)	울리다	ul-li-da
croix (f)	십자가	sip-ja-ga
coupole (f)	둥근 지붕	dung-geun ji-bung
icône (f)	성상	seong-sang
âme (f)	영혼	yeong-hon

sort (m) (destin)	운명	un-myeong
mal (m)	악	ak
bien (m)	선	seon
vampire (m)	흡혈귀	heu-pyeol-gwi
sorcière (f)	마녀	ma-nyeo
démon (m)	악령	ang-nyeong
esprit (m)	정신, 영혼	jeong-sin, yeong-hon
rachat (m)	구원	gu-won
racheter (pécheur)	상환하다	sang-hwan-ha-da
office (m), messe (f)	예배, 미사	ye-bae, mi-sa
dire la messe	미사를 올리다	mi-sa-reul rol-li-da
confession (f)	고해	go-hae
se confesser (vp)	고해하다	go-hae-ha-da
saint (m)	성인	seong-in
sacré (adj)	신성한	sin-seong-han
l'eau bénite	성수	seong-su
rite (m)	의식	ui-sik
rituel (adj)	의식의	ui-si-gui
sacrifice (m)	제물	je-mul
superstition (f)	미신	mi-sin
superstitieux (adj)	미신의	mi-sin-ui
vie (f) après la mort	내세	nae-se
vie (f) éternelle	영생	yeong-saeng

DIVERS

249. Quelques mots et formules utiles

aide (f)	도움	do-um
arrêt (m) (pause)	정지	jeong-ji
balance (f)	균형	gyun-hyeong
barrière (f)	장벽	jang-byeok
base (f)	근거	geun-geo
catégorie (f)	범주	beom-ju
cause (f)	이유	i-yu
choix (m)	선택	seon-taek
chose (f) (objet)	물건	mul-geon
coïncidence (f)	우연	u-yeon
comparaison (f)	비교	bi-gyo
compensation (f)	배상	bae-sang
confortable (adj)	편안한	pyeon-an-han
croissance (f)	성장	seong-jang
début (m)	시작	si-jak
degré (m) (~ de liberté)	정도	jeong-do
développement (m)	개발	gae-bal
différence (f)	다름	da-reum
d'urgence (adv)	급히	geu-pi
effet (m)	효과	hyo-gwa
effort (m)	노력	no-ryeok
élément (m)	요소	yo-so
exemple (m)	예	ye
fait (m)	사실	sa-sil
faute, erreur (f)	실수	sil-su
fin (f)	끝	kkeut
fond (m) (arrière-plan)	배경	bae-gyeong
forme (f)	모양	mo-yang
fréquent (adj)	빈번한	bin-beon-han
genre (m) (type, sorte)	형태, 종류	hyeong-tae, jong-nyu
idéal (m)	이상	i-sang
labyrinthe (m)	미궁	mi-gung
mode (m) (méthode)	방법	bang-beop
moment (m)	순간	sun-gan
objet (m)	대상	dae-sang
obstacle (m)	장애	jang-ae
original (m)	원본	won-bon
part (f)	부분	bu-bun
particule (f)	입자	ip-ja

pause (f)	휴식	hyu-sik
position (f)	위치	wi-chi
principe (m)	원칙	won-chik
problème (m)	문제	mun-je
processus (m)	과정	gwa-jeong
progrès (m)	진척	jin-cheok
propriété (f) (qualité)	특질	teuk-jil
réaction (f)	반응	ba-neung
risque (m)	위험	wi-heom
secret (m)	비밀	bi-mil
série (f)	일련	il-lyeon
situation (f)	상황	sang-hwang
solution (f)	해결	hae-gyeol
standard (adj)	기준의	gi-jun-ui
standard (m)	기준	gi-jun
style (m)	스타일	seu-ta-il
système (m)	체계	che-gye
tableau (m) (grille)	표	pyo
tempo (m)	완급	wan-geup
terme (m)	용어	yong-eo
tour (m) (attends ton ~)	차례	cha-rye
type (m) (~ de sport)	종류	jong-nyu
urgent (adj)	긴급한	gin-geu-pan
utilité (f)	유용성	yu-yong-seong
vérité (f)	진리	jil-li
version (f)	변종	byeon-jong
zone (f)	지대	ji-dae

250. Les adjectifs. Partie 1

affamé (adj)	배고픈	bae-go-peun
agréable (la voix)	좋은	jo-eun
aigre (fruits ~s)	시큼한	si-keum-han
amer (adj)	쓴	sseun
ancien (adj)	고대의	go-dae-ui
arrière (roue, feu)	뒤의	dwi-ui
artificiel (adj)	인공의	in-gong-ui
attentionné (adj)	배려하는	bae-ryeo-ha-neun
aveugle (adj)	눈먼	nun-meon
bas (voix ~se)	낮은	na-jeun
basané (adj)	거무스레한	geo-mu-seu-re-han
beau (homme)	아름다운	a-reum-da-un
beau, magnifique (adj)	아름다운	a-reum-da-un
bien affilé (adj)	날카로운	nal-ka-ro-un
bon (~ voyage!)	좋은	jo-eun
bon (au bon cœur)	착한	cha-kan

bon (savoureux)	맛있는	man-nin-neun
bon marché (adj)	싼	ssan
bronzé (adj)	햇볕에 탄	haet-byeo-te tan
calme (tranquille)	고요한	go-yo-han
central (adj)	중앙의	jung-ang-ui
chaud (modérément)	따뜻한	tta-tteu-tan
cher (adj)	비싼	bi-ssan
civil (droit ~)	시민의	si-min-ui
clair (couleur)	밝은	bal-geun
clair (explication ~e)	명쾌한	myeong-kwae-han
clandestin (adj)	은밀한	eun-mil-han
commun (projet ~)	공동의	gong-dong-ui
compatible (adj)	호환이 되는	ho-hwan-i doe-neun
considérable (adj)	중요한	jung-yo-han
content (adj)	만족한	man-jok-an
continu (incessant)	연속적인	yeon-sok-jeo-gin
continu (usage ~)	장기적인	jang-gi-jeo-gin
convenu (approprié)	적합한	jeo-ka-pan
court (de taille)	짧은	jjal-beun
court (en durée)	단기의	dan-gi-ui
cru (non cuit)	날것의	nal-geos-ui
d'à côté, voisin	인근의	in-geu-nui
dangereux (adj)	위험한	wi-heom-han
d'enfant (adj)	어린이의	eo-ri-ni-ui
dense (brouillard ~)	밀집한	mil-ji-pan
dernier (final)	마지막의	ma-ji-ma-gui
différent (adj)	다른	da-reun
difficile (complexe)	어려운	eo-ryeo-un
difficile (décision)	어려운	eo-ryeo-un
divers (adj)	다양한	da-yang-han
d'occasion (adj)	중고의	jung-go-ui
douce (l'eau ~)	민물의	min-mu-rui
droit (pas courbe)	곧은	go-deun
droit (situé à droite)	오른쪽의	o-reun-jjo-gui
dur (pas mou)	단단한	dan-dan-han
éloigné (adj)	먼	meon
ensoleillé (jour ~)	화창한	hwa-chang-han
entier (adj)	전체의	jeon-che-ui
épais (brouillard ~)	질은	ji-teun
épais (mur, etc.)	두툼한	du-tum-han
étranger (adj)	외국의	oe-gu-gui
étroit (passage, etc.)	좁은	jo-beun
excellent (adj)	우수한	u-su-han
excessif (adj)	과도한	gwa-do-han
extérieur (adj)	외부의	oe-bu-ui
facile (adj)	쉬운	swi-un
faible (lumière)	희미한	hui-mi-han

fatiguant (adj)	지치는	ji-chi-neun
fatigué (adj)	피곤한	pi-gon-han
fermé (adj)	닫힌	da-chin
fertile (le sol ~)	비옥한	bi-ok-an
fort (homme ~)	강한	gang-han
fort (voix ~e)	시끄러운	si-kkeu-reo-un
fragile (vaisselle, etc.)	깨지기 쉬운	kkae-ji-gi swi-un
frais (adj) (légèrement froid)	서늘한	seo-neul-han
frais (du pain ~)	신선한	sin-seon-han
froid (boisson ~e)	차가운	cha-ga-un
gauche (adj)	왼쪽의	oen-jjo-gui
géant (adj)	거대한	geo-dae-han
gentil (adj)	친절한	chin-jeol-han
grand (dimension)	큰	keun
gras (repas ~)	지방이 많은	ji-bang-i ma-neun
gratuit (adj)	무료의	mu-ryo-ui
heureux (adj)	행복한	haeng-bok-an
hostile (adj)	적대적인	jeok-dae-jeo-gin
humide (adj)	습한	seu-pan
immobile (adj)	동요되지 않는	dong-yo-doe-ji an-neun
important (adj)	중요한	jung-yo-han
impossible (adj)	불가능한	bul-ga-neung-han
indéchiffrable (adj)	이해할 수 없는	i-hae-hal su eom-neun
indispensable (adj)	필수적인	pil-su-jeo-gin
intelligent (adj)	영리한	yeong-ni-han
intérieur (adj)	내부의	nae-bu-ui
jeune (adj)	젊은	jeol-meun
joyeux (adj)	명랑한	myeong-nang-han
juste, correct (adj)	맞는	man-neun

251. Les adjectifs. Partie 2

large (~ route)	넓은	neol-beun
le même, pareil (adj)	같은	ga-teun
le plus important	가장 중요한	ga-jang jung-yo-han
le plus proche	가장 가까운	ga-jang ga-kka-un
légal (adj)	합법적인	hap-beop-jeo-gin
léger (pas lourd)	가벼운	ga-byeo-un
libre (accès, etc.)	한가한	han-ga-han
limité (adj)	한정된	han-jeong-doen
liquide (adj)	액체의	aek-che-ui
lisse (adj)	매끈한	mae-kkeun-han
lointain (adj)	먼	meon
long (~ chemin)	긴	gin
lourd (adj)	무거운	mu-geo-un
maigre (adj)	야윈	ya-win
malade (adj)	병든	byeong-deun

mat (couleur)	무광의	mu-gwang-ui
mauvais (adj)	나쁜	na-ppeun
méticuleux (~ travail)	꼼꼼한	kkom-kkom-han
miséreux (adj)	극빈한	geuk-bin-han
mort (adj)	죽은	ju-geun
mou (souple)	부드러운	bu-deu-reo-un
mûr (fruit ~)	익은	i-geun
myope (adj)	근시의	geun-si-ui
mystérieux (adj)	신비한	sin-bi-han
natal (ville, pays)	태어난 곳의	tae-eo-nan gos-ui
nécessaire (adj)	필요한	pi-ryo-han
négatif (adj)	부정적인	bu-jeong-jeo-gin
négligent (adj)	부주의한	bu-ju-ui-han
nerveux (adj)	신경질의	sin-gyeong-ji-rui
neuf (adj)	새로운	sae-ro-un
normal (adj)	평범한	pyeong-beom-han
obligatoire (adj)	의무적인	ui-mu-jeo-gin
opposé (adj)	반대의	ban-dae-ui
ordinaire (adj)	보통의	bo-tong-ui
original (peu commun)	독창적인	dok-chang-jeo-gin
ouvert (adj)	열린	yeol-lin
parfait (adj)	우수한, 완벽한	u-su-han, wan-byeok-an
pas clair (adj)	불분명한	bul-bun-myeong-han
pas difficile (adj)	힘들지 않은	him-deul-ji a-neun
pas grand (adj)	크지 않은	keu-ji a-neun
passé (le mois ~)	지난	ji-nan
passé (participe ~)	지나간	ji-na-gan
pauvre (adj)	가난한	ga-nan-han
permanent (adj)	영구적인	yeong-gu-jeo-gin
personnel (adj)	개인의	gae-in-ui
petit (adj)	작은	ja-geun
peu expérimenté (adj)	경험 없는	gyeong-heom eom-neun
peu important (adj)	중요하지 않은	jung-yo-ha-ji a-neun
peu profond (adj)	얕은	ya-teun
plat (l'écran ~)	평평한	pyeong-pyeong-han
plat (surface ~e)	고른	go-reun
plein (rempli)	가득 찬	ga-deuk chan
poli (adj)	공손한	gong-son-han
ponctuel (adj)	시간을 지키는	si-ga-neul ji-ki-neun
possible (adj)	가능한	ga-neung-han
précis, exact (adj)	정확한	jeong-hwak-an
présent (moment ~)	현재의	hyeon-jae-ui
principal (adj)	주요한	ju-yo-han
principal (idée ~e)	주요한	ju-yo-han
privé (réservé)	사적인	sa-jeo-gin
probable (adj)	개연성 있는	gae-yeon-seong in-neun
proche (pas lointain)	가까운	ga-kka-un

propre (chemise ~)	깨끗한	kkae-kkeu-tan
public (adj)	공공의	gong-gong-ui
rapide (adj)	빠른	ppa-reun
rare (adj)	드문	deu-mun
reconnaissant (adj)	감사하는	gam-sa-ha-neun
risqué (adj)	위험한	wi-heom-han
salé (adj)	짠	jjan
sale (pas propre)	더러운	deo-reo-un
sans nuages (adj)	구름 없는	gu-reum eom-neun
satisfait (client, etc.)	만족한	man-jok-an
sec (adj)	마른	ma-reun
similaire (adj)	비슷한	bi-seu-tan
simple (adj)	단순한	dan-sun-han
solide (bâtiment, etc.)	튼튼한	teun-teun-han
sombre (paysage ~)	어둑어둑한	eo-du-geo-duk-an
sombre (pièce ~)	어두운	eo-du-un
spacieux (adj)	넓은	neol-beun
spécial (adj)	특별한	teuk-byeol-han
stupide (adj)	미련한	mi-ryeon-han
sucré (adj)	단	dan
suivant (vol ~)	다음의	da-eum-ui
supplémentaire (adj)	추가의	chu-ga-ui
suprême (adj)	가장 높은	ga-jang no-peun
sûr (pas dangereux)	안전한	an-jeon-han
surgelé (produits ~s)	언	naeng-dong-doen
tendre (affectueux)	자상한	ja-sang-han
tranquille (adj)	조용한	jo-yong-han
transparent (adj)	투명한	tu-myeong-han
trempé (adj)	젖은	jeo-jeun
très chaud (adj)	뜨거운	tteu-geo-un
triste (adj)	슬픈	seul-peun
triste (regard ~)	슬픈	seul-peun
trop maigre (émacié)	깡마른	kkang-ma-reun
unique (exceptionnel)	독특한	dok-teuk-an
vide (bouteille, etc.)	빈	bin
vieux (bâtiment, etc.)	오래된	o-rae-doen
voisin (maison ~e)	이웃의	i-us-ui

LES 500 VERBES LES PLUS UTILISÉS

252. Les verbes les plus courants (de A à C)

abaisser (vt)	내리다	nae-ri-da
accompagner (vt)	동반하다	dong-ban-ha-da
accoster (vi)	정박시키다	jeong-bak-si-ki-da
accrocher (suspendre)	걸다	geol-da
accuser (vt)	비난하다	bi-nan-ha-da
acheter (vt)	사다	sa-da
admirer (vt)	존경하다	jon-gyeong-ha-da
affirmer (vt)	확언하다	hwa-geon-ha-da
agir (vi)	행동하다	haeng-dong-ha-da
agiter (les bras)	손을 흔들다	so-neul heun-deul-da
aider (vt)	도와주다	do-wa-ju-da
aimer (apprécier)	좋아하다	jo-a-ha-da
aimer (qn)	사랑하다	sa-rang-ha-da
ajouter (vt)	추가하다	chu-ga-ha-da
aller (à pied)	가다	ga-da
aller (en voiture, etc.)	가다	ga-da
aller bien (robe, etc.)	어울리다	eo-ul-li-da
aller se coucher	잠자리에 들다	jam-ja-ri-e deul-da
allumer (~ la cheminée)	불을 붙이다	bu-reul bu-chi-da
allumer (la radio, etc.)	켜다	kyeo-da
amener, apporter (vt)	가져오다	ga-jyeo-o-da
amputer (vt)	절단하다	jeol-dan-ha-da
amuser (vt)	즐겁게 하다	jeul-geop-ge ha-da
annoncer (qch a qn)	알리다	al-li-da
annuler (vt)	취소하다	chwi-so-ha-da
apercevoir (vt)	알아차리다	a-ra-cha-ri-da
apparaître (vi)	나타나다	na-ta-na-da
appartenir à ...	... 에 속하다	... e sok-a-da
appeler (au secours)	부르다, 요청하다	bu-reu-da, yo-cheong-ha-da
appeler (dénommer)	부르다	bu-reu-da
appeler (vt)	부르다	bu-reu-da
applaudir (vi)	박수를 치다	bak-su-reul chi-da
apprendre (qch à qn)	가르치다	ga-reu-chi-da
arracher (vt)	찢다	jjit-da
arriver (le train)	도착하다	do-chak-a-da
arroser (plantes)	물을 주다	mu-reul ju-da
aspirer à ...	... 를 열망하다	... reul ryeol-mang-ha-da
assister (vt)	원조하다	won-jo-ha-da

attacher à ...	... 에 묶다	... e muk-da
attaquer (mil.)	공격하다	gong-gyeo-ka-da
atteindre (lieu)	이르다	i-reu-da
atteindre (objectif)	달성하다	dal-seong-ha-da
attendre (vt)	기다리다	gi-da-ri-da
attraper (vt)	잡다	jap-da
attraper ... (maladie)	옮다	om-da
augmenter (vi)	늘다	neul-da
augmenter (vt)	늘리다	neul-li-da
autoriser (vt)	허락하다	heo-rak-a-da
avertir (du danger)	경고하다	gyeong-go-ha-da
aveugler (par les phares)	앞이 안 보이게 만들다	a-pi an bo-i-ge man-deul-da
avoir (vt)	가지다	ga-ji-da
avoir confiance	신뢰하다	sil-loe-ha-da
avoir peur	무서워하다	mu-seo-wo-ha-da
avouer (vi, vt)	고백하다	go-baek-a-da
baigner (~ les enfants)	목욕시키다	mo-gyok-si-ki-da
battre (frapper)	때리다	ttae-ri-da
boire (vt)	마시다	ma-si-da
briller (vi)	빛나다	bin-na-da
briser, casser (vt)	깨뜨리다	kkae-tteu-ri-da
brûler (des papiers)	태우다	tae-u-da
cacher (vt)	숨기다	sum-gi-da
calmer (enfant, etc.)	진정시키다	jin-jeong-si-ki-da
caresser (vt)	쓰다듬다	sseu-da-deum-da
céder (vt)	굴복하다	gul-bok-a-da
cesser (vt)	그만두다	geu-man-du-da
changer (~ d'avis)	바꾸다	ba-kku-da
changer (échanger)	교환하다	gyo-hwan-ha-da
charger (arme)	장탄하다	jang-tan-ha-da
charger (véhicule, etc.)	싣다	sit-da
charmer (vt)	매료하다	mae-ryo-ha-da
chasser (animaux)	사냥하다	sa-nyang-ha-da
chasser (faire partir)	몰아내다	mo-ra-nae-da
chauffer (vt)	데우다	de-u-da
chercher (vt)	... 를 찾다	... reul chat-da
choisir (vt)	선택하다	seon-taek-a-da
citer (vt)	인용하다	i-nyong-ha-da
combattre (vi)	전투하다	jeon-tu-ha-da
commander (~ le menu)	주문하다	ju-mun-ha-da
commencer (vt)	시작하다	si-jak-a-da
comparer (vt)	비교하다	bi-gyo-ha-da
compenser (vt)	보상하다	bo-sang-ha-da
compliquer (vt)	복잡하게 하다	bok-ja-pa-ge ha-da
composer (musique)	작곡하다	jak-gok-a-da
comprendre (vt)	이해하다	i-hae-ha-da

compromettre (vt)	위태롭게 하다	wi-tae-rop-ge ha-da
compter (l'argent, etc.)	세다	se-da
compter sur ...	... 에 의지하다	... e ui-ji-ha-da
concevoir (créer)	설계하다	seol-gye-ha-da
concurrencer (vt)	경쟁하다	gyeong-jaeng-ha-da
condamner (vt)	선고하다	seon-go-ha-da
conduire une voiture	자동차를 운전하다	ja-dong-cha-reul run-jeon-ha-da
confondre (vt)	혼동하다	hon-dong-ha-da
connaître (qn)	알다	al-da
conseiller (vt)	조언하다	jo-eon-ha-da
consulter (docteur, etc.)	상담하다	sang-dam-ha-da
contaminer (vt)	감염시키다	gam-nyeom-si-ki-da
continuer (vt)	계속하다	gye-sok-a-da
contrôler (vt)	제어하다	je-eo-ha-da
convaincre (vt)	납득시키다	nap-deuk-si-ki-da
coopérer (vi)	협동하다	hyeop-dong-ha-da
coordonner (vt)	조정하다	jo-jeong-ha-da
corriger (une erreur)	고치다	go-chi-da
couper (avec une hache)	잘라내다	jal-la-nae-da
couper (un doigt, etc.)	자르다	ja-reu-da
courir (vi)	달리다	dal-li-da
coûter (vt)	값이 ... 이다	gap-si ... i-da
cracher (vi)	뱉다	baet-da
créer (vt)	창조하다	chang-jo-ha-da
creuser (vt)	파다	pa-da
crier (vi)	소리치다	so-ri-chi-da
croire (vi, vt)	믿다	mit-da
cueillir (fleurs, etc.)	따다	tta-da
cultiver (plantes)	기르다	gi-reu-da

253. Les verbes les plus courants (de D à E)

dater de ...	... 부터 시작되다	... bu-teo si-jak-doe-da
décider (vt)	결심하다	gyeol-sim-ha-da
décoller (avion)	이륙하다	i-ryuk-a-da
décorer (~ la maison)	장식하다	jang-sik-a-da
décorer (de la médaille)	훈장을 주다	hun-jang-eul ju-da
découvrir (vt)	발견하다	bal-gyeon-ha-da
dédier (vt)	헌정하다	heon-jeong-ha-da
défendre (vt)	방어하다	bang-eo-ha-da
déjeuner (vi)	점심을 먹다	jeom-si-meul meok-da
demander (de faire qch)	부탁하다	bu-tak-a-da
dénoncer (vt)	고발하다	go-bal-ha-da
dépasser (village, etc.)	지나다	ji-na-da
dépendre de ...	... 을 신뢰하다	... seul sil-loe-ha-da
déplacer (des meubles)	옮기다	om-gi-da

déranger (vt)	방해하다	bang-hae-ha-da
descendre (vi)	내려오다	nae-ryeo-o-da
désirer (vt)	원하다	won-ha-da
détacher (vt)	풀다	pul-da
détruire (~ des preuves)	파괴하다	pa-goe-ha-da
devenir (vi)	되다	doe-da
devenir pensif	생각에 잠기다	saeng-ga-ge jam-gi-da
deviner (vt)	추측하다	chu-cheuk-a-da
devoir (v aux)	… 해야 하다	… hae-ya ha-da
diffuser (distribuer)	배포하다	bae-po-ha-da
diminuer (vt)	줄이다	ju-ri-da
dîner (vi)	저녁을 먹다	jeo-nyeo-geul meok-da
dire (vt)	말하다	mal-ha-da
diriger (~ une usine)	운영하다	u-nyeong-ha-da
diriger (vers …)	안내하다	an-nae-ha-da
discuter (vt)	의논하다	ui-non-ha-da
disparaître (vi)	사라지다	sa-ra-ji-da
distribuer (bonbons, etc.)	나누어 주다	na-nu-eo ju-da
diviser (~ par 2)	나누다	na-nu-da
dominer (château, etc.)	우뚝 솟다	u-ttuk sot-da
doubler (la mise, etc.)	두 배로 하다	du bae-ro ha-da
douter (vt)	의심하다	ui-sim-ha-da
dresser (~ une liste)	작성하다	jak-seong-ha-da
dresser (un chien)	가르치다	ga-reu-chi-da
éclairer (soleil)	비추다	bi-chu-da
écouter (vt)	듣다	deut-da
écouter aux portes	엿듣다	yeot-deut-da
écraser (cafard, etc.)	눌러서 뭉개다	nul-leo-seo mung-gae-da
écrire (vt)	쓰다	sseu-da
effacer (vt)	지우다	ji-u-da
éliminer (supprimer)	제거하다	je-geo-ha-da
embaucher (vt)	고용하다	go-yong-ha-da
employer (utiliser)	사용하다	sa-yong-ha-da
emporter (vt)	가져가다	ga-jyeo-ga-da
emprunter (vt)	빌리다	bil-li-da
enlever (~ des taches)	없애다	eop-sae-da
enlever (un objet)	떼다	tte-da
enlever la boue	닦다	dak-da
entendre (bruit, etc.)	듣다	deut-da
entraîner (vt)	훈련하다	hul-lyeon-ha-da
entreprendre (vt)	착수하다	chak-su-ha-da
entrer (vi)	들어가다	deu-reo-ga-da
envelopper (vt)	포장하다	po-jang-ha-da
envier (vt)	부러워하다	bu-reo-wo-ha-da
envoyer (vt)	보내다	bo-nae-da
épier (vt)	엿보다	yeot-bo-da

équiper (vt)	설비하다	seol-bi-ha-da
espérer (vi)	희망하다	hui-mang-ha-da
essayer (de faire qch)	해보다	hae-bo-da
éteindre (~ la lumière)	끄다	kkeu-da
éteindre (incendie)	끄다	kkeu-da
étonner (vt)	놀라게 하다	nol-la-ge ha-da
être (vi)	있다	it-da
être allongé (personne)	눕다	nup-da
être assez (suffire)	충분하다	chung-bun-ha-da
être assis	앉다	an-da
être basé (sur ...)	... 에 근거하다	... e geun-geo-ha-da
être convaincu de ...	확신하다	hwak-sin-ha-da
être d'accord	동의하다	dong-ui-ha-da
être différent	다르다	da-reu-da
être en tête (de ...)	이끌다	i-kkeul-da
être fatigué	피곤하다	pi-gon-ha-da
être indispensable	필요하다	pi-ryo-ha-da
être la cause de ...	... 의 이유가 되다	... ui i-yu-ga doe-da
être nécessaire	필요하다	pi-ryo-ha-da
être perplexe	뻥뻥하다	ppeong-ppeong-ha-da
être pressé	서두르다	seo-du-reu-da
étudier (vt)	공부하다	gong-bu-ha-da
éviter (~ la foule)	피하다	pi-ha-da
examiner (une question)	조사하다	jo-sa-ha-da
exclure, expulser (vt)	제명하다	je-myeong-ha-da
excuser (vt)	용서하다	yong-seo-ha-da
exiger (vt)	요구하다	yo-gu-ha-da
exister (vi)	존재하다	jon-jae-ha-da
expliquer (vt)	설명하다	seol-myeong-ha-da
exprimer (vt)	표현하다	pyo-hyeon-ha-da

254. Les verbes les plus courants (de F à N)

fâcher (vt)	화나게 하다	hwa-na-ge ha-da
faciliter (vt)	쉽게 하다	swip-ge ha-da
faire (vt)	하다	ha-da
faire allusion	암시하다	am-si-ha-da
faire connaissance	... 와 아는 사이가 되다	... wa a-neun sa-i-ga doe-da
faire de la publicité	광고하다	gwang-go-ha-da
faire des copies	복사하다	bok-sa-ha-da
faire la guerre	참전하다	cham-jeon-ha-da
faire la lessive	빨래하다	ppal-lae-ha-da
faire le ménage	청소하다	cheong-so-ha-da
faire surface (sous-marin)	떠오르다	tteo-o-reu-da
faire tomber	떨어뜨리다	tteo-reo-tteu-ri-da

faire un rapport	보고하다	bo-go-ha-da
fatiguer (vt)	피곤하게 하다	pi-gon-ha-ge ha-da
féliciter (vt)	축하하다	chuk-a-ha-da
fermer (vt)	닫다	dat-da
finir (vt)	끝내다	kkeun-nae-da
flatter (vt)	아첨하다	a-cheom-ha-da
forcer (obliger)	강요하다	gang-yo-ha-da
former (composer)	이루다	i-ru-da
frapper (~ à la porte)	두드리다	du-deu-ri-da
garantir (vt)	보증하다	bo-jeung-ha-da
garder (lettres, etc.)	보관하다	bo-gwan-ha-da
garder le silence	침묵을 지키다	chim-mu-geul ji-ki-da
griffer (vt)	할퀴다	hal-kwi-da
gronder (qn)	꾸짖다	kku-jit-da
habiter (vt)	살다	sal-da
hériter (vt)	상속하다	sang-sok-a-da
imaginer (vt)	상상하다	sang-sang-ha-da
imiter (vt)	모방하다	mo-bang-ha-da
importer (vt)	수입하다	su-i-pa-da
indiquer (le chemin)	가리키다	ga-ri-ki-da
influer (vt)	영향을 미치다	yeong-hyang-eul mi-chi-da
informer (vt)	알리다	al-li-da
inquiéter (vt)	걱정하게 만들다	geok-jeong-ha-ge man-deul-da
inscrire (sur la liste)	적어 넣다	jeo-geo neo-ta
insérer (~ la clé)	넣다	neo-ta
insister (vi)	주장하다	ju-jang-ha-da
inspirer (vt)	영감을 주다	yeong-ga-meul ju-da
instruire (vt)	교육하다	gyo-yuk-a-da
insulter (vt)	모욕하다	mo-yok-a-da
interdire (vt)	금지하다	geum-ji-ha-da
intéresser (vt)	관심을 끌다	gwan-si-meul kkeul-da
intervenir (vi)	간섭하다	gan-seo-pa-da
inventer (machine, etc.)	발명하다	bal-myeong-ha-da
inviter (vt)	초대하다	cho-dae-ha-da
irriter (vt)	짜증나게 하다	jja-jeung-na-ge ha-da
isoler (vt)	고립시키다	go-rip-si-ki-da
jeter (une pierre)	던지다	deon-ji-da
jouer (acteur)	연기하다	yeon-gi-ha-da
jouer (s'amuser)	놀다	nol-da
laisser (oublier)	두고 오다	du-go o-da
lancer (un projet)	착수하다	chak-su-ha-da
larguer les amarres	출항하다	chul-hang-ha-da
laver (vt)	씻다	ssit-da
libérer (ville, etc.)	해방하다	hae-bang-ha-da

ligoter (vt)	묶다	muk-da
limiter (vt)	제한하다	je-han-ha-da
lire (vi, vt)	읽다	ik-da
louer (barque, etc.)	임대하다	im-dae-ha-da
louer (prendre en location)	임대하다	im-dae-ha-da
lutter (contre ...)	싸우다	ssa-u-da
lutter (sport)	레슬링하다	re-seul-ling-ha-da
manger (vi, vt)	먹다	meok-da
manquer (l'école)	결석하다	gyeol-seok-a-da
marquer (sur la carte)	표시하다	pyo-si-ha-da
mélanger (vt)	섞다	seok-da
mémoriser (vt)	외우다	oe-u-da
menacer (vt)	협박하다	hyeop-bak-a-da
mentionner (vt)	언급하다	eon-geu-pa-da
mentir (vi)	거짓말하다	geo-jin-mal-ha-da
mépriser (vt)	경멸하다	gyeong-myeol-ha-da
mériter (vt)	받을 만하다	ba-deul man-ha-da
mettre (placer)	놓다	no-ta
montrer (vt)	보여주다	bo-yeo-ju-da
multiplier (math)	곱하다	go-pa-da
nager (vi)	수영하다	su-yeong-ha-da
négocier (vi)	협상하다	hyeop-sang-ha-da
nettoyer (vt)	닦다	dak-da
nier (vt)	거부하다	geo-bu-ha-da
nommer (à une fonction)	지명하다	ji-myeong-ha-da
noter (prendre en note)	적다	jeok-da
nourrir (vt)	먹이다	meo-gi-da

255. Les verbes les plus courants (de O à R)

obéir (vt)	복종하다	bok-jong-ha-da
objecter (vt)	반대하다	ban-dae-ha-da
observer (vt)	지켜보다	ji-kyeo-bo-da
offenser (vt)	모욕하다	mo-yok-a-da
omettre (vt)	생략하다	saeng-nyak-a-da
ordonner (mil.)	명령하다	myeong-nyeong-ha-da
organiser (concert, etc.)	조직하다	jo-jik-a-da
oser (vt)	감히 ... 하다	gam-hi ... ha-da
oublier (vt)	잊다	it-da
ouvrir (vt)	열다	yeol-da
paraître (livre)	출간되다	chul-gan-doe-da
pardonner (vt)	용서하다	yong-seo-ha-da
parler avec ...	... 와 말하다	... wa mal-ha-da
participer à ...	참가하다	cham-ga-ha-da
partir (~ en voiture)	떠나다	tteo-na-da

payer (régler)	지불하다	ji-bul-ha-da
pécher (vi)	죄를 범하다	joe-reul beom-ha-da
pêcher (vi)	낚시질하다	nak-si-jil-ha-da

pénétrer (vt)	꿰뚫다	kkwe-ttul-ta
penser (croire)	믿다	mit-da
penser (vi, vt)	생각하다	saeng-gak-a-da
perdre (les clefs, etc.)	잃어버리다	i-reo-beo-ri-da

permettre (vt)	허락하다	heo-rak-a-da
peser (~ 100 kilos)	무게를 달다	mu-ge-reul dal-da
photographier (vt)	사진을 찍다	sa-ji-neul jjik-da
placer (mettre)	배치하다	bae-chi-ha-da

plaire (être apprécié)	좋아하다	jo-a-ha-da
plaisanter (vi)	농담하다	nong-dam-ha-da
planifier (vt)	계획하다	gye-hoek-a-da
pleurer (vi)	울다	ul-da

plonger (vi)	뛰어들다	ttwi-eo-deul-da
posséder (vt)	소유하다	so-yu-ha-da
pousser (les gens)	밀다	mil-da
pouvoir (v aux)	할 수 있다	hal su it-da

prédominer (vi)	발호하다	bal-ho-ha-da
préférer (vt)	선호하다	seon-ho-ha-da
prendre (vt)	잡다	jap-da
prendre en note	적다	jeok-da

| prendre le petit déjeuner | 아침을 먹다 | a-chi-meul meok-da |
| prendre un risque | 위험을 무릅쓰다 | wi-heo-meul mu-reup-sseu-da |

| préparer (le dîner) | 요리하다 | yo-ri-ha-da |
| préparer (vt) | 준비하다 | jun-bi-ha-da |

présenter (faire connaître)	소개하다	so-gae-ha-da
présenter (qn)	소개하다	so-gae-ha-da
préserver (~ la paix)	보호하다	bo-ho-ha-da
pressentir (le danger)	감지하다	gam-ji-ha-da
presser (qn)	재촉하다	jae-chok-a-da

prévoir (vt)	예상하다	ye-sang-ha-da
prier (~ Dieu)	기도하다	gi-do-ha-da
priver (vt)	박탈하다	bak-tal-ha-da
progresser (vi)	나아가다	na-a-ga-da

promettre (vt)	약속하다	yak-sok-a-da
prononcer (vt)	발음하다	ba-reum-ha-da
proposer (vt)	제안하다	je-an-ha-da
protéger (la nature)	보호하다	bo-ho-ha-da
protester (vi, vt)	항의하다	hang-ui-ha-da

prouver (une théorie, etc.)	증명하다	jeung-myeong-ha-da
provoquer (vt)	도발하다	do-bal-ha-da
punir (vt)	벌주다, 처벌하다	beol-ju-da, cheo-beol-ha-da
quitter (famille, etc.)	떠나다	tteo-na-da

raconter (une histoire)	이야기하다	i-ya-gi-ha-da
ranger (jouets, etc.)	치우다	chi-u-da
rappeler (évoquer un souvenir)	… 을 생각나게 하다	… eul saeng-gang-na-ge ha-da
réaliser (vt)	현실로 만들다	hyeon-sil-lo man-deul-da
recommander (vt)	추천하다	chu-cheon-ha-da
reconnaître (qn)	알아보다	a-ra-bo-da
refaire (vt)	다시 하다	da-si ha-da
refuser (vt)	거부하다	geo-bu-ha-da
regarder (vi, vt)	보다	bo-da
régler (~ un conflit)	해결하다	hae-gyeol-ha-da
regretter (vt)	후회하다	hu-hoe-ha-da
remarquer (qn)	잠깐 보다	jam-kkan bo-da
remercier (vt)	감사하다	gam-sa-ha-da
remettre en ordre	정리하다	jeong-ni-ha-da
remplir (une bouteille)	채우다	chae-u-da
renforcer (vt)	강화하다	gang-hwa-ha-da
renverser (liquide)	엎지르다	eop-ji-reu-da
renvoyer (colis, etc.)	돌려보내다	dol-lyeo-bo-nae-da
répandre (odeur)	발산하다	bal-san-ha-da
réparer (vt)	보수하다	bo-su-ha-da
repasser (vêtement)	다림질하다	da-rim-jil-ha-da
répéter (dire encore)	반복하다	ban-bok-a-da
répondre (vi, vt)	대답하다	dae-da-pa-da
reprocher (qch à qn)	책망하다	chaeng-mang-ha-da
réserver (une chambre)	예약하다	ye-yak-a-da
résoudre (le problème)	해결하다	hae-gyeol-ha-da
respirer (vi)	호흡하다	ho-heu-pa-da
ressembler à …	닮다	dam-da
retenir (empêcher)	억누르다	eong-nu-reu-da
retourner (pierre, etc.)	뒤집다	dwi-jip-da
réunir (regrouper)	연합하다	yeon-ha-pa-da
réveiller (vt)	깨우다	kkae-u-da
revenir (vi)	되돌아가다	doe-do-ra-ga-da
rêver (en dormant)	꿈을 꾸다	kku-meul kku-da
rêver (faut pas ~!)	꿈꾸다	kkum-kku-da
rire (vi)	웃다	ut-da
rougir (vi)	붉히다	buk-hi-da

256. Les verbes les plus courants (de S à V)

s'adresser (vp)	말을 걸다	ma-reul geol-da
saluer (vt)	인사하다	in-sa-ha-da
s'amuser (vp)	즐기다	jeul-gi-da
s'approcher (vp)	가까이 가다	ga-kka-i ga-da
s'arrêter (vp)	정지하다	jeong-ji-ha-da

s'asseoir (vp)	앉다	an-da
satisfaire (vt)	만족시키다	man-jok-si-ki-da
s'attendre (vp)	예상하다	ye-sang-ha-da
sauver (la vie à qn)	구조하다	gu-jo-ha-da
savoir (qch)	알다	al-da
se baigner (vp)	수영하다	su-yeong-ha-da
se battre (vp)	싸우다	ssa-u-da
se concentrer (vp)	집중하다	jip-jung-ha-da
se conduire (vp)	행동하다	haeng-dong-ha-da
se conserver (vp)	보존되다	bo-jon-doe-da
se débarrasser de …	… 를 제거하다	… reul je-geo-ha-da
se défendre (vp)	자기 보호하다	ja-gi bo-ho-ha-da
se détourner (vp)	돌아서다	do-ra-seo-da
se fâcher (contre …)	… 에게 화내다	… e-ge hwa-nae-da
se fendre (mur, sol)	갈라지다	gal-la-ji-da
se joindre (vp)	가입하다	ga-i-pa-da
se laver (vp)	목욕하다	mo-gyok-a-da
se lever (tôt, tard)	일어나다	i-reo-na-da
se marier (prendre pour épouse)	결혼하다	gyeol-hon-ha-da
se moquer (vp)	조롱하다	jo-rong-ha-da
se noyer (vp)	익사하다	ik-sa-ha-da
se peigner (vp)	빗질하다	bit-jil-ha-da
se plaindre (vp)	불평하다	bul-pyeong-ha-da
se préoccuper (vp)	걱정하다	geok-jeong-ha-da
se rappeler (vp)	기억하다	gi-eok-a-da
se raser (vp)	깎다	kkak-da
se renseigner (sur …)	… 에 관하여 묻다	… e gwan-ha-yeo mut-da
se reposer (vp)	쉬다	swi-da
se rétablir (vp)	회복하다	hoe-bok-a-da
se rompre (la corde)	부러뜨리다	bu-reo-tteu-ri-da
se salir (vp)	더러워지다	deo-reo-wo-ji-da
se servir de …	… 를 사용하다	… reul sa-yong-ha-da
se souvenir (vp)	기억하다	gi-eok-a-da
se taire (vp)	말하기를 멈추다	mal-ha-gi-reul meom-chu-da
se tromper (vp)	실수하다	sil-su-ha-da
se trouver (sur …)	놓여 있다	no-yeo it-da
se vanter (vp)	자랑하다	ja-rang-ha-da
se venger (vp)	복수하다	bok-su-ha-da
s'échanger (des …)	교환하다	gyo-hwan-ha-da
sécher (vt)	말리다	mal-li-da
secouer (vt)	흔들다	heun-deul-da
sélectionner (vt)	고르다	go-reu-da
semer (des graines)	뿌리다	ppu-ri-da
s'ennuyer (vp)	심심하다	sim-sim-ha-da
sentir (~ les fleurs)	냄새를 맡다	naem-sae-reul mat-da

sentir (avoir une odeur)	냄새가 나다	naem-sae-ga na-da
s'entraîner (vp)	훈련하다	hul-lyeon-ha-da
serrer dans ses bras	껴안다	kkyeo-an-da
servir (au restaurant)	서빙을 하다	seo-bing-eul ha-da
s'étonner (vp)	놀라다	nol-la-da
s'excuser (vp)	사과하다	sa-gwa-ha-da
signer (vt)	서명하다	seo-myeong-ha-da
signifier (avoir tel sens)	의미하다	ui-mi-ha-da
signifier (vt)	의미하다	ui-mi-ha-da
simplifier (vt)	단순화하다	dan-sun-hwa-ha-da
s'indigner (vp)	분개하다	bun-gae-ha-da
s'inquiéter (vp)	걱정하다	geok-jeong-ha-da
s'intéresser (vp)	… 에 관심을 가지다	… e gwan-si-meul ga-ji-da
s'irriter (vp)	짜증을 부리다	jja-jeung-eul bu-ri-da
soigner (traiter)	치료하다	chi-ryo-ha-da
sortir (aller dehors)	나가다	na-ga-da
souffler (vent)	불다	bul-da
souffrir (vi)	고통을 겪다	go-tong-eul gyeok-da
souligner (vt)	밑줄을 긋다	mit-ju-reul geut-da
soupirer (vi)	한숨을 쉬다	han-su-meul swi-da
sourire (vi)	미소를 짓다	mi-so-reul jit-da
sous-estimer (vt)	과소평가하다	gwa-so-pyeong-ga-ha-da
soutenir (vt)	지지하다	ji-ji-ha-da
suivre … (suivez-moi)	… 를 따라가다	… reul tta-ra-ga-da
supplier (vt)	애걸하다	ae-geol-ha-da
supporter (la douleur)	참다	cham-da
supposer (vt)	추측하다	chu-cheuk-a-da
surestimer (vt)	과대평가하다	gwa-dae-pyeong-ga-ha-da
suspecter (vt)	수상히 여기다	su-sang-hi yeo-gi-da
tenter (vt)	시도하다	si-do-ha-da
tirer (~ un coup de feu)	쏘다	sso-da
tirer (corde)	잡아당기다	ja-ba-dang-gi-da
tirer une conclusion	결론을 내다	gyeol-lo-neul lae-da
tomber amoureux	… 와 사랑에 빠지다	… wa sa-rang-e ppa-ji-da
toucher (de la main)	만지다	man-ji-da
tourner (~ à gauche)	돌다	dol-da
traduire (vt)	번역하다	beo-nyeok-a-da
transformer (vt)	변형시키다	byeon-hyeong-si-ki-da
travailler (vi)	일하다	il-ha-da
trembler (de froid)	추워서 떨다	chu-wo-seo tteol-da
tressaillir (vi)	몸을 떨다	mo-meul tteol-da
tromper (vt)	속이다	so-gi-da
trouver (vt)	찾다	chat-da
tuer (vt)	죽이다	ju-gi-da
vacciner (vt)	접종하다	jeop-jong-ha-da
vendre (vt)	팔다	pal-da

verser (à boire)	따르다	tta-reu-da
viser ... (cible)	겨냥대다	gyeo-nyang-dae-da
vivre (vi)	살다	sal-da

voler (avion, oiseau)	날다	nal-da
voler (qch à qn)	훔치다	hum-chi-da
voter (vi)	투표하다	tu-pyo-ha-da
vouloir (vt)	원하다	won-ha-da

www.ingramcontent.com/pod-product-compliance
Lightning Source LLC
Chambersburg PA
CBHW071954100426
42738CB00043B/2805